高等职业教育"十五五"系列教材 财会类

U0653169

成本会计项目化教程

（第五版）

主　编　谭亚娟　赵清露　李峥峥
副主编　吕武勇　陈银　成茜
　　　　杨莹彭涛

南京大学出版社

内容提要

本书有"岗前准备""掌握成本核算基本流程""运用产品成本计算方法""编制并分析成本报表""项目实训""综合实训"六个模块；具体包括明确成本、费用、支出三者间的关系，认识成本会计，遵守成本核算的要求及程序，确定成本计算方法，设置成本核算账户，核算要素费用，核算辅助生产费用，核算制造费用，核算生产损失，计算完工产品、在产品成本，运用品种法、分批法、分步法、作业成本法，编制成本报表，分析成本报表等学习项目。每个项目提供了丰富的案例，并有知识达标检测、专项技能训练、项目实训三重训练及考核，保证学生的学习效果。

本书既可作为职业院校财经专业教学用书，也可作为社会人员或企业成本会计的参考用书。

图书在版编目（CIP）数据

成本会计项目化教程 / 谭亚娟，赵清露，李峥峥主编. -- 5 版. -- 南京：南京大学出版社，2025.8.
ISBN 978 - 7 - 305 - 29481 - 5

Ⅰ. F234.2

中国国家版本馆 CIP 数据核字第 2025461XL5 号

出版发行　南京大学出版社
社　　址　南京市汉口路 22 号　　　　邮　编　210093
书　名　成本会计项目化教程
　　　　　CHENGBEN KUAIJI XIANGMUHUA JIAOCHENG
主　编　谭亚娟　赵清露　李峥峥
责任编辑　陈　嘉　　　　　　　编辑热线　025 - 83592315
照　排　南京开卷文化传媒有限公司
印　刷　江苏苏中印刷有限公司
开　本　787mm×1092mm　1/16 开　印张 19.5　字数 512 千
版　次　2025 年 8 月第 5 版
印　次　2025 年 8 月第 1 次印刷
ISBN　978 - 7 - 305 - 29481 - 5
定　价　49.80 元

网　　址：http://www.njupco.com
官方微博：http://weibo.com/njupco
微信服务号：NJUYUNSHU
销售咨询热线：(025)83594756

前　言

　　成本会计是企业的重要岗位,其所需要的知识、技能和素养也是大数据与会计等财经专业的核心课程教学内容。为促进成本会计课程教学改革,提高课程教学质量,强化教材育人功能,我们根据国务院《职业院校教材管理办法》、教育部《"十四五"职业教育规划教材建设实施方案》、《习近平新时代中国特色社会主义思想进课程教材指南》,以专业教学标准以及最新的企业会计准则、《企业产品成本核算制度(试行)》等行业标准(规范)为依据,编写了《成本会计项目化教程》。

　　本教材具有以下特点:

　　第一,在内容的选取上,我们延续了成本会计传统的教学内容,全面系统地阐述了企业成本会计工作的基本原理与基本方法;吸收了行业发展的新知识、新技术、新工艺、新方法,参考了成本会计职业标准和岗位要求,结合了初级会计职称考试的考试大纲及职业技能竞赛规程。

　　相关教学改革成果:《基于"岗课赛证创"融合的课程教学与评价研究——以〈成本核算与分析〉为例》、"多主体、多维度教学评价改革与实践——以《成本核算与分析》为例"获得重庆市教育评估研究会2022年度优秀论文及典型案例认证特等奖。

　　第二,在内容的组织上,我们按照成本核算工作的逻辑,结合学生的认知规律,将教学内容分为"岗前准备""掌握成本核算基本流程""运用产品成本计算方法""编制并分析成本报表"四个模块,每个模块分为若干学习项目,每个项目设计了丰富的案例,能够较好地适应项目教学、案例教学等教学方式。

　　此外,在模块五中,针对模块二、模块四每个项目设计项目实训,以落实理实一体化教学;在模块六中,针对品种法设计综合实训,以锻炼综合运用理论知识及融会贯通的能力。

　　最后,设计了智能成本核算实训,将 Excel 应用到成本核算工作中,强化岗位技能教学。

　　第三,将校级项目"《成本核算与分析》课程思政教学改革实践研究"的研究成果融入该教材中。将习近平新时代中国特色社会主义思想、马克思主义唯物辩证法、中华民族传统美德、社会主义核心价值观、国家安全观、生命安全与健康等思政教育内容融入教材内容体系。引导学生形成正确的世界观、人生观、价值观，促进学生德技并修，落实立德树人根本任务。

第四，将课程思政教育实施方案融入教材，将思政教育隐藏在课堂教学中，实现隐性育人，达到润物细无声的效果。

教学建议：教师在讲授过程中，可通过问题引入，激发学习兴趣，引导学生思考，带着问题学习理论知识。通过课堂或课外练习完成知识达标检测及专项技能训练，以巩固理论知识；安排实训课时完成项目实训、综合实训、智能成本核算实训以培养实践能力。其中智能成本核算实训也可作为某学期的单项实训(约 20 学时)，以强化学生的 Excel 应用能力。

本书由重庆科创职业学院谭亚娟、武汉纺织大学外经贸学院赵清露、武昌职业学院李峥峥担任主编；重庆康华会计师事务所(特殊普通合伙)吕武勇、武汉城市学院陈银、武昌职业学院成茜、武汉华发长盛房地产开发有限公司杨莹、武汉葛化集团有限公司彭涛担任副主编。具体分工为：成茜负责模块一的编写，谭亚娟负责教材整体设计、统稿以及模块二的编写，赵清露负责模块三的编写，陈银负责模块四的编写，李峥峥负责模块五的编写，吕武勇、杨莹、彭涛从企业岗位需求及会计实务角度对教材内容把关，并负责模块六的编写。

本书的编写参考了有关专家编著的教材和专著，在此表示衷心的感谢。由于编者水平有限，书中难免存在疏漏和不妥之处，敬请使用本书的师生与读者批评指正，以便修订时改进。如读者在使用本书的过程中有其他意见或建议，恳请向编者(电子邮箱：CL198577@126.com)提出宝贵意见。

编　者

2025 年 5 月

目　录

模块一　岗前准备

案例导入

2025 年 7 月,某高校毕业生江丽来到某毛衣厂担任成本会计,主要负责成本核算。第一天上班,就有厂部的职员拿了一些发票来报销,还有车间交过来的领料单以及人事部门传过来的职工出勤情况。厂长告知江丽,月底要将产品的成本费用资料报给他。江丽看着桌上的发票和各种单据,不知道该从何处着手。虽然她在学校学习了一些相关的知识,但是对于开展具体工作还是很茫然,她觉得不知道的东西太多了。第一,作为会计或成本会计,在该工厂的工作任务到底是什么? 第二,会计在工作的时候是否有一些财务制度或成本核算制度要遵守? 第三,是不是所有的支出都计入产品的成本? 产品的成本、费用、支出如何区分? 第四,毛衣的成本应该如何进行计算……

内容框架

项目一　明确成本、费用、支出三者间的关系
项目二　认识成本会计
项目三　遵守成本核算的要求及程序

知识目标

1. 明确成本、费用、支出三者之间的关系以及生产费用与产品成本的关系;
2. 了解成本会计的职能,明确成本会计的任务;
3. 了解成本会计工作组织方式;
4. 熟悉国家成本核算制度及其要求。

技能目标

1. 能将企业的成本、费用、支出进行区分;
2. 能根据企业的具体情况组织成本会计工作;
3. 能根据企业的实际情况制定企业成本核算制度。

素质目标

1. 增强成本意识,珍惜、感恩父母对自己的付出;
2. 能够具备良好的会计职业道德,能够主动遵守各种法律、法规、制度;
3. 能够尊重生命健康权,做事有原则、有底线。

项目一 明确成本、费用、支出三者间的关系

相关知识

一、成本

(一)成本的定义

马克思曾指出了成本的经济实质。按照资本主义方式生产的每一个商品的价值用 W 来表示,价值公式为 $W=C+V+M$。如果我们从这个商品价值中减去剩余价值 M,那么,商品价值中剩下来的只是一个在生产要素上耗费的资本价值 $(C+V)$ 的等价物或补偿价值。这部分价值,即补偿所消耗的生产资料价格和所使用的劳动力价格的部分,只是补偿资本家自身耗费的东西,所以对资本家来说,这就是商品的成本价格。马克思称之为商品"成本价格"的这部分价值,就是商品成本,也就是社会主义市场经济中商品的理论成本,即 $C+V$。

实际工作中的成本概念与理论中的成本并不完全一致。

在实际工作中,成本是依据国家界定的成本开支范围确定的。例如,为了促使企业减少生产损失,对于一些不形成产品价值的损失性支出,如废品损失、部分停工损失等,也计入成本。但实际成本开支范围不能完全背离理论成本,否则成本计算将失去理论依据。

实际工作中的成本有广义的和狭义的之分。广义的成本是指为实现特定目的而发生的各种耗费。它包含在人们日常工作及生活的诸多领域,如工业企业为创造利润而发生的经营成本、为销售产品而发生的广告成本、材料的采购成本、产品的生产成本、科研项目研发成本、房屋的装修成本、人生的教育成本等。

狭义的成本是指产品的生产成本,是企业为生产一定种类、一定数量的产品而发生的各种生产费用的总和,也称为制造成本。

本书所讲的成本为狭义的成本,即产品的生产成本。

根据财政部制定的《企业产品成本核算制度(试行)》,产品是指企业日常生产经营活动中持有以备出售的产成品、商品、提供的劳务或服务。

【算一算,想一想】

你的学习成本包括你为了上学所发生的所有直接支出,如学费、生活费、学习用品费用、考证报名费……

算一算,你一年的学习成本是多少呢? 想一想,我们要怎么做才能让这些成本带来更多的效益呢?

(二)成本的作用

由于成本的实质是对所消耗的生产资料价格和劳动力价格的补偿,因此,成本作为衡量企业生产经营耗费的尺度,为制订产品价格和经营决策提供了依据,在经济管理工作中具有十分

重要的作用。

1. 成本是生产耗费的补偿尺度

保证企业再生产的顺利进行是发展市场经济的必然要求。企业作为商品的生产者和经营者,自负盈亏,要顺利进行再生产必须用自身创造的收入对生产经营耗费进行补偿,而成本就是衡量这一补偿份额的尺度。企业必须从其取得的收入中划分出相当于成本的数额,用于补偿生产经营过程中的耗费,只有这样,才能保证企业至少按原有规模继续经营。

2. 成本是反映企业工作质量的综合指标

成本指标反映企业生产经营过程中的各种耗费,其大小受企业各方面经营管理工作业绩的影响。例如,生产效率的高低、生产资料的浪费与节约、产品设计的合理程度、生产工艺过程设计的合理程度、产品质量的好坏、供产销各环节的协调程度等,都会直接或间接地影响成本,因此,成本是反映企业工作质量的一项综合指标。企业可以通过对成本进行分析,考核各部门、各环节的工作质量,进而督促各部门改进管理、降低成本、提高企业的经济效益。

3. 成本是制定产品价格的重要依据

在商品经济中,产品价格是产品价值的货币表现。企业在制定产品价格时,应遵循价值规律,使产品价格大体上符合其价值。但现阶段无法直接计算产品价值,只能计算成本,通过成本间接反映产品的价值。

此外,企业应从收入中划分相当于成本的数额用以补偿生产耗费,若产品价格低于成本,则生产耗费将无法得到补偿,企业将无法按原有规模持续经营,不利于企业的再生产。

4. 成本是企业进行生产经营决策的重要依据

在生产经营过程中,企业管理者需要进行各种生产经营决策,而在决策过程中,管理者始终以追求经济效益最大化为最终目的。成本是影响企业经济效益的一个非常重要的因素。在产品价格一定的情况下,成本低则效益高,成本高则效益低,因此,成本是企业进行生产经营决策的一项重要依据。

二、费用

(一)费用的含义

费用是指企业在生产、销售商品和提供劳务等日常经营活动中所发生的各种耗费。比如原材料、动力、工资、机器设备等耗费。

(二)费用的分类

1. 费用按经济内容分类

(1)材料费用,指企业在日常生产经营过程中消耗原料及主要材料、辅助材料、修理用备件、周转材料等形成的费用。

(2)燃料费用,指企业在日常生产经营过程中消耗煤、焦炭、柴油等燃料形成的费用。

(3)动力费用,指企业在日常生产经营过程中对电力、热力等动力的消耗形成的费用。

(4)人工费用,指企业在日常生产经营过程中,为获得职工提供的服务而给予的各种形式的报酬以及其他相关支出。例如,职工工资、福利费、五险一金、职工教育经费等。

(5)折旧与摊销费用。折旧费用是指在固定资产的使用寿命内,按照确定的方法对其应计折旧额进行系统分摊而形成的费用。摊销费用是指在无形资产的使用寿命内,按照确定的方法对其应摊销额进行系统分摊而形成的费用。

(6)修理费用,指企业为修理固定资产而发生的费用。

(7)利息费用,指企业在日常经营活动中,因承担各种负债而发生的利息支出减去利息收入后的净额。

(8)税费,指企业在生产经营活动中发生的各种税费,如消费税、城市维护建设税、资源税、土地增值税、教育费附加、房产税、车船税、印花税、城镇土地使用税等。

(9)其他费用,指不属于以上各要素的其他费用支出,如差旅费、租赁费、保险费、邮电费等。

以上九类费用也称为要素费用。

2. 费用按经济用途分类

工业企业的费用按经济用途分为生产费用与期间费用。

(1)生产费用。

生产费用是指企业在一定时期内为生产产品而发生的各种耗费,大多发生在生产部门或生产车间。因此,生产费用最终应该计入产品的成本。

① 成本项目。

为了更清晰地反映产品成本的具体构成内容,企业可结合自身生产经营特点及管理要求,依据重要性原则,将生产费用划分为若干成本项目。成本项目就是产品成本的组成内容,是对生产费用的一种分类。

例如,直接材料费用和直接人工费用往往在产品总成本中所占比重较大,有必要在产品成本明细账中单独列示反映,即单设为"直接材料"和"直接人工"成本项目,以便于成本分析和控制;而间接材料费、折旧费、邮电费、保险费等金额一般较小,根据重要性原则,无须将其在产品成本明细账中单独反映,可将其汇总列示在"制造费用"成本项目中。

因此,企业至少将生产费用划分为三个成本项目:"直接材料""直接人工""制造费用",如表1-1-1所示。

表1-1-1 基本生产成本明细账

生产车间:铸造车间　　　　　　　　产品名称:铁铸件　　　　　　　　单位:元

2025年		凭证		摘要	产量(台)	借方				贷方	余额
月	日	字	号			直接材料	直接人工	制造费用	合计		
9	1			期初在产品	10	1 040	1 500	800	3 340		
9	5	记	1	材料费用分配		13 400					

A. 直接材料,指直接参与产品生产,构成产品实体的原料及主要材料、外购半成品以及有助于产品形成的辅助材料等。

B. 直接人工,指直接参与产品生产的生产工人的各种薪酬。

C. 制造费用,指应计入产品成本,但没有专设成本项目的各项费用以及月末分配转入的制造费用。

若企业对燃料及动力消耗较大,燃料及动力费用对于产品成本具有重要性,企业可增设"燃料及动力"成本项目;同样的道理,若企业的废品损失、停工损失较多,对产品成本具有重要性,同样可增设"废品损失""停工损失"成本项目,如表1-1-2所示。

表1-1-2 基本生产成本明细账

生产车间:铸造车间 产品名称:铁铸件 单位:元

2025年		凭证		摘要	产量(台)	借方					贷方	余额
月	日	字	号			直接材料	直接人工	制造费用	废品损失	合计		
9	1			期初在产品	10	1 040	1 500	700	100	3 340		
9	5	记	1	材料费用分配		13 400						

② 生产费用按与生产工艺的关系分类。

生产费用按与生产工艺过程的关系分为直接生产费用和间接生产费用。

A. 直接生产费用指直接参与产品生产而发生的各项费用,如直接人工费用,直接材料费用。

B. 间接生产费用指间接参与产品生产而发生的各项费用,如车间管理人员薪酬、间接材料费用、车间照明费等。

③ 直接生产费用按计入产品成本的方式分类。

直接生产费用按计入产品成本的方式分为直接计入生产费用和分配计入生产费用。

A. 直接计入生产费用是指可根据相关原始凭证直接计入特定产品成本的费用。例如,车间领用甲材料10 000元,用于生产A产品,显然10 000元应全部计入A产品成本,则该材料费用为直接计入生产费用。

B. 分配计入生产费用是指需要分配方能计入特定产品成本的费用。例如,车间领用甲材料10 000元,同时用于生产A产品和B产品,那么10 000元材料费用需要采用一定方法在A、B产品之间进行分配,分别计入A、B产品的成本,该材料费用便是间接计入生产费用。

(2) 期间费用。

《企业会计制度》第一百零四条规定:企业的期间费用包括销售费用、管理费用和财务费用。期间费用应当直接计入当期损益,并在利润表中分别列示。

① 销售费用,是指企业在销售商品、产品过程中发生的费用,包括企业在销售过程中发生的运输费、装卸费、包装费、保险费、展览费和广告费,以及为销售本企业商品、产品而专设销售机构(含销售网点、售后服务网点等)的职工工资及福利费、工资性质的费用、业务费等经营费用。

商品流通企业在购买商品过程中所发生的进货费用也包括在内。

② 管理费用,是指企业为组织和管理企业生产经营所发生的管理费用,包括企业的董事会和行政管理部门在企业的经营管理中发生的,或者应当由企业统一负担的公司经费(包括行政管理部门职工工资、修理费、物料消耗、低值易耗品摊销、办公费和差旅费等)、工会经费、待

业保险费、劳动保险费、董事会费、聘请中介机构费、咨询费(含顾问费)、诉讼费、业务招待费、技术转让费、矿产资源补偿费、无形资产摊销、职工教育经费、研究与开发费、排污费、存货盘亏或盘盈(不包括应计入营业外支出的存货损失)等。

③ 财务费用,是指企业为筹集生产经营所需资金而发生的费用,包括应当作为期间费用的利息支出(减利息收入)、汇兑损失(减汇兑收益)以及相关的手续费等。

> **课堂问答:**
> 你知道以下费用属于哪一种期间费用吗?
> ① 厂部工作人员的工资费用;② 销售人员的工资费用;③ 银行借款利息费用;④ 支付广告费;⑤ 支付行政管理部门财产保险费;⑥ 向银行支付手续费。

三、支出的定义及其分类

(一) 支出的定义

支出是指企业经济利益的总流出,企业的一切开支都属于支出。

(二) 支出的内容

支出主要包括资本性支出、收益性支出、营业外支出、利润分配支出。

《企业会计制度》第十一条中规定:凡支出的效益仅及于本年度(或一个营业周期)的,应当作为收益性支出,如工资支出、办公费支出等;凡支出的效益及于几个会计年度(或几个营业周期)的,应当作为资本性支出,如固定资产构建支出等。企业的会计核算应当合理划分收益性支出与资本性支出的界限。

营业外支出是指企业发生的与其生产经营无直接关系的各项支出,如罚款支出、捐赠支出等。

利润分配支出是指企业在利润分配环节所发生的支出,如股利分配支出等。

> **课堂问答:**
> 你能判断以下内容分别属于哪一种支出吗?
> ① 企业支付1 000 000元购买一台生产设备;② 发放工资2 000 000元;③ 发放现金股利1 000 000元;④ 支付税费滞纳金1 000元;⑤ 对固定资产进行清查,盘亏设备一台,账面价值75 000元;⑥ 某企业偷税漏税罚款1.06亿元。

四、成本、费用、支出三者之间的关系

成本、费用、支出三者之间既有联系又有区别。

首先,从概念的外延讲,三者之间存在着包含与被包含的关系。支出的外延最广,费用次之,成本的外延最小。

其次,从概念的内涵讲,支出是企业经济利益的总流出,费用是日常活动中发生的、会导致所有者权益减少的、与向所有者分配利润无关的经济利益的总流出。狭义的费用又包含生产费用和期间费用,将生产费用按成本核算对象(即生产费用承担的客体)进行归集就形成成本,成本是对象化了的费用。例如,将本月发生的生产费用分别按A产品和B产品进行归集,并形成了A产品和B产品的成本。生产费用往往与一定的期间相联系,而成本则与具体的成本

核算对象相联系。

> **课堂问答：**
>
> 你能举例说明成本、费用、支出三者之间的关系吗？把你举的例子写下来吧！

知识达标检测

1. 什么是生产费用？
2. 什么是产品成本？
3. 什么是成本项目？企业一般设置哪些成本项目？
4. 如何划分成本、费用及支出？

专项技能训练

任务一　如果你是御龙企业的成本主管，不考虑其他因素，你认为 **A 产品**应设置哪些成本项目？

根据历史数据分析，御龙企业所生产的 A 产品成本结构如下：直接材料费用占产品总成本的比重为 40％，生产工人职工薪酬占产品总成本的比重为 37％，水电费占产品总成本的比重为 8％，折旧费占产品总成本的比重为 7％，燃料费占产品总成本的比重为 3％，车间管理人员职工薪酬占产品总成本的比重为 2％，报刊费占产品总成本的比重为 0.1％，保险费占产品总成本的比重为 2.9％。

任务二　如果你是御龙企业的成本主管，不考虑其他因素，你认为 **B 产品**应设置哪些成本项目？

根据历史数据分析，御龙企业所生产的 B 产品成本结构如下：直接材料费用占产品总成本的比重为 32％，生产工人职工薪酬占产品总成本的比重为 30％，电费占产品总成本的比重为 16％，折旧费占产品总成本的比重为 5％，燃料费占产品总成本的比重为 12％，车间管理人员职工薪酬占产品总成本的比重为 2％，报刊费占产品总成本的比重为 0.1％，保险费占产品总成本的比重为 1％，废品损失占产品总成本的比重为 1.9％。

此外，质量管理部门近期对产品进行抽查，认为废品较多，给企业造成的各种损失较严重，引起了企业管理层的重视，管理层要求各部门团结协作加强对废品的管理，严格控制废品损失。

与助理会计师
点对点对接试题

项目二　认识成本会计

相关知识

一、成本会计的定义

现代成本会计是会计学科的一个分支,是运用会计的基本原理和一般核算原则,采用专门的方法,对企业在生产经营过程中各项费用的发生和产品成本的形成进行预测、决策、计划、核算、控制、分析和考核的一种管理活动。

本书主要介绍成本核算与成本分析,而成本的预测、决策等管理职能在管理会计学科中进行讲解。

二、成本会计的职能

成本会计的职能,是指成本会计作为一种管理经济的活动,在生产经营过程中所能发挥的作用。现代成本会计与管理紧密结合,因此,它实际上包括了成本管理的各个环节。现代成本会计的主要职能有成本预测、成本决策、成本计划、成本控制、成本核算、成本分析和成本考核。

(一)成本预测

成本预测是成本会计工作的起点,它是指根据企业成本数据和其他相关资料,运用"回归分析"等专门方法,对企业未来的成本水平及其变动趋势做出科学的估计。

成本预测不仅可以估测企业未来的成本水平及其变动趋势,也为成本决策、成本计划和成本控制提供了数据依据。

(二)成本决策

成本决策是在成本预测的基础上结合企业实际情况,拟定出优化成本的各种方案,运用决策理论和专门方法,对各种备选方案进行分析、比较,从中选出最优方案,确定企业目标成本的过程。例如,在零部件自制还是外购的决策中,我们需要用"相关成本分析法""成本无差别点法"等进行比较分析,从而从自制和外购两个备选方案中选出成本最低的方案,即最优方案。

成本决策是成本计划的前提。

(三)成本计划

成本计划是根据成本决策所确定的目标成本,具体规定在一定时期内为实现目标成本所需的生产费用数额,确定各种产品成本水平,并提出为达到规定的成本、费用水平应采取的各项措施。成本计划通常包括编制单位产品成本计划、生产费用及期间费用预算、可比产品成本降低计划及完成计划的措施等。成本计划是进行成本控制、成本分析、成本考核的依据。

(四)成本控制

成本控制是指企业在生产经营过程中,根据目标成本及费用预算,对实际发生的各项成本、费用进行审核,并将其与预定目标进行比较分析,及时发现并纠正其与预定目标之间的差异,使其控制在成本计划的范围内。

成本控制通常有计算和分析成本差异、定额管理等方法。成本控制对于最大限度地挖掘降低成本、费用的潜力,提高经济效益有着重要的现实意义。

(五)成本核算

成本核算是对企业生产经营过程中发生的成本、费用按照用途进行归集和分配,计算各项费用总额及产品总成本和单位成本,并进行相应账务处理的过程。成本核算资料可以反映成本计划的完成情况,为编制下期成本计划,进行成本预测、决策提供依据。成本核算是成本会计最基本的职能。

(六)成本分析

成本分析是根据成本核算、成本计划提供的数据资料及其他相关资料,采用专门的方法,对企业成本水平、成本构成、变化趋势以及影响成本变动的因素进行分析并做出评价的过程。

成本分析主要包括:全部产品成本计划完成情况的分析、制造费用预算完成情况的分析、产品成本变动的因素分析等。

成本分析为成本考核提供依据。

(七)成本考核

成本考核是指在成本核算的基础上,以各责任中心为对象,对成本计划的完成情况进行评定和考核。成本考核应该与奖惩制度相结合,根据考核结果进行奖惩,有利于调动企业员工降低成本的积极性,最终提高企业经济效益。

三、成本会计的任务

成本会计的任务是成本会计职能的具体体现。成本会计的根本任务是降低成本、费用,改进企业的生产经营管理,提高经济效益。具体地说,成本会计的任务主要包括进行成本预测和决策,编制成本计划,作为成本控制、分析和考核的依据;严格审核和控制各项费用支出,节约开支,不断降低产品成本;正确、及时核算产品成本,为企业经营管理提供成本信息;进行成本分析,考核成本计划的完成情况。

【敲黑板啦】

　　企业追求低成本高效益,但是降低成本不能没有底线,对健康和生命的尊重要优于对物质利益的追求。不能为了降低成本而生产劣质、有害身心健康的产品,侵犯生命健康权属于违法行为。

　　你知道有哪些相关的违法案例呢?去查一查吧!

四、成本会计工作的组织

(一)成本会计机构

成本会计机构是在企业直接从事成本会计工作的机构。企业在设置成本会计机构时应遵行"成本效益原则",即在保证成本会计工作质量的前提下,按照节约成本会计工作时间和费用的原则,对成本会计机构进行设置。一般而言,大中型企业应在财务部门中,单独设置成本会计机构,专门从事成本会计工作;小规模企业,由于经济业务不多,成本核算工作量较少,可在会计部门中指定专人负责成本会计工作。

企业可结合自身的经营规模、经济业务的复杂程度、成本管理要求等对成本会计工作进行组织。成本会计工作的组织形式主要有集中核算方式和分散核算方式。

1. 集中核算方式

集中核算方式是指企业的成本会计工作主要由厂部成本会计机构负责,而各生产单位或其他有关部门的成本会计机构或人员只负责原始记录和原始凭证的填制,并对原始记录和原始凭证进行初步的审核、整理和汇总,为厂部成本会计机构开展成本会计工作提供资料。这种核算方式一般适用于规模小、成本会计工作较为简单的企业。但是随着信息技术的发展,越来越多的大集团采用集中核算方式,比如建立财务共享中心进行财务集中核算。

2. 分散核算方式

分散核算也称为非集中核算,是指成本会计工作由厂部、各分厂或车间等生产单位、其他有关部门的成本会计机构或人员分别完成。

在该核算方式下,各车间、部门成本会计人员完成主要会计凭证的审核整理和汇总、各种费用的归集和分配、生产费用的核算和产品成本的计算等工作。厂部成本会计机构根据各车间、部门上报的成本计算资料进行全厂成本的汇总核算;同时还应负责对各车间、部门成本会计机构或人员进行业务上的指导和监督。

分散核算方式有利于成本费用的分级管理和责任成本的核算,但增加了核算层次和核算人员,同时也增加了成本会计工作的时间和费用。这种核算方式一般适用于规模大、成本会计工作比较复杂、各部门独立性比较强的企业。

(二)成本会计人员

企业设置成本会计机构的同时,还应根据工作需要和业务分工不同配备适当数量思想品质优秀、精通业务的成本会计人员。合格的成本会计人员不仅要具备较为全面的会计知识,而且要掌握一定的生产技术和经营管理方面的知识,同时还应具备实事求是、坚持原则和高度敬业的精神。

章节练习题

项目三　遵守成本核算的要求及程序

相关知识

一、遵守成本核算的要求

为了更好地完成成本会计工作,实现成本会计工作的职能,达到成本会计的根本目的,在成本会计工作中,应遵守以下各项要求。

(一)遵守相关法规和制度

为保证成本会计工作质量,从而为会计信息使用者提供真实可靠的会计信息,成本会计人员必须遵守以下法律、法规、制度。

1.《中华人民共和国会计法》

为了规范会计行为,保证会计资料真实、完整,加强经济管理和财务管理,提高经济效益,维护社会主义市场经济秩序,中华人民共和国第九届全国人民代表大会常务委员会第十二次会议于 1999 年 10 月 31 日修订通过《中华人民共和国会计法》,并由国家主席令发布实施,自 2000 年 7 月 1 日起施行。有关会计的一切法规、制度都应按《中华人民共和国会计法》的要求进行制定。

2.《企业会计准则》

为了规范企业会计确认、计量和报告行为,保证会计信息质量,根据《中华人民共和国会计法》和其他有关法律、行政法规,财政部制定了《企业会计准则》。

在"十一五"规划的开局之年,中国企业会计准则体系正式发布,并从 2007 年 1 月 1 日起在上市公司范围内实施,鼓励其他企业执行。我国《企业会计准则》一直在修订和完善中,至今包含 1 项基本准则、42 项具体准则及应用指南,18 项企业会计准则解释。

企业进行成本核算、设置成本机构和配备成本会计人员都应当遵循本准则。

3.《企业会计制度》

为了规范企业的会计核算,促使企业提供真实、完整的会计信息,根据《中华人民共和国会计法》及国家其他有关法律和法规,国务院财政部制定了《企业会计制度》。该制度第二条规定:除不对外筹集资金、经营规模较小的企业,以及金融保险企业以外,在中华人民共和国境内设立的企业(含公司),均执行本制度。因此,成本会计工作作为企业会计工作的一个分支,也应遵循本制度。

4.企业成本会计制度、办法

《企业会计制度》第三条规定:企业应当根据有关会计法律、行政法规和本制度的规定,在不违反本制度的前提下,结合本企业的具体情况,制定适合于本企业的会计核算办法。因此,企业应结合自身生产经营特点和成本管理要求,制定本企业的成本会计制度或办法,以规范本企业的成本会计工作。

【遵纪守法好公民】

我们国家是法治国家,始终坚持依法治国。我们应该树立法律意识,增强法律观念,在工作和生活中,要严格遵守各类法律、法规、规章制度,不能侵害他人权益,也要懂得依法维护自身权益。

(二)遵守成本开支范围

为了使各企业能够正确地计算成本,国家依据"理论成本"规定了成本开支范围。成本开支范围明确了哪些费用应计入产品成本,哪些费用不应计入产品成本。只有遵守成本开支范围,各企业的成本开支口径一致,企业提供的成本信息才具有可比性,进而为会计信息使用者提供决策依据。

1. 应计入产品成本的费用

根据产品成本的定义可知,只要是为了生产产品而发生的各种费用都应计入产品成本。具体如下。

(1)生产经营过程中消耗的材料、燃料、动力等费用。

(2)直接参与产品生产的生产工人的职工薪酬。

(3)车间固定资产的折旧费、租赁费、保险费等。

(4)因生产原因发生的废品损失,季节性生产企业季节性停工期间发生的费用,以及修理期间发生的停工损失。

(5)为了组织、管理生产而发生的车间管理人员职工薪酬、办公费、报纸杂志费、取暖费、水电费、差旅费、运输费、设计制图费、试验检验费和劳动保护费等。

一般情况下,生产单位或车间发生的费用都应计入产品成本。车间固定资产修理费计入管理费用。

2. 不应计入产品成本的费用

(1)期间费用,包括管理费用、销售费用、财务费用。

(2)购置和建造固定资产的支出、购入和研发无形资产的支出、采购其他产品的支出。

(3)滞纳金、罚款、捐赠、罚没等支出。

(4)对外投资,以及利润分配支出。

(5)其他不得列入产品成本的支出。

课堂问答:

学习了成本开支范围,你能确定以下各项支出是否计入产品成本吗?

1. 为了生产产品从仓库领用材料 10 000 元;

2. 以银行存款支付广告费 3 000 000 元;

3. 生产工人工资 200 000 元;

4. 生产过程中发生废品损失 4 000 元;

5. 以银行存款购买生产设备一台,价值 100 000 元;

(三)正确划分各项费用的界限

在生产经营过程中,并不是所有的支出都应计入产品成本,因此,为了正确计算产品成本,反映真实的盈利水平,必须正确划分各项费用的界限。

1. 正确划分各种支出的界限

正确划分收益性支出与资本性支出的界限。收益性支出是"资本性支出"的对称,是指企业单位在经营过程中发生、其效益仅与本会计年度相关、因而由本年收益补偿的各项支出。这些支出发生时,都应记入当年有关成本费用科目。资本性支出是指其效益与多个会计年度相联系的支出。这类支出在发生时,先计入资产类科目,然后,再分期按所得到的效益,转入适当的费用科目。

正确划分经营性支出与非经营性支出。企业发生的与生产经营无直接关系的支出都属于非经营性支出;反之,则为经营性支出。非经营性支出不应计入产品成本及费用,而是计入营业外支出,如罚款支出、捐赠支出等。

2. 正确划分各期的费用界限

《企业会计准则》规定,企业应当以权责发生制为基础进行会计确认、计量、记录和报告。根据权责发生制原则,凡是在本期内已经收到和已经发生或应当负担的一切费用,不论其款项是否收到或付出,都作为本期的收入和费用处理;反之,凡不属于本期的收入和费用,即使款项在本期收到或付出,也不应作为本期的收入和费用处理。正确划分各期费用的界限,是合理确定各项产品成本和期间费用,正确计算各期损益的需要。

3. 正确划分生产成本和期间费用的界限

企业在正确划分各种支出和各期费用的基础上,还应当正确划分产品成本和期间费用的界限。企业的生产经营费用分为生产费用和期间费用,生产费用计入产品成本,期间费用在发生时直接计入当期损益。为正确计算产品成本和损益,企业应严格区分生产成本和期间费用,不得相互混淆,否则,成本信息将失去可靠性。

4. 正确划分各种产品成本的界限

为了便于分析、考核不同产品的成本计划执行情况,对于计入产品成本的生产费用,必须划清不同产品负担的费用界限。属于某产品单独消耗的费用,应直接计入该产品成本;属于几种产品共同消耗的费用,应选择适当的分配标准在各产品之间进行分配,分别计入各产品成本。

5. 正确划分完工产品和在产品的成本界限

通过以上费用界限的划分,确定了各产品本期应负担的费用。期末,若全部产品均已完工,那么,该产品负担的所有费用都属于完工产品成本;若全部未完工,则其负担的全部费用为在产品成本;若部分产品完工,部分产品未完工,那么,需要采用适当的分配方法,将该产品负担的费用在完工产品和在产品之间进行分配,以计算出完工产品和在产品的成本。

二、遵守成本核算的一般程序

成本核算的一般程序是指对企业在生产经营过程中发生的各项生产费用和期间费用,按照成本核算的要求,逐步进行归集和分配,最后计算出各产品成本和各项期间费用的过程。成本核算的一般程序如下。

(一)确定成本计算方法并设置成本账户

确定成本计算方法首先需要确定成本计算对象。确定成本计算对象就是确定将费用向谁进行归集,实际核算中通常以产品的品种、批次、生产步骤等作为成本计算对象。成本计算对象是编制产品成本明细账、分配生产费用和计算产品成本的前提。确定成本计算对象必须符合企业的生产经营特点和成本管理要求。

其次要确定成本计算期。成本计算期是指产品成本计算所确定的特定期限。产品成本计算期的确定一般与企业的生产经营特点和成本计算对象有密切关系。例如，企业以产品品种为成本计算对象，通常以一个月为成本计算期；以产品生产批次为成本计算对象，通常其成本计算期是不确定的。

成本计算对象及计算期确定，通常基本的成本计算方法便确定了，可根据成本计算对象设置成本核算账户。需要注意的是作业成本法、定额法等方法的成本核算流程与传统的方法有一定区别。

（二）审核原始凭证，归集、分配要素费用

原始凭证记录了企业所发生的经济业务，是企业会计核算的数据来源，在进行会计核算前必须对原始凭证所记录信息的合法性、真实性、合理性进行审核。

企业生产经营过程中发生的费用，按经济内容分类得到费用要素，也称要素费用。要素费用在发生时，有的直接计入产品成本，有的直接计入期间费用，有些费用属于间接费用，应先计入综合费用项目，然后再采用一定方法将其分配计入各受益对象的成本费用中。例如，生产产品领用的材料，应直接计入产品成本；行政部门领用材料，应直接计入管理费用；车间设备折旧费则计入制造费用这一综合费用项目，期末再分配计入各产品成本。

（三）辅助生产费用的归集与分配

辅助生产费用是辅助生产车间为生产产品或提供劳务而发生的各项费用。辅助生产车间的主要目的是为企业内部的其他部门提供服务，因此，其费用应在各受益对象之间进行分配。根据受益情况，辅助生产费用分别计入产品成本、期间费用、其他辅助生产成本等。

（四）基本生产车间制造费用的分配

期末，应采用合理的分配标准，将基本生产车间制造费用在该车间所生产的各产品之间进行分配，分别计入各产品成本，并列示在产品成本明细账中制造费用成本项目下。

（五）废品损失、停工损失的核算

在单独核算废品损失、停工损失的企业中，因为出现废品、停工而发生的损失费用，都应在以上各步骤的费用分配中，按废品损失、停工损失进行归集。扣除赔偿、残料后的净损失，属于非正常损失的，计入营业外支出；属于生产经营损失的，应最终计入产品成本。如果企业不单独核算废品损失和停工损失，则不存在该费用的分配。

（六）生产费用在完工产品和在产品之间进行分配

通过以上各步骤的费用核算，各产品本月应负担的生产费用已按不同的成本项目归集在产品成本明细账中，将其与期初在产品成本逐项相加，即为该产品全部生产费用。若当月产品全部完工，所归集的全部生产费用即为完工产品成本；若当月产品全部未完工，该生产费用则为在产品成本；若部分产品完工，部分未完工，则需要将所归集的全部生产费用按成本项目在完工产品和在产品间进行分配，分别计算完工产品和在产品成本。

以上为企业成本核算的一般程序，本书模块二按成本核算程序组织教学内容，带读者体验整个成本核算的过程。

（七）结转完工产品成本

编制完工产品成本汇总表，结转完工产品成本。

知识达标检测

1. 在成本会计工作中,需要遵守哪些要求?
2. 成本核算的一般程序是什么?
3. 如何区分收益性支出与资本性支出?
4. 为了正确计算产品成本,需要划分哪些费用界限?

专项技能训练

任务一　根据下列资料,计算本月完工产品成本。

御龙企业在 2025 年 9 月投产 1 000 件 A 产品,期初、期末均没有在产品,本月发生经济业务如下:

(1) 为生产产品从仓库领用材料 88 000 元;

(2) 生产工人工资费用 150 000 元;

(3) 厂房折旧费 80 000 元,行政部门办公设备折旧 30 000 元;

(4) 购买新设备支付银行存款 500 000 元;

(5) 向农村希望小学捐赠 1 000 000 元;

(6) 车间管理人员职工薪酬 5 000 元;

(7) 支付财产保险费 9 000 元,其中生产车间 5 000 元,行政管理部门 4 000 元;

(8) 支付生产车间水电费 1 100 元;

(9) 生产过程中发生废品损失 2 000 元;

(10) 对材料进行盘点,发现材料发霉变质,价值 2 000 元。

任务二　根据下列资料,计算直接材料费用、直接人工费用和制造费用的金额。

中华造纸厂 2025 年 6 月发生以下经济业务:耗用外购主要材料 200 000 元、外购辅助材料 80 000 元、外购低值易耗品 70 000 元、自制材料 20 000 元。其中,生产甲产品耗用外购主要材料 150 000 元、外购辅助材料 50 000 元、自制材料 20 000 元;生产工人工资 80 000 元,基本生产车间消耗外购主要材料 50 000 元、辅助材料 30 000 元、低值易耗品 70 000 元,车间设备折旧费 50 000 元,车间管理人员工资 60 000 元,厂部管理人员工资 100 000 元,厂部办公用房及设备折旧费 55 000 元。

模块二　掌握成本核算基本流程

案例导入

　　江丽在了解自己的工作任务及相关制度之后,决定按照自己所了解到的成本核算程序一步一步地进行成本核算。她在成本核算过程中会遇到哪些问题呢? 这些问题又该如何解决呢?

内容框架

项目一　确定成本计算方法

案 例 导 入

　　这天,江丽在领导的安排下,来到了毛衣厂的生产车间,对毛衣的品种以及它们的生产过程进行详细了解。江丽心里充满了疑问:"为什么成本会计还要了解生产过程呢? 这跟成本核算有什么关系呢?"

知 识 目 标

　　了解工业企业的生产类型并熟悉确定成本计算方法应遵循的要求。

技能目标

能够结合企业的生产类型选择适当的成本计算方法。

素质目标

1. 具有民族自豪感；
2. 具有辩证思维，能够辩证地看待事物。

相关知识

工业企业计算产品成本的方法有很多，不同生产类型以及管理要求不同的企业所采用的成本计算方法不同。为了正确计算产品成本，提供准确可靠的成本信息，企业应在考虑企业生产类型及成本管理要求的基础上，选择适当的成本计算方法计算产品成本。

一、企业的生产类型

（一）按生产工艺过程分类

企业生产按生产工艺过程的特点分类，分为简单生产和复杂生产。

简单生产又称为单步骤生产，是指生产工艺过程不能中断，不可能或不需要划分为几个生产步骤的生产。其特点是：生产地点一般比较集中，产品品种比较单一，产品生产周期较短，通常没有在产品、自制半成品或其他中间产品，只能由一个企业独立完成。例如，发电业、采掘业、供水业。

复杂生产又称为多步骤生产，是指生产工艺过程由若干个可以间断的生产步骤所组成的生产。其特点是：产品生产周期一般较长，通常有自制半成品或其他中间产品，可以由一个企业独立完成，也可以由多个企业分工协作完成。

多步骤生产按其加工方式，又可分为连续加工式生产和装配式生产。连续加工式生产，是指从原材料投入生产，到产品完工，要依次经过若干个生产步骤的连续加工的生产方式。如纺织、冶金等生产。装配式生产又称平行加工式生产，是指原材料投入生产后，平行加工成各种零件、部件，再将零件、部件组装成产成品的生产方式，如机械、仪表等生产。

（二）按生产组织方式分类

生产按生产组织方式分类，分为大量生产、成批生产和单件生产。

大量生产，是指不断的大量重复生产相同产品的生产。其特点是：产品品种少、产量较大，通常采用专业设备重复地进行生产，专业化水平也较高，如纺织业、面粉业为大量生产方式。

成批生产，是按照事先规定的产品批别进行生产。其特点是：产品品种较多、生产具有重复性，专业化程度较高，如服装、机械的生产。成批生产又可分为：大批生产和小批生产。大批生产，产品批量较大，往往几个月内重复生产，性质上接近大量生产，因而将二者划分为大量大批生产。小批生产，产品批量较小，一批产品一般可同时完工，性质上接近单件生产，因此，将二者划为单件小批生产。

单件生产，是根据订货单位的要求，生产个别的、性质特殊的产品。其特点是：产品的品种较多、产量少，一般不重复或不定期重复生产，如船舶、飞机、新产品试制等。

在成本计算中,一般将企业的生产类型分为大量大批单步骤生产、大量大批多步骤生产、单件小批多步骤生产。大量大批单步骤生产,其特点是产品品种少、产量大,生产连续、稳定,具有较强的重复性,因此,管理上一般强调按产品品种提供成本信息;大量大批多步骤生产,其特点是产品品种较少,生产步骤复杂,一般有半成品等中间产品,因此,管理上一般强调分产品品种按步骤提供成本信息;单件小批多步骤生产,其特点是产品产量少、品种多,产品基本能同时完工,因此,管理上一般强调按生产批次提供成本信息。

中国制造——福耀玻璃
徐工
柳工

二、产品成本计算方法的确定

企业在选择产品成本计算方法时,应考虑企业生产类型及成本管理要求对成本计算方法的影响。企业的生产类型及管理要求对产品成本计算方法的影响主要体现在三个方面,即成本计算对象、成本计算期、生产费用在完工产品与在产品之间的分配。这三个方面有机结合,构成了特定成本计算方法的主要特点。

(一)成本计算对象

成本计算对象就是生产费用归集的对象,也就是生产费用的承担者。确定成本计算对象是正确计算产品成本的前提,是设置"基本生产成本明细账"的依据,也是区别各种成本计算方法的主要标志。

成本计算对象应根据企业的生产类型特点来确定。根据企业的三种综合生产类型,主要确定以下三种成本计算对象:大量大批简单生产以及管理上不要求分步骤计算成本的大量大批多步骤生产企业,具有产品品种少、产量大的特点,因此,以产品品种作为成本计算对象是适当的;管理上要求分步骤提供产品成本信息的大量大批多步骤生产企业,一般以各产品及其生产步骤作为成本计算对象;单件小批多步骤生产企业,具有产品品种多,产品基本同时完工的特点,因此以产品的生产批别作为成本计算对象是适当的。

(二)成本计算期

成本计算期,是指每次计算产品成本的期间。不同生产类型的企业,确定的成本计算期不同。一般分为两种情况:第一,大量大批简单生产及大量大批复杂生产企业,具有重复性生产、不间断生产的特点,因而,产品成本计算要定期在月末进行,成本计算期与会计核算期相同,即按月进行;第二,单件小批复杂生产企业,具有同批产品基本同时完工的特点,因而,成本计算往往是在产品完工时进行,成本计算期与生产周期一致,与会计核算期不一致,是不定期进行的。总的来说,成本计算期与产品生产周期、会计核算期并不完全一致。

(三)生产费用在完工产品与在产品之间的分配

生产费用在完工产品与在产品之间的分配,同样取决于企业的生产类型。大量大批简单生产企业,期末在产品很少或没有,为了简化核算,一般不需要将生产费用在完工产品和在产品之间进行分配,生产费用全部计入完工产品成本;大量大批复杂生产企业,生产步骤多,期末在产品较一般也较多,那么需要将生产费用分配给完工产品和在产品,进而算出完工产品和在产品成本;单件小批复杂生产企业,一般在该批产品完工后计算其成本,不存在在产品,因而,一般不存在分配问题,但是在跨月生产或分次交货的情况下,需要分配生产费用才能计算出完工产品和在产品成本。

三、产品成本计算的方法

产品成本计算的方法有基本方法和辅助方法两大类。

（一）产品成本计算的基本方法

工业企业根据不同的生产类型,确定有产品品种、生产步骤、产品批别三种成本计算对象。成本计算对象是区分不同成本计算方法的主要标志,因此,根据不同的成本计算对象产生了品种法、分批法、分步法三种成本计算方法。

1. 品种法

品种法,是指以产品品种为成本计算对象的产品成本计算方法。从企业的生产类型来看,品种法适用于大量大批单步骤及管理上不要求分步骤算成本的大量大批多步骤生产的企业。大量大批生产企业产品品种少、生产连续、稳定,以产品品种为成本计算对象有利于减少成本核算工作量。

2. 分批法

分批法,是指以产品的生产批次作为成本计算对象的产品成本计算方法。分批法适用于单件小批多步骤生产企业。该类型企业产品品种较多,生产重复性低,同批产品基本同时完工,以产品生产批别作为成本计算对象,能加强产品批别的成本管理,更有利于节约工作量。

3. 分步法

分步法,是指以产品及其生产步骤为成本计算对象的产品成本计算方法。分步法主要适用于管理上要求分步骤提供成本信息的大量大批多步骤生产企业。该类型企业有半成品等中间产品,而且中间产品可能会对外出售,因此,提供中间产品的成本信息也会是必要的;多步骤生产工艺过程是间断的,能够满足分步骤计算产品成本的需要。

（二）产品成本计算的辅助方法

企业在采用产品成本计算的基本方法的同时,还可以采用辅助方法,辅助方法不能单独使用。辅助方法与企业的生产类型及管理要求没有直接的联系,采用辅助方法往往是为了简化成本计算工作量或加强对成本的控制。

1. 分类法

分类法,是指以产品类别为成本计算对象归集分配生产费用,计算出各类产品的成本,再在类别内各产品之间进行成本分配,最终计算出类别内各产品成本的方法。这种方法适用于产品品种繁多,并且可以按照一定标准对产品进行分类的企业或生产单位。

2. 定额法

定额法,是指以产品定额成本为基础,加上或减去脱离定额差异、材料成本差异、定额变动差异,从而计算出产品实际成本的方法。这种方法主要适用于定额管理制度比较健全、定额基础工作比较好、生产比较稳定的企业。它是一种成本控制方法。

3. 变动成本法

变动成本法,是指只将直接材料、直接人工、变动性制造费用等变动生产成本计入产品成本,而将固定制造费用计入期间费用的一种产品成本计算方法。

4. 标准成本法

标准成本法,是指将目标成本纳入会计科目体系所形成的一整套会计核算程序,它预先制定标准成本,将标准成本与实际成本相比较,揭示成本差异并对成本差异进行分析处理以加强成本控制的一种产品成本计算方法。它是一种成本控制方法。

5. 作业成本法

作业成本法,是以"作业"为基础,以"成本驱动因素"理论为基本依据,根据产品生产或企业经营过程中发生和形成的产品与作业、作业链和价值链的关系,分析成本发生的动因,对构成产品成本的各种主要间接费用采用不同的间接费用率进行成本分配的成本计算方法。它将成本计算与成本管理相结合。

由于作业成本法对综合费用的分配更准确,计算的产品成本更符合实际,该方法正被越来越多的企业运用。

> **【用辩证的眼光看问题】**
>
> 任何事物都有两面性,我们应该辩证地看待它们。我们要正视每一种成本核算方法的优点与缺点,用发展的眼光看待它们。正是因为它们有各自的缺点,才催生了其他方法,让成本核算方法越来越丰富。没有哪一种方法是绝对好的,也没有哪一种方法是绝对不好的,我们应根据企业的实际情况选择适当的方法,使其充分发挥优势。

四、各种成本计算方法的应用

以上各种产品成本计算的基本方法与辅助方法,并不是一个企业只能采用一种成本计算方法。企业应结合生产类型、成本管理要求,选择适当的成本计算方法。企业在选择成本计算方法时,还应考虑"成本效益原则",即在计算结果准确性与计算工作量之间做出权衡。

知识达标检测

1. 工业企业生产按其组织和工艺特点不同,可以分为哪几种类型?
2. 结合管理要求,生产工艺特点和生产组织特点怎样影响成本计算方法的选择?
3. 产品成本计算的基本方法有哪些?

专项技能训练

李明毕业于某财经大学,现在某会计咨询公司工作。最近,公司经理派李明去新成立的金陵可乐饮料公司帮助设计产品成本核算制度。李明调查得知:该公司主要生产罐装可乐饮料,该饮料所需用的直接材料是糖浆、碳酸水和易拉罐。其生产过程是:第一道工序是生产糖浆;第二道工序是将糖浆与碳酸水混合制成可罐装的液体,在这一道工序中,直接材料成本是糖浆与碳酸水的成本;第三道工序是将可乐的液体装入易拉空罐,这一工序的成本主要是人工成本;最后一道工序是在罐上加盖,然后将已罐装的可乐包装成箱,从而完成整个生产流程。根据调查所掌握的资料,李明认为该企业属于分步骤生产的类型,因此将其成本计算方法设计为分步法。你认为李明的看法对吗?

与助理会计师
点对点对接试题

章节练习题

项目二 设置成本核算账户

案例导入

江丽为了更好地开展成本核算工作,她去档案室找到了以前各月的成本核算资料,发现由于之前的会计不太了解新的成本核算制度,会计账目比较杂乱,会计账户的设置也有一些问题。为了让工厂的账目更规范,江丽决定重新整理、设置账户。

但是工厂应该设置哪些账户呢?应该如何设置账户呢?江丽结合工作实际,开始了对《企业会计准则》《产品成本核算制度》等相关内容的学习。

知识目标

1. 掌握成本核算账户设置的原则与方法;
2. 熟悉各成本核算账户核算的内容。

技能目标

能够结合企业的实际,正确设置各种成本核算账户。

素质目标

遵守准则,遵守会计基础工作规范。

相关知识

为了核算在生产经营过程中发生的各种耗费,企业应设置各种成本费用核算账户,接下来对这些账户一一进行介绍。

为了核算企业生产车间所生产产品及提供劳务的成本,应设置"生产成本"账户。

然而企业的生产车间一般有基本生产车间和辅助生产车间两种。基本生产车间主要完成企业基本生产任务,其生产的产品或提供的劳务主要用于对外销售;辅助生产车间完成辅助生产任务,其目的是为企业内部其他部门提供产品或劳务。例如,供水车间,其主要为企业内部的基本生产车间、管理部门、销售部门、基建部门、其他辅助车间供水。

为了分别核算基本生产车间和辅助生产车间所生产产品或提供劳务的成本,应分别设置"生产成本——基本生产成本"和"生产成本——辅助生产成本"账户。

两种生产车间所发生的费用相似,因此,这两个账户核算内容相似,只是核算的车间范围不同。

一、与生产过程相关的账户

(一)"生产成本——基本生产成本"

"生产成本——基本生产成本"账户核算基本生产车间所生产产品的成本。如果企业不实行一级核算制度,该账户也可以写成"基本生产成本",本书例题中均采用这种写法。

"生产成本——基本生产成本"账户是成本类账户,反映在产品成本的增减变动及结余情况。其借方登记在产品成本的增加,即计入产品成本的各项生产费用,如直接材料、直接人工、制造费用等;贷方登记在产品成本的减少,即完工入库产品的成本;期末余额在借方,表示期末在产品成本。

该账户应当分别按照基本生产车间和成本核算对象(产品的品种、类别、定单、批别、生产阶段等)设置明细账(或成本计算单,下同)。基本生产成本明细账属于借方多栏式明细账,其借方按成本项目设置多个专栏,如表2-2-1所示。

表2-2-1 基本生产成本明细账

生产车间:铸造车间 产品名称:铁铸件 单位:元

2025年		凭证		摘要	借方					贷方	余额
月	日	字	号		直接材料	直接人工	制造费用	废品损失	合计		
9	1			期初在产品成本	1 040	1 500	800		3 340		
9	5	记	1	材料费用分配	13 400						
				……							
				本月生产费用							
				生产费用合计							
				完工转出							

(二)"生产成本——辅助生产成本"

"生产成本——辅助生产成本"账户核算辅助生产车间所生产产品的成本,如自制材料、工具、模具、供水、运输等。如果企业不实行一级核算制度,该账户也可以写成"辅助生产成本",本书例题中均采用这种写法。

"生产成本——辅助生产成本"账户是成本类账户,反映在产品的增减变动及结余情况。其借方登记在产品成本的增加,即计入在产品成本的各项生产费用,如直接材料、直接人工、制造费用等;贷方登记在产品成本的减少,即完工产品的成本;期末余额在借方,表示期末在产品成本。

辅助生产成本应按车间、车间下再按产品种类设置明细账。辅助生产成本明细账属于借方多栏式明细账,其借方按成本项目或费用项目设置多个栏目。

辅助生产费用的核算通常有两种不同的方式。

1. 只设置"辅助生产成本"账户,不设置"制造费用"账户

在这种方式下,凡是辅助生产车间发生的各项费用,无论是为生产产品发生的直接生产费用,还是为组织、管理生产而发生的间接生产费用,全部直接计入"辅助生产成本"账户。其明细账借方应按费用项目设置专栏,如表2-2-2所示。

表2-2-2　辅助生产成本明细账

生产车间:机修车间　　　　　　　　　　　　　　　　　　　　　　　　单位:元

2025年		凭证		摘要	借方						贷方	余额
月	日	字	号		材料费	人工费	折旧费	水电费	……	合计		
9	5	记	1	材料费用分配	3 400							
	6	记	2	人工费用分配		5 000						
				……								
				生产费用合计								
				分配结转								

2. 设置"辅助生产成本",也设置"制造费用"账户

在这种方式下,"辅助生产成本"账户只登记专设成本项目的费用,通常为直接材料、直接人工、制造费用。"制造费用"账户登记该车间发生的各项间接生产费用,月末再将其从贷方转入"辅助生产成本"账户的制造费用成本项目下。在该方式下,辅助生产成本明细账借方应按成本项目设置专栏,如表2-2-3所示。

表2-2-3　辅助生产成本明细账

生产车间:一车间　　　　　　　　　　产品名称:A工具　　　　　　　　单位:元

2025年		凭证		摘要	借方				贷方	余额
月	日	字	号		直接材料	直接人工	制造费用	合计		
9	5	记	1	材料费用分配	11 400					
				……						
				本月生产费用						
				生产费用合计						
				分配结转						

如果辅助生产车间只生产一种产品,一般采用第一种核算方式,本书也采用第一种核算方式。

(三)"制造费用"

"制造费用"账户属于成本类账户,借方登记增加,贷方登记减少。该账户核算各生产车间为生产产品、提供劳务而发生的各项间接生产费用,如车间机物料消耗、车间管理人员薪酬、车间折旧费、水电费等。当企业发生间接生产费用时,计入"制造费用"账户的借方。

企业产品成本核算制度规定,工业企业发生的制造费用,应当按照合理的分配标准按月分配计入各产品的生产成本。因此,"制造费用"账户贷方登记月末分配转出的金额,月末一般没有余额。

"制造费用"账户应按照生产车间分别设置明细账,如"制造费用——铸造车间"账户,专门核算铸造车间所发生的各项间接生产费用,不能将所有车间发生的制造费用汇总在一起。制造费用明细账属于借方多栏式明细账,其借方按各种费用项目设置多个栏目,如表2-2-4所示。

表2-2-4 制造费用明细账

生产车间:铸造车间 单位:元

2025年		凭证		摘要	借方						贷方	余额
月	日	字	号		间接材料	间接人工	折旧费	水电费	……	合计		
9	5	记	1	材料费用分配	1 400							
	6	记	2	人工费用分配		3 000						
				……								
				本月合计								
				分配结转								

(四)"废品损失"

内部成本管理要求单独核算并控制废品损失或者废品损失较大的企业,会计上可以专门设置"废品损失"账户核算企业的废品损失。该账户核算生产车间生产的各种废品带来的损失。借方登记损失的增加,如不可修复废品的生产成本及可修复废品的修复费用;贷方登记损失的减少,如赔偿、残料;废品净损失应从贷方转入"生产成本——基本生产成本"账户,计入本期合格完工产品的成本,转出后月末没有余额。

"废品损失"应按车间、车间下按产品设置明细账,借方按成本项目设置专栏,属于借方多栏式明细账,如表2-2-5所示。

表2-2-5 废品损失明细账

生产车间:铸造车间 产品名称:铁铸件 单位:元

2025年		凭证		摘要	产量(吨)	借方				贷方	余额
月	日	字	号			直接材料	直接人工	制造费用	合计		
9	30	记	35	结转废品损失	200	2 280	2 000	1 400	5 680		
		记	36	残料						200	
				……							

（五）"停工损失"

内部成本管理要求单独核算并控制停工损失或者停工损失较大的企业,会计上可以专门设置"停工损失"账户核算企业的停工损失。该账户核算生产车间由于停工带来的损失。借方登记损失的增加,如停工期间发生的各种生产费用;贷方登记损失的减少,如赔偿;净损失应从贷方转入"基本生产成本"等账户的借方,转出后月末没有余额。

（六）"库存商品"

"库存商品"属于资产类账户,核算企业库存的各种商品的实际成本(或进价)或计划成本(或售价),包括库存产成品、外购商品、存放在门市部准备出售的商品、发出展览的商品以及寄存在外的商品等。

本科目可按库存商品的种类、品种和规格等设置明细账。一般采用数量金额式明细账,如表2-2-6所示。

表2-2-6　库存商品明细账

产品类别：　　　　　　　　　　　产品规格：　　　　　　　　　　　产品编号：
产品名称：C620　　　　　　　　　计量单位：台　　　　　　　　　存放地点：一号仓库

2025年		凭证		摘要	收入			发出			结存		
月	日	字	号		数量	单价	金额	数量	单价	金额	数量	单价	金额
				期初余额							200	190	38 000
9	30	记	40	结转完工产品成本	1 000	200	200 000				1 200		238 000
				……									

二、与生产过程无关的账户

（一）"销售费用"

"销售费用"账户属于损益类的费用账户,用以登记企业销售费用的增减变动情况。该账户借方登记销售费用的增加,贷方登记期末转入"本年利润"账户的金额,结转后该账户没有余额。

（二）"管理费用"

"管理费用"账户属于损益类的费用账户,用以登记企业管理费用的增减变动情况。该账户借方登记管理费用的增加,贷方登记期末转入"本年利润"账户的金额,结转后该账户没有余额。"管理费用"明细账借方应按费用项目设置专栏,为借方多栏式明细账,如表2-2-7所示。

表2-2-7　管理费用明细账

2025年		凭证		摘要	借方						贷方
月	日	字	号		材料费	人工费	折旧费	修理费	……	合计	
9	5	记	1	材料费用分配	800						
	6	记	2	人工费用分配		8 000					

续　表

2025 年		凭证		摘要	借方						贷方
月	日	字	号		材料费	人工费	折旧费	修理费	……	合计	
				……							
				本月借方发生额合计							
				月末结转损益							

知识达标检测

1. 工业企业一般需要设置哪些成本核算账户？

2. "基本生产成本"账户、"辅助生产成本"账户与"生产成本"账户的联系与区别是什么？

3. "基本生产成本"账户核算的内容是什么？

4. "辅助生产成本"账户核算的内容是什么？

5. "制造费用"账户核算的内容是什么？

6. 一般什么情况下应该设置"废品损失"及"停工损失"账户？

项目实训一　设置成本核算账户（见教材 216 页）

项目三　核算要素费用

子项目一　核算材料费用

案例导入

　　江丽重新设置账户之后,按照成本核算程序开始核算材料费用。新的问题在实际工作过程中不断出现。江丽在整理领料单的过程中发现,领料单中只登记了领料数量,没有单价与金额,而且注意到存在 A 和 B 两款毛衣共同耗用同一批材料的情况。此时,江丽不知道该如何确定各部门所领材料的单价,而且不知道 A 和 B 两款毛衣共同耗用材料应该如何处理。

知识目标

　　1. 熟悉发出材料的计价方法,包括先进先出法、全月一次加权平均法、移动加权平均法、个别计价法;
　　2. 掌握材料费用分配的定额消耗量比例分配法及定额费用比例分配法;
　　3. 掌握材料费用分配的账务处理。

技能目标

　　1. 能够结合企业的实际,正确确定各部门所领材料的单价及总成本;
　　2. 能够将各产品共同耗用的材料费用在各产品之间分配;
　　3. 能够正确对材料费用的分配进行账务处理。

素质目标

　　知法、懂法、守法。

相关知识

一、材料与材料费用

(一)材料的定义

　　材料是生产过程中的劳动对象,是企业的资产,包括原料及主要材料、辅助材料、外购半成品(外购件)、修理用备件(备品备件)、包装材料、燃料、包装物和低值易耗品等,材料是企业存货的重要组成部分。

原料及主要材料、辅助材料、外购半成品(外购件)、修理用备件(备品备件)、包装材料和燃料属于原材料,用"原材料"科目进行核算;包装物和低值易耗品属于周转材料,用"周转材料"科目进行一级核算。

(二)取得材料的方式及计价

材料应当按照成本进行初始计量。材料成本包括采购成本、加工成本和其他成本。

材料的采购成本,包括购买价款、相关税费、运输费、装卸费、保险费以及其他可归属于材料采购成本的费用。

材料的加工成本,包括直接人工以及按照一定方法分配的制造费用。

材料的其他成本,是指除采购成本、加工成本以外的,使存货达到目前场所和状态所发生的其他支出。

下列费用应当在发生时确认为当期损益,不计入材料成本:

(1) 非正常消耗的直接材料、直接人工和制造费用;

(2) 仓储费(不包括在生产过程中为达到下一个生产阶段所必需的费用);

(3) 不能归属于使存货达到目前场所和状态的其他支出。

企业取得材料的方式有很多,不同方式取得的材料,其成本不同。

1. 外购材料的成本

外购材料按其采购成本计价,包括购买价款、相关税费、运输费、装卸费、保险费以及其他可归属于材料采购成本的费用。

2. 自制材料的成本

自制材料成本由采购成本和加工成本构成。

3. 委托加工材料的成本

委托加工材料成本包括其所耗材料物资的成本、支付的加工费、委托加工过程中发生的运输费等。

4. 接受投资取得材料的成本

会计准则规定投资者投入存货的成本,应当按照投资合同或协议约定的价值确定,但合同或协议约定价值不公允的除外。

(三)材料费用

材料费用是指企业在生产经营过程中所消耗的原料及主要材料、辅助材料、外购半成品(外购件)、修理用备件(备品备件)、包装材料、燃料等。企业各部门因生产经营需要领用材料,材料减少,同时增加了各部门的费用,这部分费用便是材料费用。

二、材料费用的归集

归集和分配是费用核算的两个方面。归集是指将费用按部门汇总的过程;分配是指将归集起来的费用,采用一定的分配标准分配给受益对象或成本核算对象的过程。

在归集材料费用时,应做好以下几项工作。

（一）选择合理的存货盘存制度

在对材料费用进行归集时,应首先明确采用何种盘存制度来确定材料发出数量,以保证材料费用核算的准确性。企业的存货盘存制度包括永续盘存制和实地盘存制两种。

1. 永续盘存制

永续盘存制又称账面盘存制,是通过设置存货明细账,对各项存货的增加、减少,都必须根据会计凭证逐笔或逐日进行连续登记,并随时结算出存货结存数的一种方法。即:

$$账面期末结存金额＝账面期初结存金额＋本期增加额－本期减少额$$

永续盘存制的优点在于对材料的收发控制严密,对材料发出的计量比较准确,并能随时了解各种存货的收入、发出和结存情况,有利于加强对存货的管理;其缺点在于在企业材料品种较多、收发业务较频繁的情况下,该方法将增加会计人员的工作量。

2. 实地盘存制

实地盘存制又称以存计耗制、定期盘存制,是对各项存货只登记增加数,不登记减少数,通过对期末库存存货的实物盘点,倒挤出减少数的方法。即:

$$本期发出存货金额＝账面期初结存金额＋本期增加额－期末盘点金额$$

该制度最大的优点是简单,易于掌握;缺点是不能揭示材料管理工作中的缺陷与失误、不便于掌握库存情况。该制度适用于存货收发业务频繁且存货价值不高的企业。

（二）加强企业的领、退料管理

材料的发出一般应填制领料单、限额领料单、退料单等,这些原始凭证是按部门归集材料费用的依据。

领料单是由领用材料的部门或者人员(简称领料人)根据所需领用材料的数量、种类等填写的单据。其内容有领用日期、材料名称、领料部门、数量、金额等。为明确材料领用的责任,领料单除了要有领用人的签名外,还需要主管人员的签名、保管人的签名等。领料人凭领料单到仓库中领取所需材料时,由库存管理人员确认并出具出货单方可领取材料。

领料单是一种一次使用的原始凭证,用于经常领用材料或未制定领料限额材料的领用。一般一式三联,其中一联领料单位备查;一联留存发料单位据以登记明细账;一联送交会计部门据以核算,如表 2-3-1 所示。

表 2-3-1　御龙公司领料单

编号：

领料部门：　　　　　　　　　　年　　月　　日　　　　　　　仓库：

材料类别	材料编号	材料名称	材料规格	计量单位	数　量	单　价	金　额	用　途
合　计								

限额领料单是为了成本控制避免浪费而产生的,是多次使用的累计领发料凭证,在有效期间内(一般为一个月),只要领用数量不超过限额就可以连续使用。它同领料单的区别在于它多了一项"限额"。在领料时,仓库发料人员可以根据"限额"栏的数量来确定是否发料,如果材料领用量累计已超过限额,仓库就不能发料。它适用于经常使用,并有消耗定额的材料领用,如表2-3-2所示。

表2-3-2 御龙公司限额领料单

领料部门: 编号:

用 途: 年 月 日 仓库:

材料类别	材料编号	材料名称	材料规格	计量单位	领料限额	实际领用	单 价	金 额	备 注

供应部门负责人: 生产计划部门负责人:

日 期	请 领		实 发			限额结余	退 料	
	数量	领料单位盖章	数量	发料人	领料人		数量	退库单编号
合 计								

月末,各领料部门应对未消耗完的材料办理退料手续。对于下月不再使用的材料应填写"退料单",并将材料退回仓库;对于下月仍需使用的材料,可办理假退料手续,即填制本月的"退料单"与下月的"领料单",并按发生时间办理退料和领料手续,但材料实体无需退回仓库。

会计应根据领、退料单据上的领料部门对材料费用进行归集。退料单如表2-3-3所示。

表2-3-3 御龙公司退料单

退料部门:

原领料用途: 退料编号:

退料原因: 年 月 日 退料仓库:

材料类别	材料编号	材料名称	材料规格	计量单位	数 量	单 价	金 额	备 注
合 计								

(三)确定发出材料的成本

由于物价上涨或材料取得方式的不同,就算是同种材料,其单位成本也可能不同。因此,发出材料时,其成本的确定便是一个亟待解决的问题。

【例 2-3-1】　御龙公司 2025 年 9 月份 A 材料收发结存情况如表 2-3-4 所示,思考如何确定 11 日和 20 日所发出材料的成本。

表 2-3-4　御龙公司原材料明细账

材料类别:　　　　　　　　材料规格:　　　　　　　　材料编号:

材料名称:A 材料　　　　　计量单位:千克　　　　　　存放地点:二号仓库

2025年		凭证		摘要	收入			发出			结存		
月	日	字	号		数量	单价	金额	数量	单价	金额	数量	单价	金额
9	1			期初余额							300	50	15 000
	10			购入	900	60	54 000				1 200		69 000
	11			管理部门领用				800			400		
	18			购入	600	70	42 000				1 000		
	20			A 产品领用				800			200		
	23			购入	200	80	16 000				400		

在日常收发业务中,材料可以按实际成本计价,也可以按计划成本计价。

1. 材料按实际成本计价

材料按实际成本计价,是指每种材料的收、发、存都按其实际成本计价。

在该方法下,会用到“在途物资”“原材料”账户,并根据材料种类设置明细账,如表 2-3-5 所示。“在途物资”账户登记在途材料实际成本的增减变动及结余情况,“原材料”账户登记库存材料实际成本的增减变动及结余情况。

材料按实际成本计价时,可以采用个别计价法、先进先出法、移动加权平均、全月一次加权平均法四种方法确定发出材料的成本。

(1)个别计价法。

个别计价法,亦称个别认定法、具体辨认法、分批实际法,其特征是注重所发出存货的实物流转与成本流转之间的联系,逐一辨认各批发出存货和期末存货所属的购进批别或生产批别,分别按其购入或生产时所确定的单位成本计算各批发出存货和期末存货的成本。即把每一种存货的实际成本作为计算发出存货成本和期末存货成本的基础。对于不能替代使用的存货、为特定项目专门购入或制造的存货,通常采用个别计价法确定发出存货的成本。在实际工作中,越来越多的企业采用计算机信息系统进行会计处理,个别计价法可以广泛应用于发出存货的计价,并且个别计价法确定的存货成本最为准确。

(2)先进先出法。

先进先出法是以先入库的存货应先发出(销售或耗用)这样一种假设为前提,对发出存货进行计价。采用这种方法,先购入的存货成本在后购入存货成本之前转出,据此确定发出存货和期末存货的成本。

【例 2-3-2】　沿用例 2-3-1,用先进先出法确定 11 日和 20 日所发出材料的成本。

根据先进先出法计算如下：

从明细账得知，11 号发料之前，仓库共有两批材料，期初结存材料 300 千克，单价为 50 元/千克，10 日购入材料 900 千克，单价为 60 元/千克，应先发出期初结存材料，其余 500 千克从第二批材料发出，因此，11 日管理部门领用 A 材料的成本为：300×50＋500×60＝45 000(元)。

同理，20 日 A 产品领用材料成本为：400×60＋400×70＝52 000(元)。

详见表 2－3－5。

表 2－3－5 御龙公司原材料明细账

材料类别：　　　　　　　　　　材料规格：　　　　　　　　　　材料编号：
材料名称：A 材料　　　　　　　计量单位：千克　　　　　　　存放地点：二号仓库

2025 年		凭证		摘要	收入			发出			结存		
月	日	字	号		数量	单价	金额	数量	单价	金额	数量	单价	金额
9	1			期初余额							300	50	15 000
	10			购入	900	60	54 000				300 900	50 60	69 000
	11			管理部门领用				800	50 60	45 000	400	60	24 000
	18			购入	600	70	42 000				400 600	60 70	66 000
	20			A 产品领用				800	60 70	52 000	200	70	14 000
	23			购入	200	80	16 000				200 200	70 80	30 000
				合计	1 700		112 000	1 600		97 000	200 200	70 80	30 000

采用先进先出法，优点在于其便于日常计算发出存货及结存存货的成本，有利于对存货的管理；而且企业不能随意挑选存货价格以调整当期利润。缺点在于当企业存货收发业务频繁、单价经常变动时，企业计算工作量较大；另外，期末结存存货的成本接近于现行市场价格，在物价持续上涨时，会造成高估期末存货成本，低估当期成本费用，进而高估企业利润。

(3) 移动加权平均法。

移动加权平均法，是指以每次进货的成本加上原有库存存货的成本，除以每次进货数量与原有库存存货的数量之和，据以计算加权平均单位成本，作为在下次进货前计算各次发出存货成本的依据。

$$移动加权平均单价＝\frac{原有存货成本＋本次进货成本}{原有存货数量＋本次进货数量}$$

本次发出存货成本＝本次发出存货数量×前面最近的移动平均单价

期末结存存货成本＝期初结存存货成本＋本月入库存货成本－本月发出存货成本

【例 2－3－3】 沿用例 2－3－1，用移动加权平均法确定 11 日和 20 日所发出材料的成本。

根据移动加权平均法,每当存货入库都应算出平均单价,作为下次发货的单位成本,计算分析如下:

10 日购入材料,平均单位成本为:(15 000＋54 000)÷(300＋900)＝57.5(元/千克)

11 日发出材料成本为:57.5×800＝46 000(元)

11 日库存结余材料成本为 23 000 元,数量 400 千克。

18 日购入材料,平均单位成本为:(23 000＋42 000)÷(400＋600)＝65(元/千克)

20 日发出材料成本为:65×800＝52 000(元)

20 日库存结余材料成本为 13 000 元,数量 200 千克。

23 日购入材料,平均单位成本为:(13 000＋16 000)÷(200＋200)＝72.5(元/千克)

详见表 2-3-6。

表 2-3-6　御龙公司原材料明细账

材料类别:　　　　　　　　　材料规格:　　　　　　　　　材料编号:
材料名称:A 材料　　　　　　　计量单位:千克　　　　　　　存放地点:二号仓库

2025 年		凭证		摘要	收入			发出			结存		
月	日	字	号		数量	单价	金额	数量	单价	金额	数量	单价	金额
9	1			期初余额							300	50	15 000
	10			购入	900	60	54 000				1 200	57.5	69 000
	11			管理部门领用				800	57.5	46 000	400	57.5	23 000
	18			购入	600	70	42 000				1 000	65	65 000
	20			A 产品领用				800	65	52 000	200	65	13 000
	23			购入	200	80	16 000				400	72.5	29 000
				合计	1 700		112 000	1 600		98 000	400	72.5	29 000

移动加权平均法要求对存货的每一笔收发都要在存货明细账上进行记录,便于日常计算发出存货及结存存货的成本,并且计算出来的存货成本比较均衡和准确,有利于对存货的管理;而且企业不能随意挑选存货价格以调整当期利润。但计算起来的工作量大,一般适用于经营品种不多以及前后入库存货的单价相差幅度较大的企业。

(4) 全月一次加权平均法。

全月一次加权平均法,是指以当月全部进货数量加上月初存货数量作为权数,去除当月全部进货成本与月初存货成本之和,计算出存货的加权平均单位成本,以加权平均单位成本计算当月发出存货的成本和期末存货的成本。

$$加权平均单价＝\frac{月初结存存货成本＋本月入库存货成本}{月初结存存货数量＋本月入库存货数量}$$

$$期末结存存货成本＝期末结存存货数量×加权平均单价$$

$$本期发出存货成本＝期初存货成本＋本月入库存货成本－期末结存存货成本$$

【例 2-3-4】　沿用例 2-3-1,用全月一次加权平均法确定 11 日和 20 日所发出材料的成本。

根据全月一次加权平均法,平时只登记期初存货、入库存货的数量和成本,以及发出存货

的数量,月末计算单位成本,作为每次发出存货的单价。计算分析如下:

平均单位成本＝(15 000＋54 000＋42 000＋16 000)÷(300＋900＋600＋200)
＝63.5(元/千克)

11日发出材料成本为:63.5×800＝50 800(元)

20日发出材料成本为:63.5×800＝50 800(元)

详见表2-3-7。

表2-3-7　御龙公司原材料明细账

材料类别:　　　　　　　　材料规格:　　　　　　　　材料编号:

材料名称:A材料　　　　　　计量单位:千克　　　　　　存放地点:二号仓库

2025年		凭证		摘要	收入			发出			结存		
月	日	字	号		数量	单价	金额	数量	单价	金额	数量	单价	金额
9	1			期初余额							300	50	15 000
	10			购入	900	60	54 000				1 200		
	11			管理部门领用				800			400		
	18			购入	600	70	42 000				1 000		
	20			A产品领用				800			200		
	23			购入	200	80	16 000				400	63.5	25 400
				合计	1 700		112 000	1 600	63.5	101 600	400	63.5	25 400

【知法、懂法,不违法】

《中华人民共和国企业所得税法实施条例》第七十三条规定:企业使用或者销售存货的成本计算方法,可以在先进先出法、加权平均法、个别计价法中选用一种。计价方法一经选用,不得随意变更。你知道为什么不得随意变更吗?

那是因为不同成本计算方法计算出的成本数据不同,进而使得企业的营业成本和利润不同,最终导致企业缴纳的企业所得税不同。如果允许随意变更的话,那么这就会成为有的企业偷逃税款的手段。我们可不能犯这种错误哦!

采用这种方法,月末一次计算出存货单价,手续简便,便于操作。但核算工作集中在月末进行,影响了核算工作的及时性,平时无法及时了解存货发出和结存金额,不便于对存货的管理。

2. 材料按计划成本计价

为了简化核算工作,以及加强对存货的管理,企业可以采用计划成本法对存货进行计价,原材料作为存货的重要组成部分,同样可以用计划成本法。

计划成本法,是指企业预先确定各种材料的计划单价,材料的取得、发出、结存均按计划成本计价,同时将实际成本与计划成本之间的差异单独计算反映,月末通过计算发出材料应分摊的差异,将发出材料的计划成本调整为实际成本的方法。

在计划成本法下,会用到"材料采购""原材料""材料成本差异"账户。"材料采购"账户用于核算企业购入材料的采购成本。借方登记购入材料的实际成本以及结转的入库材料实际成本小于计划成本的节约差异,贷方登记入库材料的计划成本及其实际成本大于计划成本的超支差异。月末借方余额表示已经购进但尚未入库材料的实际成本。该账户按材料类别、品种设置明细账。"原材料"账户登记库存材料计划成本的增减变动及结余情况(见表2-3-8);"材料成本差异"账户借方登记收入材料实际成本大于计划成本的超支差异及发出材料分摊的节约差异,贷方登记收入材料实际成本小于计划成本的节约差异及发出材料分摊的超支差异,余额表示库存材料分摊的差异(见表2-3-9)。

计划成本法下材料采购、入库、结转入库材料成本差异的相关分录如下(未考虑增值税):

(1) 采购材料:

　　借:材料采购　　　　　　　　　(实际成本)

　　　　贷:银行存款等

(2) 材料入库:

　　借:原材料　　　　　　　　　　(计划成本)

　　　　贷:材料采购　　　　　　　　(计划成本)

(3) 结转入库材料的成本差异:

　　借:材料成本差异　　　　　　　(超支差异)

　　　　贷:材料采购　　　　　　　　(超支差异)

若为节约差异,则分录相反。

$$发出材料的计划成本＝发出材料数量×材料的计划单价$$

$$某月材料成本差异率＝\frac{月初结存材料的成本差异＋本月入库材料的成本差异}{月初结存材料的计划成本＋本月入库材料的计划成本}×100\%$$

$$某月发出材料的成本差异＝本月发出材料的计划成本×本月材料成本差异率$$

$$某月发出材料的实际成本＝本月发出材料的计划成本＋本月发出材料的成本差异$$

注意:材料成本差异的数学符号,"＋"表示超支差异,"－"表示节约差异。

【例2-3-5】　御龙公司9月初有A材料300千克,成本差异为节约3 000元。10日购入A材料900千克,实际单价60元/千克;11日管理部门领用材料800千克;18日购入600千克,实际单价70元/千克;20日生产A产品领用材料800千克;23日购入200千克,实际单价80元/千克。假如A材料计划单价为60元/千克,用计划成本法确定11日及20日A材料的实际成本。

10日购入材料实际单价等于计划单价,差异为0。

18日购入材料形成的差异:$600×70－600×60＝6 000$(元)

23日购入材料形成的差异:$200×80－200×60＝4 000$(元)

根据御龙公司材料成本差异明细账及原材料明细账,计算差异率如下:

A材料成本差异率$＝(－3 000＋0＋6 000＋4 000)÷(18 000＋54 000＋36 000＋12 000)×100\%$

　　　　　　　　$＝7 000÷120 000×100\%＝5.83\%$

11日管理部门领用材料计划成本为:$800×60＝48 000$(元)

分摊的差异为:$48 000×5.83\%＝2 798.4$(元)

实际成本为:$48 000＋2 798.4＝50 798.4$(元)

20日A产品领用材料计划成本为:$800×60＝48 000$(元)

分摊的差异为：48 000×5.83％＝2 798.4(元)

实际成本为：48 000＋2 798.4＝50 798.4(元)

相关明细账见表 2-3-8、表 2-3-9。

表 2-3-8　御龙公司原材料明细账

材料类别：　　　　　　　　　　材料规格：　　　　　　　　　　材料编号：

材料名称：A 材料　　　　　　　计量单位：千克　　　　　　　存放地点：二号仓库

2025 年		凭证		摘要	收入			发出			结存		
月	日	字	号		数量	单价	金额	数量	单价	金额	数量	单价	金额
9	1			期初余额							300	60	18 000
	10			购入	900	60	54 000				1 200	60	72 000
	11			管理部门领用				800	60	48 000	400	60	24 000
	18			购入	600	60	36 000				1 000	60	60 000
	20			A 产品领用				800	60	48 000	200	60	12 000
	23			购入	200	60	12 000				400	60	24 000
				合计	1 700	60	102 000	1 600	60	96 000	400	60	24 000

表 2-3-9　御龙公司材料成本差异明细账

材料类别：　　　　　　　　　　材料规格：　　　　　　　　　　材料编号：

材料名称：A 材料　　　　　　　计量单位：千克　　　　　　　存放地点：二号仓库

2025 年		凭证		摘要	借方	贷方	借或贷	余额
月	日	字	号					
9	1			期初余额			贷	3 000
	10			购入	0		贷	3 000
	18			购入	6 000		借	3 000
	23			购入	4 000		借	7 000

课堂问答：

你能说出不同材料计价方法的优缺点及适用范围吗？

三、材料费用的分配

企业在生产经营过程中，各个部门根据实际需要领用并消耗材料，从而导致材料减少，相关成本、费用及资产价值增加。作为成本会计,应该将企业的这种资金变动记录下来。因此,成本会计人员需要根据领料单上注明的用途,找出材料的受益对象,通过编制材料费用分配汇总表(见表2-3-10),将本月发生的材料费用计入相应的成本、费用账户及资产价值中去。例如,管理部门领用 A 材料48 000 元,该材料的价值应由管理部门承担,计入"管理费用"账户;又如,建造固定资产领用 A 材料50 000 元,该材料的价值应计入在建固定资产的成本,即"在建工程"账户;再如,生产 A、B 产品领用 A 材料48 000 元,则该材料的价值应采用一定方法在 A、B 产品之间分配,分别计入 A、B 产品的成本,即"基本生产成本——A 产品"账户与"基本生产成本——B 产品"账户。

因此,材料费用分配是指将本月发生的材料费用按其受益对象分配计入相关成本、费用及资产价值的过程。

表2-3-10 御龙公司材料费用分配汇总表

单位名称:御龙公司　　　　　　　　　2025 年 9 月　　　　　　　　　单位:元

应借科目		成本/费用项目	直接计入	分配计入			合　计
				分配标准	分配率	分配额	
基本生产成本	甲产品	直接材料	200 000	1 800	5.76	10 368	210 368
	乙产品	直接材料	250 000	2 400		13 824	263 824
合　计			450 000	4 200		24 192	474 192
制造费用	基本生产车间	间接材料	10 000				10 000
辅助生产成本	供电	直接材料	2 000				2 000
	锅炉	直接材料	1 000				1 000
管理费用		材料费	2 000				2 000
销售费用		材料费	1 800				1 800
在建工程		材料费	5 000				5 000
合　计			471 800				495 992

(一) 材料费用的分配方法

在分配材料费用的过程中,一般按领料单上注明的用途便可判断材料费用应计入的会计账户。但会存在几种产品共同耗用一种材料和共同耗用几种材料的情况,此时,则需要采用一定的方法将共同耗用的材料费用在这几种产品之间进行分配。

费用分配的一般步骤及公式如下:

(1)计算费用分配率:

$$费用分配率=待分配费用总额÷各受益对象分配标准之和$$

(2)计算各受益对象分摊的费用:

$$各受益对象所承担的费用=该受益对象的分配标准×费用分配率$$

共同耗用材料费用的分配一般有产品产量比例分配法、定额消耗量比例分配法、定额费用比例分配法等。

1. 产品产量比例分配法

产品产量比例分配法,是指将各产品共同耗用材料费用以产品的产量为分配标准进行分配的方法。

$$材料费用分配率 = \frac{各产品共同耗用的材料费用总额}{各产品的产量之和}$$

$$某产品应承担的材料费用 = 该产品的产量 × 材料费用分配率$$

【例2-3-6】 御龙公司生产甲、乙两种产品,共耗用B材料4 032千克,每千克6元,甲产品实际产量为1 800件,乙产品实际产量为2 400件。要求采用产品产量比例分配法分配材料费用。

材料费用分配率:(4 032×6)÷(1 800+2 400)=5.76(元/件)

甲产品应分配的材料费用:1 800×5.76=10 368(元)

乙产品应分配的材料费用:2 400×5.76=13 824(元),或24 192-10 368=13 824(元)。

其分配表见表2-3-11。

表2-3-11　御龙公司B材料费用分配表

单位名称:御龙公司　　　　　　　　　　　　　　　　　　　　　　　　　　单位:元

受益对象	分配标准	分配率	分配额
甲产品	1 800	5.76	10 368
乙产品	2 400		13 824
合　计	4 200		24 192

该题也可以采用以下方法:

材料实际用量分配率:4 032÷(1 800+2 400)=0.96(千克/件)

甲产品应分配的材料费用:1 800×0.96×6=10 368(元)

乙产品应分配的材料费用:2 400×0.96×6=13 824(元),或24 192-10 368=13 824(元)

2. 定额消耗量比例分配法

定额消耗量比例分配法是指将共同耗用材料费用以产品的定额消耗量为分配标准进行分配的方法。定额消耗量是指一定产量的产品所消耗材料的数量,它等于产品的材料消耗定额乘以产品产量。材料消耗定额是企业制定的,是单位产品消耗材料的数量限额。

$$某产品材料定额消耗量 = 该产品实际产量 × 该产品材料消耗定额$$

$$材料费用分配率 = \frac{各产品共同耗用的材料费用总额}{各产品材料定额消耗量之和}$$

$$某产品应承担的材料费用 = 该产品材料定额消耗量 × 材料费用分配率$$

【例2-3-7】 御龙公司生产甲、乙两种产品,共同耗用B原材料60 000千克,每千克10元;甲产品的实际产量为1 200件,产品材料消耗定额为30千克/件;乙产品的实际产量为800

件,产品材料消耗定额为 15 千克/件。要求根据上述资料,采用定额消耗量比例分配法计算各种产品应负担的材料费用。

甲产品原材料定额消耗量:$1\,200 \times 30 = 36\,000$(千克)

乙产品原材料定额消耗量:$800 \times 15 = 12\,000$(千克)

原材料费用分配率:$60\,000 \times 10 \div (36\,000 + 12\,000) = 12.5$(元 / 千克)

甲产品承担原材料费用:$36\,000 \times 12.5 = 450\,000$(元)

乙产品承担原材料费用:$12\,000 \times 12.5 = 150\,000$(元)

其分配表见表 2 - 3 - 12。

表 2 - 3 - 12　御龙公司材料费用分配表

单位名称:御龙公司　　　　　　　　　　　　　　　　　　　　　　　　　　　　单位:元

受益对象	产品产量	消耗定额	分配标准	分配率	分配额
甲产品					
乙产品					
合计					

试一试:

该题也可以先将原材料实际消耗量分配给甲、乙产品,再用甲、乙产品的实际消耗量分别乘以材料单价,以求得甲、乙产品分担的材料费用。试一试吧!

3. 定额费用比例分配法

在几种产品共同耗用几种材料的情况下,在分配材料费用的过程中,不仅要考虑产品所消耗材料的数量,而且应考虑不同材料的单价。因此,以各产品材料定额费用为分配标准分配材料费用最为合适。

定额费用比例分配法是指将各产品共同耗用材料费用以产品的定额费用为分配标准进行分配的方法。定额费用是指一定产量的产品所消耗材料的价值。材料费用定额是企业制定的,是单位产品消耗材料的价值限额。

$$费用定额 = 消耗定额 \times 材料计划单价$$

$$定额费用 = 定额消耗量 \times 材料计划单价 = 费用定额 \times 产品产量$$

$$材料费用分配率 = \frac{各产品共同耗用的材料费用总额}{各产品材料定额费用之和}$$

$$某产品应承担的材料费用 = 该产品材料定额费用 \times 材料费用分配率$$

【例 2 - 3 - 8】 御龙公司 2025 年 9 月生产甲、乙两种产品,共同领用 A、B 材料 3 762 元。甲产品产量为 150 件,乙产品产量为 120 件。甲产品材料消耗定额为:A 材料为 0.6 千克,B 材料为 0.8 千克。乙产品消耗定额为:A 材料为 0.9 千克,B 材料 0.5 千克。A 材料计划单价 10 元,B 材料计划单价 8 元。要求用定额费用比例分配法计算各种产品应负担的材料费用。

甲产品耗用 A 材料的定额费用:$150 \times 0.6 \times 10 = 900$(元)

甲产品耗用 B 材料的定额费用：$150×0.8×8＝960$(元)

甲产品材料定额费用合计：$900＋960＝1860$(元)

乙产品耗用 A 材料的定额费用：$120×0.9×10＝1080$(元)

乙产品耗用 B 材料的定额费用：$120×0.5×8＝480$(元)

乙产品材料定额费用合计：$1080＋480＝1560$(元)

材料费用分配率：$3762÷(1860＋1560)＝1.1$

甲产品应分配的材料实际费用：$1860×1.1＝2046$(元)

乙产品应分配的材料实际费用：$3762－2046＝1716$(元)

其分配表见表 2－3－13。

表 2－3－13　御龙公司材料费用分配表

单位名称：御龙公司　　　　　　　　　　　　　　　　　　　　　　　　　　　单位：元

受益对象	产品产量	A 材料消耗定额	A 材料单价	B 材料消耗定额	B 材料单价	分配标准	分配率	分配额
甲产品								
乙产品								
合计								

课堂问答：
你能说出不同材料费用分配方法的适用范围吗？

（二）材料费用分配的账务处理

在对材料费用进行分配时，具体如下：

直接用于基本生产车间产品生产的材料费用，计入"基本生产成本"账户；直接用于辅助生产车间产品生产或劳务供应的材料费用，计入"辅助生产成本"账户；车间一般消耗的材料费用计入"制造费用"账户；厂部等行政管理部门消耗的材料费用计入"管理费用"账户；销售部门消耗的材料费用计入"销售费用"账户；基建工程消耗的材料费用计入"在建工程"账户。

材料收发结存的核算，可以按其实际成本进行，也可以先按其计划成本进行核算，月末通过计算差异，将发出材料的计划成本调整为实际成本。

1. 实际成本法下材料费用分配的账务处理

材料按实际成本计价，是指每种材料的收、发、存都按其实际成本计价。在对材料费用进行分配时，材料按其实际成本计入相应的成本、费用科目及资产价值。

【例 2－3－9】　御龙公司有一个基本生产车间和供电、锅炉两个辅助生产车间，基本生产车间生产甲产品和乙产品。公司对材料按实际成本进行计价。本月根据领料单编制的材料费用分配表如表 2－3－14 所示。

表 2-3-14　御龙公司 A 材料费用分配汇总表

单位名称:御龙公司　　　　　　　　　　　　2025 年 9 月　　　　　　　　　　　　单位:元

应借科目		成本/费用项目	直接计入	分配计入			合　计
				分配标准	分配率	分配额	
基本生产成本	甲产品	直接材料	200 000	1 800	5.76	10 368	210 368
	乙产品	直接材料	250 000	2 400		13 824	263 824
小计			450 000	4 200		24 192	474 192
制造费用	基本生产车间	间接材料	10 000				10 000
辅助生产成本	供电	直接材料	2 000				2 000
	锅炉	直接材料	1 000				1 000
管理费用		材料费	2 000				2 000
销售费用		材料费	1 800				1 800
在建工程		材料费	5 000				5 000
合　计			471 800	—	—	24 192	495 992

根据材料费用分配表,编制的会计分录如下:

借:基本生产成本——甲产品　　　　　　　　　　　　210 368
　　　　　　　　——乙产品　　　　　　　　　　　　263 824
　　制造费用——基本生产车间　　　　　　　　　　　10 000
　　辅助生产成本——供电　　　　　　　　　　　　　2 000
　　　　　　　　——锅炉　　　　　　　　　　　　　1 000
　　管理费用　　　　　　　　　　　　　　　　　　　2 000
　　销售费用　　　　　　　　　　　　　　　　　　　1 800
　　在建工程　　　　　　　　　　　　　　　　　　　5 000
　　贷:原材料——A 材料　　　　　　　　　　　　　495 992

2. 计划成本法下材料费用分配的账务处理

在计划成本法下,每种材料的收、发、存都按其计划成本计价。在对材料费用进行分配时,先按材料的计划成本计入相应的成本、费用科目及资产价值,月末,计算发出材料应负担的差异,再将差异计入相应的成本、费用科目及资产价值,使计入成本、费用及资产价值的金额为材料的实际成本。

【例 2-3-10】 御龙公司有一个基本生产车间和供电、锅炉两个辅助生产车间,基本生产车间生产甲产品和乙产品。公司对材料按计划成本进行计价。本月根据领料单编制的材料费用分配表如表 2-3-15 所示。

表 2-3-15　御龙公司 A 材料费用分配汇总表

单位名称:御龙公司　　　　　　　　　2025 年 9 月　　　　　　　　　单位:元

受益对象		直接消耗	共同消耗			合　计
			分配标准	分配率	分配额	
基本生产成本	甲产品	200 000	1 800	5.76	10 368	210 368
	乙产品	250 000	2 400		13 824	263 824
小　计		450 000	4 200		24 192	474 192
制造费用	基本生产车间	10 000				10 000
辅助生产成本	供电	2 000				2 000
	锅炉	1 000				1 000
管理费用		2 000				2 000
销售费用		1 800				1 800
在建工程		5 000				5 000
合　计		471 800	—	—	24 192	495 992

根据材料费用分配表,编制的会计分录如下:

借:基本生产成本——甲产品　　　　　　　　　　　　　　　210 368
　　　　　　　　——乙产品　　　　　　　　　　　　　　　263 824
　　制造费用——基本生产车间　　　　　　　　　　　　　　10 000
　　辅助生产成本——供电　　　　　　　　　　　　　　　　2 000
　　　　　　　　　——锅炉　　　　　　　　　　　　　　　1 000
　　管理费用　　　　　　　　　　　　　　　　　　　　　　2 000
　　销售费用　　　　　　　　　　　　　　　　　　　　　　1 800
　　在建工程　　　　　　　　　　　　　　　　　　　　　　5 000
　　贷:原材料——A 材料　　　　　　　　　　　　　　　　　495 992

(1)若本月材料成本差异率为-1%。月末,计算发出材料应分担的材料成本差异,如表 2-3-16 所示。

表 2-3-16　御龙公司 A 材料费用分配汇总表

单位名称:御龙公司　　　　　　　　　2025 年 9 月　　　　　　　　　单位:元

受益对象		材料计划成本	差异率	差异额	实际成本
基本生产成本	甲产品	210 368		-2 103.68	208 264.32
	乙产品	263 824		-2 638.24	261 185.76
小　计		474 192		-4 741.92	469 450.08
制造费用	基本生产车间	10 000		-100	9 900
辅助生产成本	供电	2 000	-1%	-20	1 980
	锅炉	1 000		-10	990
管理费用		2 000		-20	1 980
销售费用		1 800		-18	1 782
在建工程		5 000		-50	4 950
合　计		495 992		-4 959.92	491 032.08

　　发出材料分担的成本差异为负数,表示节约差异,说明材料的实际成本小于计划成本。会计应遵循实际成本原则,计入相关成本科目的材料价值应为其实际成本,而之前将材料计划成本计入相关科目,多计了,因此,应将多计的差异部分通过如下会计分录予以冲销:

借:材料成本差异——A材料	4 959.92
贷:基本生产成本——甲产品	2 103.68
——乙产品	2 638.24
制造费用——基本生产车间	100
辅助生产成本——供电	20
——锅炉	10
管理费用	20
销售费用	18
在建工程	50

　　通过差异的调整,最终计入相关科目的价值即为材料的实际成本。

　　(2) 若差异率为1%,则表示超支差异,说明材料的实际成本大于计划成本。会计应遵循实际成本原则,计入相关成本科目的材料价值应为其实际成本,而之前将材料计划成本计入相关科目,少计了,因此,应将少计的差异部分再次补计入相关科目,会计分录如下:

借:基本生产成本——甲产品	2 103.68
——乙产品	2 638.24
制造费用——基本生产车间	100
辅助生产成本——供电	20
——锅炉	10
管理费用	20
销售费用	18
在建工程	50
贷:材料成本差异——A材料	4 959.92

　　通过差异的调整,最终计入相关科目的价值即为材料的实际成本。

　　一般情况下,材料品种繁多的企业多采用计划成本进行日常核算,对于规模较小、材料品种较少、采购业务不多的企业,多采用实际成本进行日常核算。企业在选用材料计价方法后,不得随意变更,应遵循一致性原则,若需变更,应按会计政策变更处理。

四、燃料费用的核算

　　燃料费用的分配与原材料费用的分配类似。直接用于基本生产车间产品生产的燃料费用,计入"基本生产成本"账户;直接用于辅助生产车间产品生产或劳务供应的燃料费用,计入"辅助生产成本"账户;车间一般消耗的燃料费用计入"制造费用"账户;厂部等行政管理部门消耗的燃料费用计入"管理费用"账户;销售部门消耗的燃料费用计入"销售费用"账户;基建工程消耗的燃料费用计入"在建工程"账户。

　　当产品生产消耗了燃料费用,燃料费用应计入产品成本,具体有以下两种处理方法。

　　一是在燃料费用占产品成本比重较小的情况下,产品成本明细账中无须设置"燃料及动力"成本项目,应将燃料费用直接计入"直接材料"成本项目;"燃料"作为"原材料"账户的明细账户进行核算。

二是在燃料费用占产品成本比重较大的情况下,产品成本明细账中需要设置"燃料及动力"成本项目,单独反映燃料费用;同时,应增设"燃料"一级账户,并将燃料费用单独进行分配。

【例2-3-11】 御龙公司9月份生产的甲、乙两种产品本月共发生燃料费用40 000元,生产甲产品2 000件、乙产品6 000件,甲产品燃料费用定额为8元/件,乙产品燃料费用定额为4元/件。该公司燃料费用占产品成本比重较大,产品成本明细账中单独设置了"燃料及动力"成本项目。要求以燃料定额费用为分配标准,计算甲、乙产品应分担的燃料费用。

燃料费用分配率:$40\,000 \div (2\,000 \times 8 + 6\,000 \times 4) = 1$

甲产品分担的燃料费用:$2\,000 \times 8 \times 1 = 16\,000$(元)

乙产品分担的燃料费用:$6\,000 \times 4 \times 1 = 24\,000$(元)

会计分录如下:

借:基本生产成本——甲产品 16 000
　　　　　　　　——乙产品 24 000
　贷:燃料 40 000

以甲产品为例,其成本明细账如表2-3-17所示。

表2-3-17 基本生产成本明细账

生产车间:基本生产车间　　　　　　产品名称:甲产品　　　　　　单位:元

2025年		凭证		摘要	借方					贷方	余额
月	日	字	号		直接材料	直接人工	制造费用	燃料及动力	合计		
9	1			期初在产品	1 040	1 500	800	1 000	4 340		
9				燃料费用分配				16 000			
				……							

【例2-3-12】 御龙公司9月份生产的A、B两种产品本月共发生燃料费用4 000元,生产A产品16 000件、B产品24 000件。该公司燃料费用占产品成本比重不大,产品成本明细账中没有单独设置"燃料及动力"成本项目。要求以产品产量为分配标准,计算甲、乙产品应分担的燃料费用。

燃料费用分配率:$4\,000 \div (16\,000 + 24\,000) = 0.1$

A产品分担的燃料费用:$16\,000 \times 0.1 = 1\,600$(元)

B产品分担的燃料费用:$24\,000 \times 0.1 = 2\,400$(元)

会计分录如下:

借:基本生产成本——A产品 1 600
　　　　　　　　——B产品 2 400
　贷:原材料——燃料 4 000

以 A 产品为例,其成本明细账如表 2-3-18 所示。

表 2-3-18　基本生产成本明细账

生产车间:基本生产车间　　　　　　　　　产品名称:A 产品　　　　　　　　　单位:元

2025 年		凭证		摘要	借方				贷方	余额
月	日	字	号		直接材料	直接人工	制造费用	合计		
9	1			期初在产品	2 040	2 500	800	5 340		
9				燃料费用分配	1 600					
				……						

? 专项技能训练

**任务一　**应用定额消耗量比例分配法分配材料费用,并编制材料费用分配表(见表 2-3-19、表 2-3-20)。

御龙公司生产甲、乙两种产品,共同耗用材料 9 000 千克,每千克 1.44 元,共计 12 960 元。生产甲产品 1 800 件,原材料消耗定额为 3 千克;生产乙产品 1 200 件,原材料消耗定额为 1.5 千克。

表 2-3-19　御龙公司材料费用分配表

单位名称:御龙公司　　　　　　　　　　　　　　　　　　　　　　　　　　　单位:元

受益对象	产品产量	消耗定额(千克/件)	分配标准	分配率	实际消耗量	材料单价	分配额
甲产品							
乙产品							
合计							

表 2-3-20　御龙公司材料费用分配表

单位名称:御龙公司　　　　　　　　　　　　　　　　　　　　　　　　　　　单位:元

受益对象	产品产量	消耗定额(千克/件)	分配标准	分配率	分配额
甲产品					
乙产品					
合计					

**任务二　**根据下列资料,编制材料费用分配表(见表 2-3-21),并编制会计分录。

御龙公司生产甲、乙、丙三种产品。2025 年 9 月,三种产品产量依次为 3 000 件、5 000 件、2 000 件,共同耗用 A 材料 90 000 元。已知甲、乙、丙三种产品的 A 材料消耗定额分别为 0.4 千克/件、0.6 千克/件、1.5 千克/件。本月生产甲产品另耗用 B 材料 30 000 元,车间一般耗用 A 材料 5 000 元、B 材料 2 500 元,企业管理部门耗用 B 材料 1 500 元,销售部门耗用 B 材料 1 000 元,工程领用 A 材料 20 000 元、B 材料 50 000 元。该公司采用定额消耗量比例分配法分配材料费用。

表 2－3－21　御龙公司材料费用分配表

单位名称:御龙公司　　　　　　　　2025 年 9 月　　　　　　　　单位:元

受益对象		A 材料			B 材料	合　计
		分配标准	分配率	分配额	分配额	
基本生产车间	甲产品					
	乙产品					
	丙产品					
	合　计					
	一般消耗					
企业管理部门						
企业销售部门						
工程领用						
合　计						

任务三　编制燃料费用分配表(见表 2－3－22),并编制会计分录。

御龙公司设有一个基本生产车间生产甲、乙两种产品,设有一个辅助生产车间运输车间。2025 年 9 月生产甲产品耗用工时 500 小时,生产乙产品耗用工时 200 小时,共消耗燃料费用 2 800 元,运输车间消耗燃料 1 000 元。该公司没有设"燃料及动力"成本项目。

表 2－3－22　御龙公司燃料费用分配表

单位名称:御龙公司　　　　　　　　2025 年 9 月　　　　　　　　单位:元

受益对象		直接计入	分配计入			合　计
			分配标准	分配率	分配额	
基本生产车间	甲产品					
	乙产品					
	合　计					
运输车间						
合　计						

项目实训二　核算材料费用(见教材 230 页)

与助理会计师
点对点对接试题

章节练习题

子项目二　核算人工费用

案 例 导 入

　　江丽完成了材料费用的核算之后,开始了人工费用的核算工作。该工厂和其他大部分企业一样,采用月薪制核算并发放工资。工厂除了发放工资之外,还为职工买了保险、住房公积金,节假日还会发放礼品。江丽认为,在核算人工费用之前她应该先理清思路,了解以下几点内容:第一,工厂的职能部门是如何划分的,每个部门有多少个职工;第二,职工的工资包含哪些内容,计算工资需要哪些原始记录;第三,工厂以前采用的工资计算方法是什么;第四,以前是如何将人工费用进行分配,计入成本、费用的;第五,工厂为职工买保险、住房公积金,节假日发放礼品,应该如何做账务处理。

知 识 目 标

　　1. 了解人工费用核算的原始记录;
　　2. 掌握计时工资、计件工资的计算方法;
　　3. 掌握人工费用分配的账务处理;
　　4. 掌握其他职工薪酬的核算。

技 能 目 标

　　1. 能够准确地计算每一位职工的应得工资;
　　2. 能够正确地分配人工费用,并做出正确的账务处理;
　　3. 能够处理单位为职工买保险、住房公积金以及发放工资等账务。

素 质 目 标

　　知法、懂法,善于用法律武器维护合法权益。

相关知识

一、职工薪酬概述

(一)职工薪酬的含义

　　职工薪酬,是指企业为获得职工提供的服务或解除劳动关系而给予的各种形式的报酬或补偿。企业给予职工薪酬,同时也就形成了企业的成本、费用,因此,也称为人工费用。

(二）职工薪酬的内容

根据《企业会计准则》的规定，职工薪酬包括短期薪酬、离职后福利、辞退福利和其他长期职工福利。企业提供给职工配偶、子女、受赡养人、已故员工遗属及其他受益人等的福利也属于职工薪酬。

1. 短期薪酬

短期薪酬是指企业在职工提供相关服务的年度报告期间结束后十二个月内需要全部予以支付的职工薪酬，因解除与职工的劳动关系给予的补偿除外。短期薪酬具体包括：

（1）职工工资、奖金、津贴和补贴，具体包括构成工资总额的计时工资、计件工资，支付给职工的超额劳动报酬等，为了补偿职工特殊或额外的劳动消耗和因其他特殊原因支付给职工的津贴，以及为了保证职工工资水平不受物价影响支付给职工的物价补贴等。企业的短期奖金计划属于短期薪酬，长期奖金计划属于其他长期职工福利。

（2）职工福利费，是指企业为职工提供的除职工工资、奖金、津贴和补贴、职工教育经费、社会保险费及住房公积金等以外的福利待遇。包括发放给职工或为职工支付的以下现金补贴和非货币性集体福利：为职工卫生保健、生活等发放或支付的各项现金补贴和非货币性福利；企业尚未分离的内设集体福利部门发生的设备、设施和人员费用；给职工的生活困难补助以及按规定发生的其他职工福利支出，如丧葬补助费、抚恤费、职工异地安家费、独生子女费等。

（3）社会保险费，是指企业按照国家规定的基准和比例计算，向社会保险经办机构缴纳的医疗保险费、工伤保险费。

以购买商业保险形式提供给职工的各种保险待遇，也属于职工薪酬。

（4）住房公积金，是指企业按照国家《住房公积金管理条例》规定的基准和比例计算，向住房公积金管理机构缴存的住房公积金。

（5）工会经费和职工教育经费，是指企业为改善职工文化生活、提高职工业务素质，用于开展工会活动和职工教育及职业技能培训的支出。

（6）短期带薪缺勤，是指企业支付工资或提供补偿的职工缺勤，包括年休假、病假、短期伤残、婚假、产假、丧假、探亲假等。

（7）短期利润分享计划，是指因职工提供服务而与职工达成的基于利润或其他经营成果提供薪酬的协议。

（8）非货币性福利，是指企业以自产产品或外购商品发放给职工作为福利，将资产无偿提供给职工使用等。

（9）其他短期薪酬，是指除了以上薪酬之外的短期薪酬。

2. 离职后福利

离职后福利是指企业为获得职工提供的服务而在职工退休或与企业解除劳动关系后，提供的各种形式的报酬和福利，短期薪酬和辞退福利除外。分为设定提存计划和设定受益计划。设定提存计划，是指向独立的基金缴存固定费用后，企业不再承担进一步支付义务的离职后福利计划。在我国，设定提存计划主要有养老保险费、失业保险费、企业年金等。设定受益计划，是指除设定提存计划以外的离职后福利计划。在我国，此类计划主要是国有企业由于历史原因延续下来的为退休人员支付的统筹外养老金、生活补贴等。

现行《失业保险条例》规定,用人单位及其职工分别按照本单位工资总额和本人工资的2％和1％缴纳失业保险费。为深入落实中央减税降费要求,同时考虑基金运行的安全性、可持续性,以及地区差异较大等因素,《失业保险条例(修订草案征求意见稿)》规定:"失业保险费由用人单位和职工分别按照本单位工资总额和本人工资的一定比例缴纳,用人单位和职工的缴费比例之和不得超过 2％,具体缴费比例由省、自治区、直辖市人民政府规定。在省、自治区、直辖市行政区域内,用人单位和职工的缴费比例应当统一"。

3. 辞退福利

辞退福利是指企业在职工劳动合同到期之前解除与职工的劳动关系,或者为鼓励职工自愿接受裁减而给予职工的补偿。

4. 其他长期职工福利

其他长期职工福利是指除短期薪酬、离职后福利、辞退福利之外所有的职工薪酬,包括长期带薪缺勤、长期残疾福利、长期利润分享计划等。

> **【善用法律武器维护自己的权益】**
> 我们国家颁布了《中华人民共和国劳动合同法》《中华人民共和国社会保险法》,我们应该熟悉并遵守相关法律、法规的规定,在薪资核算过程中不侵害职工的利益,同时,作为职工,我们也要懂得用法律来维护自己的权益。赶紧去学一学吧!

(三)人工费用的分类

1. 人工费用的分类

人工费用按是否直接参与产品生产分为直接人工费用和间接人工费用。

直接人工费用是指直接参与产品生产职工的薪酬,通常指生产工人的薪酬,由于其直接参与产品生产,因此,在发生费用时直接计入所生产产品成本。

间接人工费用是指间接服务于产品生产职工的薪酬,通常包括分厂或车间管理人员职工薪酬、技术人员职工薪酬,间接人工费用是制造费用的核算范围,在发生时计入"制造费用"账户。

2. 直接人工费用的分类

直接人工费用按计入产品成本的程序和方式分为直接计入人工费用和间接计入人工费用。

直接计入人工费用是指能够直接计入某产品成本的人工费用。例如,一批生产工人从事A产品的生产,该批生产工人的薪酬直接计入 A 产品的成本。

间接计入人工费用是指需要分配才能计入各产品成本的人工费用。例如,一批生产工人从事 A、B 产品的生产,该批生产工人的薪酬属于直接人工费用,但需要通过分配才能分别计入 A、B 产品的成本,因此,属于间接计入人工费用。

二、个人工资的计算

企业往往根据原始记录和工资标准、工资等级先计算个人职工薪酬,然后按职工所在部门进行汇总,进而完成人工费用的归集。

（一）工资费用的原始记录

会计核算必须要有原始记录作为依据，工资费用的核算也不例外。不同的工资制度所依据的原始记录不同。计时工资制度下，应以考勤记录作为依据；计件工资制度下应以产量等工作量记录为依据。

1. 考勤记录

考勤记录是记录职工出勤情况的原始记录，其形式可以采用考勤钟、考勤簿、考勤卡等。月末，考勤人员应将由车间、部门负责人检查签章后的考勤记录及时送交会计部门。经会计部门审核的考勤记录，可以作为计时工资的计算依据。

2. 工作量记录

工作量记录是登记职工或生产小组在出勤时间内完成的工作量，如生产产品的数量、质量、生产工时等。工作量记录通常有工作通知单、工序进程单、产量通知单、工作班产量记录、产量明细表。

3. 其他记录

其他记录也是工资的计算依据，如奖金及津贴发放通知单、其他薪酬发放记录等都属于其他记录。

（二）工资总额的计算

工资总额也就是企业的应付工资。

$$应付工资 = 应付计时工资 + 应付计件工资 + 奖金 + 津贴补贴 + 加班加点工资 + 特殊情况下支付的工资$$

$$实发工资 = 应付工资 - 代扣、代垫款项$$

（三）月薪制下计时工资的计算

计时工资是指根据职工工作时间的长短计算并支付的工资，通常等于计时工资标准乘以工作时间。不同级别的职工采用的工资制度可能不同，一般有年薪制、月薪制、日薪制、时薪制等，而月薪制是一种最为普遍的工资制度，因此，这里主要讲月薪制下工资的计算。

月薪制下，计时工资具体有两种计算方法：一是缺勤法，也叫减法，即按月标准工资扣减缺勤工资计算计时工资；二是出勤法，也叫加法，即按出勤天数及日工资率计算计时工资。在计时工资计算制度下有一个假设，即不论各月日历天数、双休日、国定假日天数为多少，每月的工资标准相同。

缺勤法的计算公式：

$$应付月计时工资 = 月工资标准 - 事假、旷工天数 \times 日工资标准 - 病假天数 \times 日工资标准 \times 病假扣款率$$

出勤法的计算公式：

$$应付月计时工资 = 出勤天数 \times 日工资标准 + 病假天数 \times 日工资标准 \times \left(1 - 病假扣款率\right)$$

从以上公式可以看出，无论采用加法还是减法，关键都在于日工资标准，也称日工资率。日工资标准的计算一般有每月按 30 天计算、每月按 21 天计算、每月按实际工作日计算三种方法。

1. 每月按 30 天计算

在该方法下,假设一年 360 天,每个月 30 天。

$$日工资标准 = \frac{月工资标准}{30}$$

在该方法下双休日、国定节假日视同出勤日,也有工资。一般连续请假 7 天及以上的,其中包含的双休日要计算并扣发工资。

【例 2-3-13】 御龙公司某工人月工资标准为 9 000 元。3 月份 31 天,事假 4 天,病假 2 天,星期休假 10 天,出勤 15 天。根据该工人的工龄,其病假工资按工资标准的 90% 计算。该工人病假和事假期间没有节假日。要求:按每个月 30 天计算该工人本月应得的工资。

日工资标准 = 9 000 ÷ 30 = 300(元/天)

按减法计算该职工本月应得工资:

9 000 - 4 × 300 - 2 × 300 × (1 - 90%) = 7 740(元)

按加法计算该职工本月应得工资:

(10 + 15) × 300 + 2 × 300 × 90% = 8 040(元)

在该题中,加法比减法多一天的工资 300 元,是因为在加法下,是以一个月 31 天为计算工资的时间基础,而减法是以一个月 30 天为基础的。

2. 每月按 21 天计算

在该方法下,每年 365 天,52 个双休日为 104 天,11 个国定假日。

平均每月工作天数 = (365 - 104 - 11) ÷ 12 = 20.83 ≈ 21(天)

$$日工资标准 = \frac{月工资标准}{21}$$

每月按 21 天计算,工作日缺勤按日工资标准扣除,双休日、国定节日没有工资,所以双休日、国定节日缺勤不存在扣发工资的情况。

【例 2-3-14】 接上例,要求按每个月 21 天计算该工人应得工资。

日工资标准 = 9 000 ÷ 21 = 428.57(元/天)

按减法计算该职工本月应得工资:

9 000 - 4 × 428.57 - 2 × 428.57 × (1 - 90%) = 9 000 - 1 714.28 - 85.71 = 7 200.01(元)

按加法计算该职工本月应得工资:

15 × 428.57 + 2 × 428.57 × 90% = 6 428.55 + 771.43 = 7 199.97(元)

在该题中,如果不受小数尾数的影响,加法与减法计算的工资相同,是因为该月实际应工作天数刚好等于月平均法定工作天数 21 天。两种方法都是以 21 天为时间基础的。

3. 每月按实际工作日计算

实际工作日也就是每月实际应工作天数。每月应工作天数不同,所以每个月的日工资标准也就不同。

$$日工资标准 = \frac{月工资标准}{本月实际应工作天数}$$

该方法下,双休日、国定节日同样没有工资,所以双休日、国定节日缺勤不存在扣发工资的情况。

【例 2 - 3 - 15】 资料同例 2 - 3 - 13,要求按实际工作日计算该工人应得工资。

该月实际工作日:31 - 10 = 21(天)

日工资标准:9 000 ÷ 21 = 428.57(元 / 天)

按减法计算该职工本月应得工资:

9 000 - 4 × 428.57 - 2 × 428.57 × (1 - 90%) = 9 000 - 1 714.28 - 85.71 = 7 200.01(元)

按加法计算该职工本月应得工资:

15 × 428.57 + 2 × 428.57 × 90% = 6 428.55 + 771.43 = 7 199.97(元)

在该题中,如果不受小数尾数的影响,加法与减法计算的工资相同,是因为两种方法都是以该月实际应工作天数为基础的。

企业计算计时工资的方法很多,而且每种方法计算的工资不尽相同,因此,为了遵循可比性原则,一旦选定某种具体方法后不得随意改变。

(四)计件工资的计算

计件工资是指根据职工完成工作量的多少计算并支付的工资,通常等于工作量乘以计件单价。

1. 直接计算个人计件工资

同一工人在月份内可能从事计件单价不同的各种产品的生产,因而计件工资的计算公式如下:

$$个人应得计件工资 = \sum \left(该职工完成工作量 \times 该产品的计件单价 \right)$$

其中:

$$工作量 = 合格品数量 + 料废品数量。$$

料废品为非工人本人过失造成的不合格产品,应计算并支付工资。

计件单价为工人完成单位工作量应得的工资,一般根据工人的能力具体制定。也可按以下方法计算得出:

$$计件单价 = 产品工时定额 \times 工人小时工资标准$$

【例 2 - 3 - 16】 御龙公司生产工人张冰为四级工,月工资标准为 2 520 元。5 月份完成的合格品产量为 A 产品 150 件,B 产品 100 件。A、B 产品的工时定额分别为 0.5 小时/件、1 小时/件。假设 5 月份工作 21 天,每天工作 8 小时。要求:计算 5 月份张冰应得计件工资。

小时工资率:2 520 ÷ (21 × 8) = 15(元 / 小时)

A 产品计件单价:15 × 0.5 = 7.5(元 / 件)

B 产品计件单价:15 × 1 = 15(元 / 件)

应得计件工资:7.5 × 150 + 15 × 100 = 1 125 + 1 500 = 2 625(元)

2. 集体计件工资的分配

有些时候,工作量由小组共同完成,小组的集体工资需要在小组内各工人之间按贡献大小进行分配,计算个人应得工资。生产小组等集体计件工资的计算方法与个人计件工资的计算基本相同。集体计件工资一般以每人的工资标准和工作时间的乘积为分配标准进行分配。

其计算公式及步骤如下:

第一步,计算各成员应得计时工资:

$$各成员应得计时工资＝该成员实际工作时间×小时工资标准$$

第二步,计算集体计件工资分配率:

$$集体计件工资分配率＝集体计件工资÷各成员应得计时工资之和$$

第三步,计算各成员应得计件工资:

$$各成员应得计件工资＝各成员应得计时工资×集体计件工资分配率$$

【例2-3-17】　御龙公司有4名职工组成生产小组,2025年5月份生产甲产品567件,计件单价18元,其余资料如表2-3-23所示。要求:计算每个职工应得计件工资。

(1) 集体计件工资:$18×567＝10\,206$(元)

(2) 计时工资总额:$5×260＋7×270＋7×290＋9×230＝7\,290$(元)

(3) 分配率:$10\,206÷7\,290＝1.4$

(4) 每个人分得的计件工资:

小李:$1\,300×1.4＝1\,820$(元)

小王:$1\,890×1.4＝2\,646$(元)

小周:$2\,030×1.4＝2\,842$(元)

小吴:$10\,206－1\,820－2\,646－2\,842＝2\,898$(元)

表2-3-23　御龙公司计件工资薪酬分配表

单位名称:御龙公司　　　　　　　　　2025年5月31日　　　　　　　　　单位:元

姓　　名	小时工资率	实际工作小时	分配标准	分配率	应得计件工资
小李	5	260	1 300		1 820
小王	7	270	1 890	1.4	2 646
小周	7	290	2 030		2 842
小吴	9	230	2 070		2 898
合　　计		1 050	7 290		10 206

(五) 加班加点工资、奖金、津贴、补贴的计算

根据"劳动部对《工资支付暂行规定》(劳动部发〔1994〕489号)有关问题的补充规定",凡是安排劳动者在法定工作日延长工作时间或安排在休息日工作而又不能补休的,均应支付给劳动者不低于劳动合同规定的劳动者本人小时或日工资标准150%、200%的工资;安排在法定休假节日工作的,应另外支付给劳动者不低于劳动合同规定的劳动者本人小时或日工资标准300%的工资。

加班加点工资、奖金、津贴、补贴的计算,需要根据国家有关规定,并结合企业的有关发放办法进行计算。

三、工资费用的归集

会计部门应按照部门、职工类别和姓名，分别编制工资结算单，以作为工资结算的依据，如表2-3-24所示。工资结算单中应填列应付的各种工资、代垫或代扣款项、应发金额和实发金额等。

会计部门还应根据工资结算单，按车间、部门归集工资费用，即按车间、部门汇总工资费用，并编制工资结算汇总表，如表2-3-25所示。

表2-3-24 工资结算单

单位名称： 年 月 日 单位：元

工号	姓名	基础工资	奖金	加班工资	津贴	补贴	应扣工资			应付工资	代扣款项							实发金额
							事假	病假	其他		医疗保险	养老保险	失业保险	大病医疗互助保险	公积金	个人所得税	小计	
…	…	…	…	…	…	…	…	…	…	…	…	…	…	…	…	…	…	…
合计																		

表2-3-25 工资结算汇总表

单位名称： 年 月 日 单位：元

部门人员		职工人数	基础工资	奖金	加班工资	津贴	补贴	应扣工资			应付工资	代扣款项							实发金额
								事假	病假	其他		医疗保险	养老保险	失业保险	大病医疗互助保险	公积金	个人所得税	小计	
基本生产车间	生产工人																		
	管理人员																		
	小计																		
供电车间	生产工人																		
	管理人员																		
	小计																		
行政人员																			
…		…	…	…	…	…	…	…	…	…	…	…	…	…	…	…	…	…	…
合计																			

四、工资费用的分配

企业应当在职工为其提供服务的会计期间，将应付的职工薪酬确认为负债，除因解除与职工的劳动关系给予的补偿外，应当根据职工提供服务的受益对象，将工资费用进行分配，分别计入相应的成本、费用及资产价值。

对于基本生产车间产品生产工人的工资应计入"基本生产成本"账户中的"直接人工"成本项

目,车间管理人员的工资应计入该车间的"制造费用"账户;辅助生产车间生产工人工资计入"辅助生产成本"账户的"直接人工"成本项目,车间管理人员的工资应计入该车间的"制造费用"账户;行政人员工资计入"管理费用"账户;销售人员工资计入"销售费用"账户;基建工人工资计入"在建工程"账户。工资费用的分配通过编制工资费用分配表来完成,如表 2-3-26 所示。

表 2-3-26　工资费用分配表

单位名称:御龙公司　　　　　　　　　2025 年 9 月 30 日　　　　　　　　　单位:元

应借科目		成本/费用项目	直接计入	分配计入			合　计
				分配标准	分配率	分配额	
基本生产成本	甲产品	直接人工	30 000	3 000	12	36 000	66 000
	乙产品	直接人工	20 000	2 000		24 000	44 000
	合计		50 000	5 000		60 000	110 000
制造费用	基本生产车间	间接人工	3 000				3 000
辅助生产成本	机修	直接人工	5 000				5 000
	锅炉	直接人工	10 000				10 000
管理费用		人工费	6 000				6 000
销售费用		人工费	6 000				6 000
合　计			80 000			60 000	140 000

在实际工作中,存在一批生产工人同时生产几种产品的情况,在计时工资制度下,该生产工人的工资应在这几种产品之间进行分配。分配标准通常是各种产品的生产工时(实际工时或定额工时),计算公式如下:

$$工资费用分配率 = \frac{某车间生产工人计时工资总额}{该车间各产品生产工时(实际或定额)之和}$$

$$某产品应分担的工资费用 = 该产品生产工时(实际或定额) \times 工资费用分配率$$

计件工资一般是分产品计算的,因此不存在需要在几种产品之间分配的情况。

【例 2-3-18】　御龙公司某月某批生产工人生产甲、乙两种产品,该批生产工人计时工资总额为 123 000 元。生产工时为:甲产品 20 600 小时,乙产品 10 150 小时。要求:计算甲、乙产品各自应承担的工资费用,编制相关会计分录。

间接计入生产工人工资分配率:123 000 ÷ (20 600 + 10 150) = 4(元 / 小时)

甲产品承担工资费用:20 600 × 4 = 82 400(元)

乙产品承担工资费用:123 000 − 82 400 = 40 600(元)

借:基本生产成本——甲产品　　　　　　　　　　　　　　　　　　　82 400

　　　　　　　　——乙产品　　　　　　　　　　　　　　　　　　　40 600

　　贷:应付职工薪酬——短期薪酬(工资)　　　　　　　　　　　　　123 000

【例 2-3-19】　御龙公司有一个基本生产车间,2025 年 9 月生产甲、乙两种产品,生产工时分别为 3 000 小时和 2 000 小时。本月甲产品生产工人的工资为 30 000 元,乙产品生产工人的工资为 20 000 元。另外,甲、乙产品共同发生工资费用 60 000 元,车间管理人员工资 3 000 元。该公司设有锅炉和机修两个辅助生产车间,本月工资费用分别为 10 000 元和 5 000 元。行政人员工资 6 000 元,销售人员工资 6 000 元。要求:编制工资费用分配表,并写出会计分录。

根据人工费用分配表,编制的会计分录如下:

借:基本生产成本——甲产品	66 000
——乙产品	44 000
制造费用——基本生产车间	3 000
辅助生产成本——机修	5 000
——锅炉	10 000
管理费用	6 000
销售费用	6 000
贷:应付职工薪酬——短期薪酬(工资)	140 000

五、工资结算的会计处理

企业在支付工资之前,会从职工工资里代扣代缴社会保险费、住房公积金,按职工工资的 5‰ 扣取工会会费,达到缴纳个人所得税条件的还须代扣代缴个人所得税。此外,企业会根据实际情况扣除代垫的水电费等各种款项。因此,实发工资并不等于应付工资,其与应付工资的关系如下:

$$实发工资 = 应付工资 - 代扣、代垫款项$$

企业在结算工资时,通常会作如下账务处理。

(1) 结算代扣社会保险费、住房公积金、个人所得税、工会经费等款项。

① 代扣各种款项。

借:应付职工薪酬——短期薪酬(工资)

  贷:其他应付款——社会保险费

      ——住房公积金

      ——工会会费

    应交税费——应交个人所得税

② 代缴各种款项。

借:其他应付款——社会保险费

     ——住房公积金

     ——工会会费

  应交税费——应交个人所得税

  贷:银行存款

对于应代扣代缴的社会保险费、住房公积金等,也可不通过"其他应付款"科目核算。而在实际缴纳时借记"应付职工薪酬——短期薪酬(工资)",贷记"银行存款"。

(2) 结算代垫款项。

① 企业帮职工代垫款项时,应作如下账务处理:

借:其他应收款

  贷:银行存款

② 从职工工资中扣取:

借:应付职工薪酬——短期薪酬(工资)

　　贷:其他应收款
（3）支付工资。
借:应付职工薪酬——短期薪酬(工资)
　　贷:库存现金
　　　　银行存款

六、社会保险费与住房公积金的核算

重庆市社会保险费包括基本养老保险费、基本医疗保险费、工伤保险费、失业保险费、补充大病保险。《财政部关于阶段性降低社会保险费率的通知》及《财政部关于继续阶段性降低社会保险费率的通知》等文件对缴费比例做了一定调整,此外还明确生育保险和基本医疗保险合并实施工作,待国务院制定出台相关规定后统一组织实施。各省(区、市)缴费比例的具体规定存在差异,比如重庆市的相关规定如下:在职职工的社会保险费由用人单位及职工共同缴纳,用人单位需缴纳的社会保险费包括基本养老保险费(16%)、基本医疗保险费(含生育保险费)(8.5%)、大病医疗互助保险(1.5%)、工伤保险费(费率有 0.3%、0.6%等多个档次)、失业保险费(0.5%);职工个人需缴纳基本养老保险费(8%)、基本医疗保险费(2%)、大病医疗互助保险(5 元/月)和失业保险费(0.5%)。

住房公积金是指企业按照国家《住房公积金管理条例》规定的基准和比例计算,向住房公积金管理机构缴存的住房公积金。根据《住房公积金管理条例》的规定,职工住房公积金的缴费基数为职工本人上一年度月平均工资,缴费比例为 5%～12%。

(一)社会保险费与住房公积金的计提

企业为职工缴纳的医疗保险费、养老保险费、失业保险费、工伤保险费等社会保险费和住房公积金,应当在职工为其提供服务的会计期间,根据国家规定的缴费基数和计提比例计算,将应付的各种保险费及公积金确认为负债,并根据职工提供服务的受益对象,将其分配计入相关成本、费用及资产价值,其分配与工资费用相同。职工个人及企业的缴费基数在上年本市职工月平均工资的 60%至 300%之间,不同单位根据实际情况所确定的缴费基数也不尽相同。保险费与公积金的计提可以通过编制"社会保险费与公积金计提表"完成,如表 2 - 3 - 27 所示。

【例 2 - 3 - 20】 御龙公司 2025 年 9 月计提各种保险费及住房公积金,如表 2 - 3 - 27 所示。要求:编制计提保险费及住房公积金的分录。

表 2 - 3 - 27　社会保险费与住房公积金计提表

单位名称:御龙公司　　　　　　　　　2025 年 9 月 30 日　　　　　　　　　单位:元

应借科目		成本/费用项目	缴费基数	基本养老保险费(16%)	基本医疗保险费(8.5%)	失业保险费(0.5%)	工伤保险费(0.3%)	大病医疗互助保险(1.5%)	保险费合计	住房公积金(12%)	合计
基本生产成本	甲产品	直接人工	100 000	16 000	8 500	500	300	1 500	26 800	12 000	38 800
制造费用	基本生产车间	间接人工	9 000	1 440	765	45	27	135	2 412	1 080	3 492

应借科目		成本/费用项目	缴费基数	基本养老保险费（16%）	基本医疗保险费（8.5%）	失业保险费（0.5%）	工伤保险费（0.3%）	大病医疗互助保险（1.5%）	保险费合计	住房公积金（12%）	合计
辅助生产成本	机修	直接人工	20 000	3 200	1 700	100	60	300	5 360	2 400	7 760
应付职工薪酬——职工福利		人工费	6 000	960	510	30	18	90	1 608	720	2 328
管理费用		人工费	25 000	4 000	2 125	125	75	375	6 700	3 000	9 700
销售费用		人工费	3 000	480	255	15	9	45	804	360	1 164
合计			163 000	26 080	13 855	815	489	2 445	43 684	19 560	63 244

根据社会保险费与公积金计提表，编制的会计分录如下：

借：基本生产成本——甲产品　　　　　　　　　　　　　　　38 800
　　制造费用——基本生产车间　　　　　　　　　　　　　　3 492
　　辅助生产成本——机修　　　　　　　　　　　　　　　　7 760
　　应付职工薪酬——职工福利　　　　　　　　　　　　　　2 328
　　管理费用　　　　　　　　　　　　　　　　　　　　　　9 700
　　销售费用　　　　　　　　　　　　　　　　　　　　　　1 164
　　贷：应付职工薪酬——短期薪酬（住房公积金）　　　　　　　　　19 560
　　　　　　　　——离职后福利（基本养老保险）　　　　　　　　　26 080
　　　　　　　　——短期薪酬（基本医疗保险）　　　　　　　　　　13 855
　　　　　　　　——离职后福利（失业保险）　　　　　　　　　　　　815
　　　　　　　　——短期薪酬（工伤保险）　　　　　　　　　　　　　489
　　　　　　　　——短期薪酬（大病医疗互助保险）　　　　　　　　2 445

（二）社会保险费与住房公积金的缴纳

社会保险经办机构负责社会保险缴费申报、基数核定等工作。用人单位应当按月在规定期限内到办理社会保险登记的社会保险经办机构办理缴费申报，并在社会保险经办机构核定其缴费后的 3 个工作日内缴纳。

住房公积金管理中心负责住房公积金的管理运作。单位应当于每月发放职工工资之日起 5 日内将单位缴存的和为职工代缴的住房公积金汇缴到住房公积金专户内，由受委托银行计入职工住房公积金账户。

单位缴纳其计提的社会保险费及住房公积金时，应做如下会计处理：

借：应付职工薪酬——短期薪酬（医疗保险）
　　　　　　　　——短期薪酬（工伤保险）
　　　　　　　　——短期薪酬（大病医疗互助保险）
　　　　　　　　——短期薪酬（住房公积金）

　　——离职后福利(养老保险)

　　——离职后福利(失业保险)

　　贷:银行存款

七、工会经费与职工教育经费的核算

　　新《工会法》规定各种所有制企业以及事业单位、机关按照统一规定的标准拨缴经费,并规定了执行程序:"建立工会组织的企业、事业单位、机关按每月全部职工工资总额的百分之二向工会拨交经费,并按规定比例(40%)上交上级工会组织"。

　　企业提取工会经费的工资总额的构成与统计上的口径一致。其计算公式如下:

$$计提的工会经费＝工资总额×2\%$$

　　企业应切实执行《国务院关于大力推进职业教育改革与发展的决定》(国发〔2002〕16 号)中关于"一般企业按照职工工资总额的 1.5% 足额提取教育培训经费,从业人员技术要求高、培训任务重、经济效益较好的企业,可按 2.5% 提取,列入成本开支"的规定,足额提取职工教育培训经费。2018 年 1 月 1 日起,企业发生的职工教育经费支出,不超过 8% 的部分允许税前扣除,超过部分,准予在以后纳税年度扣除。其计算公式如下:

$$计提的职工教育经费＝工资总额×1.5\%$$

　　企业拨缴工会经费和支付职工教育经费时,应做如下账务处理:

　　借:应付职工薪酬——短期薪酬(工会经费)

　　　　　　　　　　——短期薪酬(职工教育经费)

　　贷:银行存款

　　【例 2-3-21】　御龙公司 2025 年 9 月计提工会经费与职工教育经费,如表 2-3-28 所示。要求:编制计提工会经费与职工教育经费的分录。

表 2-3-28　工会经费与职工教育经费计提表

单位名称:御龙公司　　　　　　　　　　2025 年 9 月 30 日　　　　　　　　　　单位:元

应借科目		成本/费用项目	工资总额	工会经费 (2%)	职工教育经费 (1.5%)	合　计
基本生产 成本	甲产品	直接人工	66 000	1 320	990	2 310
	乙产品	直接人工	44 000	880	660	1 540
	合计		110 000	2 200	1 650	3 850
制造 费用	基本生产 车间	间接人工	3 000	60	45	105
辅助生产 成本	机修	直接人工	5 000	100	75	175
	锅炉	直接人工	10 000	200	150	350

应借科目	成本/费用项目	工资总额	工会经费（2%）	职工教育经费（1.5%）	合　计
管理费用	人工费	6 000	120	90	210
销售费用	人工费	6 000	120	90	210
合　计		140 000	2 800	2 100	4 900

根据工会经费与职工教育经费计提表，编制的会计分录如下：

借：基本生产成本——甲产品　　　　　　　　　　　　　　　　2 310

　　　　　　　　——乙产品　　　　　　　　　　　　　　　　1 540

　　制造费用——基本生产车间　　　　　　　　　　　　　　　　105

　　辅助生产成本——机修　　　　　　　　　　　　　　　　　175

　　　　　　　　——锅炉　　　　　　　　　　　　　　　　　350

　　管理费用　　　　　　　　　　　　　　　　　　　　　　　210

　　销售费用　　　　　　　　　　　　　　　　　　　　　　　210

　　贷：应付职工薪酬——短期薪酬（工会经费）　　　　　　　　　2 800

　　　　　　　　　　——短期薪酬（职工教育经费）　　　　　　　2 100

八、非货币性福利的核算

非货币性福利是指企业以自产产品或外购商品发放给职工作为福利，将资产无偿提供给职工使用。

（一）企业以产品发放给职工

企业以其自产产品作为非货币性福利发放给职工的，应当根据受益对象，按照该产品的公允价值和相关税费，计入相关资产成本或当期损益，同时确认应付职工薪酬。

【例2-3-22】　某彩电企业，共有职工100名，2025年2月，公司以其生产的成本为5 000元的液晶彩电和外购的每台不含税价格为500元的电暖炉作为春节福利发放给公司职工。该型号液晶彩电的售价为每台7 000元，该公司适用的增值税税率为13%；该公司购买电暖炉取得了增值税专用发票，增值税税率为13%。假定100名职工中85名为直接参加甲产品生产的职工，15名为总部管理人员。

分析：企业以自己生产的产品作为福利发放给职工，应计入成本费用的职工薪酬金额以公允价值计量，计入主营业务收入，产品按照成本结转，但根据相关税法规定，应视同销售计算增值税销项税额。外购商品发放给职工作为福利，根据相关税法规定，其增值税进项税额不得抵扣。

彩电的售价总额：$7\,000\times85+7\,000\times15=595\,000+105\,000=700\,000$（元）

彩电的增值税销项税额：

$7\,000\times85\times13\%+7\,000\times15\times13\%=77\,350+13\,650=91\,000$（元）

公司决定发放非货币性福利时，应做如下账务处理：

借：基本生产成本——甲产品　　　　　　　　　　　　　　　672 350

　　管理费用　　　　　　　　　　　　　　　　　　　　　118 650

贷:应付职工薪酬——短期薪酬(非货币性福利)   791 000

实际发放非货币性福利时,应做如下账务处理:

借:应付职工薪酬——短期薪酬(非货币性福利)   791 000

贷:主营业务收入   700 000

应交税费——应交增值税(销项税额)   91 000

借:主营业务成本   500 000

贷:库存商品   500 000

电暖炉的售价金额:$85×500+15×500=42 500+7 500=50 000$(元)

电暖炉的进项税额:$42 500×13\%+7 500×13\%=6 500$(元)(元)

公司决定发放非货币性福利时,应做如下账务处理:

借:生产成本   48 025

管理费用   8 475

贷:应付职工薪酬——短期薪酬(非货币性福利)   56 500

购买电暖炉时,公司应做如下账务处理:

借:应付职工薪酬——短期薪酬(非货币性福利)   56 500

贷:银行存款   56 500

(二) 企业将资产免费供职工使用

企业将拥有的房屋等资产无偿提供给职工使用的,应当根据受益对象,将该住房每期应计提的折旧计入相关资产成本或当期损益,同时确认应付职工薪酬。租赁住房等资产供职工无偿使用的,应当根据受益对象,将每期应付的租金计入相关资产成本或当期损益,并确认应付职工薪酬。难以认定受益对象的非货币性福利,直接计入当期损益和应付职工薪酬。

【例2-3-23】 御龙公司为总部各部门经理级别以上职工提供汽车免费使用,同时为副总裁以上高级管理人员每人租赁一套住房。该公司总部共有部门经理以上职工25名,每人提供一辆桑塔纳汽车免费使用,假定每辆桑塔纳汽车每月计提折旧500元;该公司共有副总裁以上高级管理人员5名,公司为其每人租赁一套面积为100平方米带有家具和电器的公寓,支付月租金为每套4 000元。

该公司每月应做如下账务处理:

借:管理费用   32 500

贷:应付职工薪酬——短期薪酬(非货币性福利)   32 500

借:应付职工薪酬——短期薪酬(非货币性福利)   32 500

贷:累计折旧   12 500

银行存款   20 000

辞退福利包括:① 职工劳动合同到期前,不论职工本人是否愿意,企业决定解除与职工的劳动关系而给予的补偿;② 职工劳动合同到期前,为鼓励职工自愿接受裁减而给予的补偿,职工有权选择继续在职或接受补偿离职。

辞退福利通常采取在解除劳动关系时一次性支付补偿的方式,也有通过提高退休后养老金或其他离职后福利的标准,或者将职工工资支付至辞退后未来某一期间的方式。

一般情况下,企业在支付辞退福利时直接计入管理费用。

借:管理费用

　　贷:银行存款

满足《企业会计准则》第六条确认条件的解除劳动关系计划或自愿裁减建议的辞退福利应当计入当期管理费用,并确认应付职工薪酬。

借:管理费用

　　贷:应付职工薪酬——辞退福利

专项技能训练

任务一 月薪制下,按 30 天计算日工资标准,分别用出勤法和缺勤法计算小李 7 月份应得计时工资。

御龙公司工人小李的月工资标准为 2 400 元,7 月份 31 天,事假 5 天,病假 3 天,星期休假 9 天,出勤 14 天。根据该工人的工龄,其病假扣款率为 20%。该工人的病假和事假期间没有节假日。

任务二 按定额工时分配工资费用,编制工资费用分配表(见表 2-3-29)及相关会计分录。

御龙公司 2025 年 5 月份工资结算汇总表显示的资料如下:基本生产车间生产甲、乙两种产品,生产工人的计时工资共计 39 200 元。甲产品完工产品产量为 10 000 件,乙产品完工产品产量为 8 000 件。单位产品工时定额为甲产品 2.5 小时,乙产品 3 小时。

表 2-3-29　生产工人工资费用分配表

单位名称:御龙公司　　　　　　　　2025 年 5 月 31 日　　　　　　　　单位:元

应借科目		成本项目	工时定额	产品产量	分配标准	分配率	分配额
基本生产成本	甲产品	直接人工					
	乙产品	直接人工					
合　计							

任务三 编制工资费用分配表(见表 2-3-30),分配工资费用,并编制分配工资费用会计分录。

御龙公司基本生产车间生产甲、乙、丙三种产品,2025 年 9 月发生的生产工人的计时工资共 58 000 元,本月生产甲产品 1 000 件,乙产品 400 件,丙产品 450 件。单位产品工时定额为:甲产品 14 小时,乙产品 2.5 小时,丙产品 2 小时。另外,车间管理人员工资为 8 000 元,企业行政人员工资为 30 000 元。

表 2 - 3 - 30　工资费用分配表

单位名称：御龙公司　　　　　　　　2025 年 9 月 30 日　　　　　　　　单位：元

应借科目		成本/费用项目	直接计入	间接计入			合　计
				分配标准	分配率	分配额	
基本生产成本	甲产品	直接人工					
	乙产品	直接人工					
	丙产品	直接人工					
	合计	直接人工					
制造费用		间接人工					
管理费用		人工费					
合　计							

任务四　假设各种薪酬的计提基数相同,编制职工薪酬分配表(见表 2 - 3 - 31),以及相关会计分录。

御龙公司 2025 年 6 月应发工资 1 000 万元,其中:生产部门直接生产人员工资 500 万元;生产部门管理人员工资 100 万元;公司管理部门人员工资 180 万元;公司专设产品销售机构人员工资 50 万元;建造厂房人员工资 110 万元;内部开发存货管理系统人员工资 60 万元。

根据所在地政府规定,公司分别按照职工工资总额的 8.5%、16%、0.5%、0.3%、1.5% 和 12% 计提医疗保险费、养老保险费、失业保险费、工伤保险费、大病医疗互助保险和住房公积金,缴纳给当地社会保险经办机构和住房公积金管理机构。根据 2024 年实际发生的职工福利费情况,公司预计的 2025 年应承担的职工福利费义务金额为职工工资总额的 2%,职工福利的受益对象为上述所有人员。公司分别按照职工工资总额的 2% 和 1.5% 计提工会经费和职工教育经费。

表 2 - 3 - 31　职工薪酬分配表

单位名称:御龙公司　　　　　　　　2025 年 6 月 30 日　　　　　　　　单位:万元

应借科目		成本/费用项目	应付工资	养老保险(16%)	医疗保险(8.5%)	失业保险(0.5%)	工伤保险(0.3%)	大病医疗互助保险(1.5%)	保险费合计	住房公积金(12%)	职工福利费(2%)	工会经费(2%)	职工教育经费(1.5%)	合计
基本生产成本	甲产品	直接人工	500											
制造费用	基本生产车间	间接人工	100											
管理费用		人工费	180											
销售费用		人工费	50											
在建工程		人工费	110											
研发支出		人工费	60											
合　计			1 000											

项目实训三　核算人工费用（见教材 243 页）

与助理会计师
点对点对接试题

章节练习题

<h1 style="text-align:center">子项目三　核算其他要素费用</h1>

案例导入

月末,江丽还有很多费用要核算,如要对工厂的固定资产计提折旧、结算电费、计算并缴纳各种税金等。要完成这些工作并不是容易的事情,江丽需要熟悉了解以下问题:固定资产折旧的方法和工厂采用哪种方法计提折旧;电费的结算方式以及工厂安装电表的情况;工厂应该交哪些税,每一种税如何计算……

知识目标

1. 熟悉固定资产折旧的计算方法及账务处理;
2. 掌握外购动力费用的分配及账务处理;
3. 掌握各种税金的计算及账务处理;
4. 了解修理费的账务处理。

技能目标

1. 能够准确地计算折旧额,并进行账务处理;
2. 能够正确地分配外购动力费用,并做出正确的账务处理;
3. 能够正确计算税金等其他费用并做出正确的账务处理。

素质目标

具备自主学习的意识,能够自律。

相关知识

一、外购动力费用的核算

企业所消耗的动力,按其来源分为自制动力和外购动力两种。对自制动力的核算,主要通过辅助生产成本进行,将在项目五中讲述,这里主要讲述外购动力费用的核算。

(一)外购动力费用的归集

外购动力是指企业从外部单位购入的电力、蒸汽等动力。它一般是根据专门的计量器具记录下来的数量,与动力价格的乘积来计算。供应单位根据定期抄录的耗用量,开列账单向使用单位收取费用。

企业在支付动力费用时,通常借记各成本、费用、资产账户,贷记"银行存款"账户。由于外

· 65 ·

购动力费用一般不是在每月月末支付,而是在每月下旬支付,因此,采用这种方法记入的动力费用,就是上月付款日至本月付款日这一期间的动力费用,而不是当月发生的动力费用,这会影响各月动力费用核算的正确性。但如果每月支付动力费用的日期基本固定,且每月付款日到月末的动力费用相差不多时,可以采用这种方法,因为,各月付款日到月末的动力费用可以相互抵消,不会影响各月动力费用核算的正确性。

实际工作中,多数企业通过"应付账款"账户核算,即在付款时先借记"应付账款"账户,贷记"银行存款"账户,月末再按外购动力的受益对象借记成本、费用、资产账户,贷记"应付账款"账户。在该方法下,"应付账款"账户借方所记本月已付动力费用与贷方所记本月应付动力费用可能不等。如果为借方余额,表示本月已付金额大于应付金额,可冲抵下月应付款;如果为贷方余额,则表示本月已付金额小于应付金额,可在下月支付。

(二)外购动力费用的分配

外购动力费用的分配,是指按外购动力的受益对象,将外购动力费用计入相应成本、费用、资产科目的过程。外购动力费用应按用途和使用部门进行分配,直接用于产品生产的,应计入"基本生产成本"账户的"燃料及动力"成本项目,若没有设置"燃料及动力"成本项目,可将其计入"直接材料"或"制造费用"成本项目;直接用于辅助生产的,应计入"辅助生产成本"账户的"燃料及动力"成本项目,若没有设置"燃料及动力"成本项目,可将其计入"直接材料"或"制造费用"成本项目;基本生产车间和辅助生产车间间接耗用的外购动力费用,计入各车间"制造费用"账户;行政部门耗用的外购动力费用,应计入"管理费用"账户。外购动力费用的分配通常是通过编制外购动力费用分配表进行的,如表 2 - 3 - 32 所示。

一般情况下,企业使用动力的各个部门都装有仪器仪表进行计量,即动力费用可以根据仪器仪表记录的各部门耗用量进行分配;若各使用部门没有仪器仪表计量,则可根据实际情况选择适当的分配标准进行分配。其计算公式如下:

$$动力费用分配率 = 待分配动力费用总额 \div 各受益对象分配标准之和$$
$$某受益对象应负担的动力费用 = 该受益对象的分配标准 \times 动力费用分配率$$

【例 2 - 3 - 24】 御龙公司对外购动力费用通过"应付账款"账户核算。2025 年 9 月共耗电度数为 80 000 度,每度电 0.5 元,共发生电费 40 000 元。月末查明各车间、部门耗电度数为:基本生产车间直接用于产品生产耗电 65 000 度,没有分产品安装电表,规定按生产工时分配电费,甲产品生产工时为 6 400 小时,乙产品生产工时为 3 600 小时。车间照明用电 4 000 度,辅助生产车间耗电 6 000 度,企业行政管理部门耗电 5 000 度。该企业设有"燃料及动力"成本项目,试分配电力费用。

生产产品:65 000 × 0.5 = 32 500(元)

车间照明:4 000 × 0.5 = 2 000(元)

辅助车间:6 000 × 0.5 = 3 000(元)

管理部门:5 000 × 0.5 = 2 500(元)

甲、乙产品动力费分配率:32 500 ÷ (6 400 + 3 600) = 3.25(元 / 小时)

甲产品应分配动力费:3.25 × 6 400 = 20 800(元)

乙产品应分配动力费:3.25 × 3 600 = 11 700(元)

外购动力费用分配表如表 2 - 3 - 32 所示。

表 2 - 3 - 32 外购动力费用分配表

单位名称：御龙公司　　　　　　　　　2025 年 9 月 30 日　　　　　　　　　单位：元

应借科目		成本/费用项目	直接计入	间接计入			合　计
				分配标准	分配率	分配额	
基本生产成本	甲产品	燃料及动力		6 400	3.25	20 800	20 800
	乙产品	燃料及动力		3 600		11 700	11 700
	合计			10 000		32 500	32 500
制造费用	基本生产车间	电费	2 000				2 000
辅助生产成本		燃料及动力	3 000				3 000
管理费用		照明费	2 500				2 500
合　计			7 500			32 500	40 000

根据外购动力费用分配表，编制的会计分录如下：

借：基本生产成本——甲产品　　　　　　　　　　　　　　　　20 800
　　　　　　　　——乙产品　　　　　　　　　　　　　　　　11 700
　　制造费用　　　　　　　　　　　　　　　　　　　　　　　2 000
　　辅助生产成本　　　　　　　　　　　　　　　　　　　　　3 000
　　管理费用　　　　　　　　　　　　　　　　　　　　　　　2 500
　贷：应付账款　　　　　　　　　　　　　　　　　　　　　　40 000

二、折旧费用的核算

（一）固定资产折旧的定义

折旧是指在固定资产的使用寿命内，按照确定的方法对应计折旧额进行的系统分摊。应计折旧额是指应当计提折旧的固定资产原价扣除其预计净残值后的金额。如果已对固定资产计提减值准备，还应扣除已计提的固定资产减值准备累计金额。

固定资产折旧有年限平均法、年数总和法、双倍余额递减法、工作量法等，这些方法在中级财务会计课程中讲解。

（二）固定资产折旧的会计处理

固定资产应当按月计提折旧，计提的折旧应通过"累计折旧"科目核算，并根据用途计入相关资产、成本及费用账户。例如，企业自行建造固定资产过程中使用的固定资产，计提的折旧应计入在建工程成本；基本生产车间所使用的固定资产，其计提的折旧应计入制造费用；管理部门所使用的固定资产，计提的折旧应计入管理费用；销售部门所使用的固定资产，计提的折旧应计入销售费用；以经营租赁方式出租的固定资产，其应提的折旧额应计入其他业务成本；未使用的房屋、建筑物，其计提的折旧应计入管理费用。

【例 2 - 3 - 25】 御龙公司 2025 年 7 月份固定资产计提折旧情况如下：

基本生产车间厂房计提折旧 7.6 万元，机器设备计提折旧 9 万元。

管理部门房屋建筑物计提折旧 13 万元,运输工具计提折旧 4.8 万元。

销售部门房屋建筑物计提折旧 6.4 万元,运输工具计提折旧 5.26 万元。

该公司 2025 年 7 月份计提折旧的账务处理如下:

借:制造费用——基本生产车间 166 000

    管理费用 178 000

    销售费用 116 600

    贷:累计折旧 460 600

三、其他费用的核算

工业企业要素费用中的其他费用,主要包括差旅费、邮电费、租赁费、办公用品费、保险费等。这些费用在发生时,按其用途分别借记"制造费用""辅助生产成本""管理费用""销售费用"等账户。

【例 2-3-26】 御龙公司以银行存款支付各部门的邮电费、办公费等其他费用如下:供电车间 200 元,基本生产车间 400 元,行政部门 1 800 元,销售部门 300 元。试编制相应会计分录。

借:制造费用——基本生产车间 400

    辅助生产成本——供电 200

    管理费用 1 800

    销售费用 300

    贷:银行存款 2 700

专项技能训练

任务一 根据下列资料,编制外购动力费用分配表(见表 2-3-33),并编制相关会计分录。

御龙公司 2025 年 8 月耗用外购电力共计 5 700 元,根据各部门车间的电表记录得知:行政部门耗电 600 元;机修车间、供水车间分别耗用 500 元和 1 000 元;基本生产车间耗电 3 600 元,其中照明用电 600 元,其余为生产用电。根据工时记录,本月生产 A 产品耗用工时 900 小时,B 产品生产工时为 600 小时。

表 2-3-33 外购动力费用分配表

单位名称:御龙公司   2025 年 8 月 31 日   单位:元

应借科目		成本/费用项目	直接计入	间接计入			合 计
				分配标准	分配率	分配额	
基本生产成本	A产品	制造费用					
	B产品	制造费用					
	合计						
制造费用	基本生产车间	电费					
辅助生产成本	机修	制造费用					
	供水	制造费用					

续 表

应借科目	成本/费用项目	直接计入	间接计入			合 计
			分配标准	分配率	分配额	
管理费用	照明费					
合 计						

任务二　计提 2025 年 8 月的折旧费用,并编制"折旧费用分配表"(见表 2－3－35)**及相应会计分录。**

御龙公司采用年限平均法对固定资产计提折旧,每项固定资产的原值及折旧率如表 2－3－34 所示。

表 2－3－34　固定资产情况表

部　门	固定资产原值	折旧率	折旧额
基本生产车间	3 000 000	0.4％	
锅炉车间	24 000	2.5％	
机修车间	26 000	2％	
行政部门	45 000	3％	
销售部门	12 000	10％	
合　计	3 107 000	—	

表 2－3－35　折旧费用分配表

单位名称:御龙公司　　　　　　　　　　2025 年 8 月　　　　　　　　　　单位:元

应借科目		成本/费用项目	折旧额
制造费用	基本生产车间	折旧费	
辅助生产成本	锅炉	制造费用	
	机修	制造费用	
管理费用		折旧费	
销售费用		折旧费	
合　计			

项目实训四　核算其他要素费用(见教材 258 页)

与助理会计师
点对点对接试题

章节练习题

项目四　核算辅助生产费用

案例导入

厂里有一个供水车间,该车间专门为工厂内部的其他部门供水。根据有关制度,供水车间为各部门供水发生的各种费用应该由所有用水的部门共同承担。把供水车间本月所发生的费用分摊给它的每一个受益对象,计入每一个受益对象的成本或费用中去,这样才是合理的。现在最关键的问题是:如何得知供水车间本月共发生多少费用? 得到供水车间本月的费用总额后,应该如何在各受益部门之间分摊?

知识目标

1. 了解辅助生产车间的类型,并掌握不同类型车间的生产费用归集方法;

2. 掌握辅助生产费用的分配方法,包括直接分配法、交互分配法、代数分配法、计划成本分配法、顺序分配法;

3. 能够正确分配辅助生产费用,并作出账务处理。

技能目标

1. 能够正确归集辅助生产车间的生产费用;

2. 能够将归集起来的辅助生产费用分配给受益对象;

3. 能够作出正确的账务处理。

素质目标

具有团队合作意识,能够公平、公正地对待人和事。

相关知识

一、辅助生产费用概述

工业企业的生产车间按其职能不同,分为基本生产车间和辅助生产车间,基本生产车间是指从事产品生产的车间;辅助生产车间是指为基本生产车间、企业行政管理部门、销售部门及其他辅助生产车间提供产品的服务车间,其所从事的生产活动叫辅助生产。辅助生产车间在提供产品过程中发生的各种耗费,称为辅助生产费用。

辅助生产车间有两种类型,一类是只生产一种产品,称为单品种辅助生产车间,例如供水、供电等车间;另一类是生产多种产品的车间,称为多品种辅助生产车间,例如从事工具、模具生产的车间。

二、辅助生产费用的归集

企业应设置"生产成本——辅助生产成本"账户核算辅助生产车间所生产产品的成本,例如自制材料、工具、模具、供水、运输等。该账户是成本类账户,反映在产品成本的增减变动及结余情况。其借方登记在产品成本的增加,即计入在产品成本的各项生产费用,例如直接材料、直接人工、制造费用等;贷方登记在产品成本的减少,即完工入库产品的成本以及分配转出的成本;期末余额在借方,表示期末在产品成本。

辅助生产成本应按车间、车间下再按产品种类设置明细账。辅助生产成本明细账属于借方多栏式明细账,其借方按成本项目或费用项目设置多个栏目。

辅助生产费用的归集有如下两种方式。

(一)多品种辅助生产车间,应设置"辅助生产成本"及"制造费用"两个账户

提供多品种产品及劳务的辅助生产车间,由于车间发生的间接费用均需要在几种产品之间进行分配,因此,可将间接费用在其发生时记入"制造费用"账户,月末待间接费用归集完后,再将其一次分配转入"辅助生产成本"各明细账户。"辅助生产成本"账户则只登记专设成本项目的费用,通常为直接材料、直接人工、制造费用等。辅助生产成本明细账借方应按成本项目设置专栏,如表 2-4-1 所示。

表 2-4-1　辅助生产成本明细账

生产车间:一车间　　　　　　　　　　产品名称:A工具　　　　　　　　　　单位:元

| 2025 年 | | 凭证 | | 摘要 | 产量（件） | 借方 | | | | 贷方 | 余额 |
月	日	字	号			直接材料	直接人工	制造费用	合计		
9	5	记	1	材料费用分配	10 000	11 400					
				……							
				本月生产费用合计							
				生产费用累计							
				分配结转							

多品种辅助生产车间归集生产费用时应做如下会计分录。

1. 归集直接生产费用

借:辅助生产成本——××
　　贷:原材料　　　　　　　　　　　　　　　　　　　　(注:直接材料费用)
　　　　应付职工薪酬　　　　　　　　　　　　　　　　　(注:直接人工费用)

2. 归集间接生产费用

借:制造费用——辅助生产车间
　　贷:原材料　　　　　　　　　　　　　　　　　　　　(注:间接材料费用)
　　　　周转材料——低值易耗品
　　　　　　　　　——包装物

　　　　应付职工薪酬　　　　　　　　　　　　　　（注：间接人工费用）

　　　　银行存款等

　3. 月末，将制造费用分配结转至各产品、成本

借：辅助生产成本——××

　　　　　　——××

　贷：制造费用——辅助生产车间

（二）单品种辅助生产车间，只设置"辅助生产成本"账户，不设置"制造费用"账户

提供单品种产品的辅助生产车间，由于车间所发生的全部费用都由该产品承担，不存在分配的情况，因此，车间发生的各项费用，无论是直接生产费用，还是为组织、管理生产而发生的间接生产费用，均直接计入"辅助生产成本"账户。其账户借方应按费用项目设置专栏，如表2-4-2所示。

表 2-4-2　辅助生产成本明细账

生产车间：机修车间　　　　　　　　　　　　　　　　　　　　　　　　　　单位：元

2025 年		凭证		摘要	产量（工时）	借方						贷方	余额
月	日	字	号			材料费	人工费	折旧费	水电费	……	合计		
9	5	记	1	材料费用分配	800	3 400							
	6	记	2	人工费用分配			5 000						
				……									
				本月合计									
				分配结转									

单品种辅助生产车间归集生产费用时应做如下会计分录：

借：辅助生产成本——××

　贷：原材料　　　　　　　　　　　　　　　　　　（注：全部材料费用）

　　　应付职工薪酬　　　　　　　　　　　　　　　（注：全部人工费用）

　　　周转材料——低值易耗品

　　　　　　——包装物

　　　银行存款等

三、辅助生产费用的分配

（一）辅助生产费用的分配原理

辅助生产车间所提供产品种类不同，其分配程序也不同。

辅助生产车间提供可以入库的产品，如自制工具、模具、材料等，在产品完工入库时，应将其成本从"辅助生产成本"账户的贷方转入"周转材料""原材料"等账户的借方；各部门从仓库领用时，则按照存货核算的要求，按其用途，将其成本从"周转材料""原材料"账户的贷方转入

"基本生产成本""制造费用""管理费用""销售费用""辅助生产成本""在建工程"等账户的借方。

辅助生产车间提供不能入库的产品,如提供水、电、汽及机修劳务等,月末,应采用一定的方法将归集在"辅助生产成本"账户借方的费用,在各受益对象之间进行分配。分配时,应从"辅助生产成本"账户的贷方分别转入"基本生产成本""制造费用""管理费用""销售费用""辅助生产成本""在建工程"等账户的借方。

辅助生产费用的分配应遵循谁受益谁承担,多受益多承担的原则。即凡耗用辅助生产车间所提供的产品的,均应负担辅助生产费用。辅助生产费用按各受益对象消耗产品的数量进行分配,耗用数量多的部门多负担费用,反之则少负担费用。

【小知识,大智慧】

在费用的分配过程中,我们要遵守"受益分配"原则,即谁受益,谁承担费用;谁受益多,谁就多承担费用。做到公平、公正。

同样的道理,当我们要享受团队成果的时候,势必要有相应的付出,不能坐享其成;当其他成员有付出的时候,也应该给予相应的回报,做到有付出便有收获;公平、公正、平等地对待团队里面的每一个成员。

辅助生产费用的分配通常通过编制辅助生产费用分配表来完成,如表2-4-4所示。

(二)辅助生产费用的分配方法

辅助生产费用在各受益对象之间进行分配有直接分配法、顺序分配法、交互分配法、计划成本分配法和代数分配法五种方法。企业应根据实际情况,在遵循成本效益原则的前提下选择适当的分配方法。

1. 直接分配法

直接分配法是指不考虑辅助生产车间之间相互提供产品的情况,将辅助生产成本直接分配给辅助生产车间以外的各受益对象。其计算公式如下:

$$某辅助生产车间生产费用分配率(单位成本)=\frac{该车间本月生产费用合计}{该车间提供的产品总量-其他辅助生产车间耗用的产品数量}$$

$$某受益对象应分担的辅助生产费用=该受益对象耗用的产品数量\times该辅助生产费用分配率(单位成本)$$

【例2-4-1】　御龙公司有供水、供电两个辅助生产车间,供水车间2025年9月发生费用为61 950元,供电车间9月发生费用为13 320元,各辅助生产车间供应产品数量如表2-4-3所示。

要求:采用直接分配法计算分配供水、供电的辅助生产费用,并编制相关会计分录。

表2-4-3　辅助生产车间产品供应情况表

单位名称:御龙公司　　　　　　　　　　2025年9月30日

受益单位	供水车间	供电车间
待分配费用	61 950元	13 320元

受益单位	供水车间	供电车间
基本生产车间——丙产品		10 300 度
基本生产车间	20 500 吨	8 000 度
供电车间	1 000 吨	
供水车间		800 度
行政管理部门	8 000 吨	2 200 度
专设销售机构	2 800 吨	1 700 度
合 计	32 300 吨	23 000 度

相关处理如下：

第一步，计算分配率。

供水车间分配率：$61\ 950 \div (32\ 300 - 1\ 000) = 1.98$(元/吨)

供电车间分配率：$13\ 320 \div (23\ 000 - 800) = 0.6$(元/度)

第二步，计算各受益对象所承担的水费。

基本生产车间应分配的水费：$20\ 500 \times 1.98 = 40\ 590$(元)

行政管理部门应分配的水费：$8\ 000 \times 1.98 = 15\ 840$(元)

专设销售机构应分配的水费：$61\ 950 - 40\ 590 - 15\ 840 = 5\ 520$(元)

计算各受益对象所承担的电费。

丙产品应承担的电费：$10\ 300 \times 0.6 = 6\ 180$(元)

基本生产车间应承担的电费：$8\ 000 \times 0.6 = 4\ 800$(元)

行政管理部门应承担的电费：$2\ 200 \times 0.6 = 1\ 320$(元)

专设销售机构应承担的电费：$13\ 320 - 6\ 180 - 4\ 800 - 1\ 320 = 1\ 020$(元)

第三步，编制辅助生产费用分配表(见表 2-4-4)，写会计分录。

表 2-4-4 辅助生产费用分配表

单位名称：御龙公司　　　　　　　2025 年 9 月 30 日　　　　　　　单位：元

应借科目		成本/费用项目	供水车间			供电车间			合 计
			耗用量（吨）	分配率	分配额	耗用量（度）	分配率	分配额	
基本生产成本	丙产品	制造费用				10 300		6 180	6 180
制造费用	基本生产车间	水费/电费	20 500	1.98	40 590	8 000	0.6	4 800	45 390
管理费用		水费/电费	8 000		15 840	2 200		1 320	17 160
销售费用		水费/电费	2 800		5 520	1 700		1 020	6 540
合 计			31 300		61 950	22 200		13 320	75 270

分配水费的会计分录：

借：制造费用　　　　　　　　　　　　　　　　　　　　　　　　40 590

　　管理费用　　　　　　　　　　　　　　　　　　　　　　　　15 840

　　销售费用　　　　　　　　　　　　　　　　　　　　　　　　 5 520

　　贷：辅助生产成本——供水车间　　　　　　　　　　　　　　　61 950

分配电费的会计分录：

借：基本生产成本——丙产品　　　　　　　　　　　　　　　　　 6 180

　　制造费用　　　　　　　　　　　　　　　　　　　　　　　　 4 800

　　管理费用　　　　　　　　　　　　　　　　　　　　　　　　 1 320

　　销售费用　　　　　　　　　　　　　　　　　　　　　　　　 1 020

　　贷：辅助生产成本——供电车间　　　　　　　　　　　　　　　13 320

采用直接分配法，由于不考虑辅助生产车间之间的分配，只是对外分配，计算比较简单。但在各辅助生产车间相互之间提供产品成本差异较大时，分配结果不准确。因此，该方法只适用于辅助生产车间相互之间不提供或提供产品较少的企业。直接分配法是最简单的辅助生产费用分配方法，也是计算结果最不准确的方法。

2. 交互分配法

交互分配法又称为一次交互分配法，是指先将辅助生产费用在辅助生产车间之间进行交互分配，然后将各辅助生产车间交互分配后的费用分配给辅助生产车间以外的各受益对象。

交互分配法需分两次进行。第一次，交互分配，又称为对内分配，是指辅助生产车间相互之间的分配。

$$某辅助生产车间费用交互分配率 = \frac{该车间本月生产费用合计}{该车间提供的产品总量}$$

$$\begin{array}{c}其他辅助生产车间承担的\\辅助生产费用\end{array} = \begin{array}{c}其他辅助生产车间消耗\\该车间的产品数量\end{array} \times \begin{array}{c}该车间辅助生产费用\\交互分配率\end{array}$$

第二次，对外分配，即将交互分配后的费用分配给辅助生产车间以外的受益对象。

$$\begin{array}{c}某辅助生产车间\\交互分配后的费用\end{array} = \begin{array}{c}该车间交互\\分配前的费用\end{array} + \begin{array}{c}交互分配转入的\\辅助生产费用\end{array} - \begin{array}{c}交互分配转出的\\辅助生产费用\end{array}$$

$$\begin{array}{c}某辅助生产车间\\费用对外分配率\end{array} = \frac{该车间交互分配后的费用}{该车间提供的产品总量 - 其他辅助生产车间消耗的产品数量}$$

$$\begin{array}{c}某受益对象承担的\\某车间辅助生产费用\end{array} = \begin{array}{c}该受益对象消耗的\\产品数量\end{array} \times \begin{array}{c}该车间辅助生产费用\\对外分配率\end{array}$$

【例 2-4-2】　沿用例 2-4-1，要求：采用交互分配法计算分配供水、供电的辅助生产费用，并编制相关分录。

计算过程如下：

第一次分配，交互分配：

第一步，计算交互分配率。

供水车间分配率：61 950÷32 300＝1.92(元/吨)

供电车间分配率：13 320÷23 000＝0.58(元／度)

第二步，计算各辅助生产车间相互承担的费用。

供水车间承担的电费：800×0.58＝464(元)

供电车间承担的水费：1 000×1.92＝1 920(元)

第二次分配，对外分配：

第一步，计算对外分配率。

供水车间对外分配率：

(61 950＋464－1 920)÷(32 300－1 000)＝60 494÷31 300＝1.93(元／吨)

供电车间对外分配率：

(13 320＋1 920－464)÷(23 000－800)＝14 776÷22 200＝0.67(元／度)

第二步，计算各受益对象所承担的水电费。

基本生产车间应分配的水费：20 500×1.93＝39 565(元)

行政管理部门应分配的水费：8 000×1.93 ＝15 440(元)

专设销售机构应分配的水费：60 494－39 565－15 440＝5 489(元)

各受益对象所承担的电费：

丙产品应承担的电费：10 300×0.67＝6 901(元)

基本生产车间应承担的电费：8 000×0.67＝5 360(元)

行政管理部门应承担的电费：2 200×0.67＝1 474(元)

专设销售机构应承担的电费：14 776－6 901－5 360－1 474＝1 041(元)

第三步，编制辅助生产费用分配表，并写会计分录。

表 2-4-5 辅助生产费用分配表

单位名称：御龙公司　　　　　　　　2025 年 9 月 30 日　　　　　　　　单位：元

应借科目			成本/费用项目	供水车间			供电车间			合 计
				耗用量(吨)	分配率	分配额	耗用量(度)	分配率	分配额	
交互分配	辅助生产成本	供水	制造费用		1.92		800	0.58	464	464
		供电	制造费用	1 000		1 920				1 920
	交互分配后的费用					60 494			14 776	—
对外分配	基本生产成本	丙产品	制造费用				10 300		6 901	6 901
	制造费用	基本生产车间	水费/电费	20 500	1.93	39 565	8 000	0.67	5 360	44 925
	管理费用		水费/电费	8 000		15 440	2 200		1 474	16 914
	销售费用		水费/电费	2 800		5 489	1 700		1 041	6 530
	小　计			31 300		60 494	22 200		14 776	75 270

交互分配的会计分录：

借:辅助生产成本——供水车间　　　　　　　　　　　　　　　　464

　　　　　　　——供电车间　　　　　　　　　　　　　　　　1 920

```
    贷:辅助生产成本——供水车间                                      1 920
            ——供电车间                                          464
```
供水车间对外分配的会计分录:
```
借:制造费用                                                  39 565
    管理费用                                                  15 440
    销售费用                                                   5 489
    贷:辅助生产成本——供水车间                                  60 494
```
供电车间对外分配的会计分录:
```
借:基本生产成本——丙产品                                       6 901
    制造费用                                                   5 360
    管理费用                                                   1 474
    销售费用                                                   1 041
    贷:辅助生产成本——供电车间                                  14 776
```

采用交互分配法考虑了辅助生产车间相互之间提供产品的情况,辅助生产车间相互之间承担了费用,提高了分配结果的正确性。但是该方法要进行两次分配,增加了核算工作量,而且交互分配和对外分配采用的分配率不同,分配结果不够准确。该方法适用于各辅助生产车间相互提供产品的情况较多的企业。

3. 计划成本分配法

计划成本分配法是指将各辅助生产车间的费用按照其计划单位成本在各受益对象(包括其他辅助车间)之间分配,再对实际生产费用与分配转出的计划成本之间的差额进行调整的一种方法。该方法要分两步进行。

第一步,按各受益对象(包括其他辅助车间)耗用产品的数量和计划单位成本进行分配。

$$某受益对象承担的辅助生产费用 = 该受益对象消耗的产品数量 \times 计划单位成本$$

第二步,计算各辅助生产车间实际生产费用以及其与分配转出的计划成本的差额,并对差额进行调整。

$$\begin{array}{c}某辅助生产车间 \\ 实际生产费用\end{array} = \begin{array}{c}该车间本月 \\ 发生的费用\end{array} + \begin{array}{c}该车间承担的其他 \\ 辅助生产车间的费用\end{array}$$

$$\begin{array}{c}某辅助生产车间的 \\ 费用差异\end{array} = \begin{array}{c}该车间实际 \\ 生产费用\end{array} - \begin{array}{c}该车间按计划单位成本 \\ 分配转出的金额\end{array}$$

差异为正数,说明为超支差异;反之,为节约差异。

对按计划单位成本计算的分配转出额与实际生产费用之间的差额,可以追加分配给辅助生产车间以外的各受益对象,但为了简化核算,也可以不分配,期末全部计入"管理费用"账户。本书将差异全部计入"管理费用"账户。

若为超支差异,编制如下会计分录:
```
借:管理费用
    贷:辅助生产成本
```
若为节约差异,编制相反分录。

【例 2 - 4 - 3】 御龙公司设有供汽、运输两个辅助生产车间,2025 年 9 月发生辅助生产费用、提供产品数量见表 2 - 4 - 6。

要求:用计划成本分配法分配两车间的费用。

表 2 - 4 - 6 辅助生产车间产品供应情况表

单位名称:御龙公司　　　　　　　　　　　　2025 年 9 月 30 日

辅助生产车间名称		供汽车间	运输车间
劳务供应总量		18 800 立方米	16 000 公里
待分配费用		9 400 元	4 800 元
计划单位成本		0.52 元/立方米	0.28 元/公里
各受益对象耗用劳务数量	供汽车间		1 000 公里
	运输车间	800 立方米	
	基本生产车间	13 800 立方米	7 500 公里
	销售部门	2 000 立方米	4 000 公里
	管理部门	2 200 立方米	3 500 公里

第一步,按计划单位成本分配转出。

供汽车间费用的分配:

运输车间承担汽费:800 × 0.52 = 416(元)

基本车间承担汽费:13 800 × 0.52 = 7 176(元)

销售部门承担汽费:2 000 × 0.52 = 1 040(元)

管理部门承担汽费:2 200 × 0.52 = 1 144(元)

运输车间费用的分配:

供汽车间承担运输费:1 000 × 0.28 = 280(元)

基本车间承担运输费:7 500 × 0.28 = 2 100(元)

销售部门承担运输费:4 000 × 0.28 = 1 120(元)

管理部门承担运输费:3 500 × 0.28 = 980(元)

第二步,计算辅助生产车间实际生产费用及差异。

供汽车间实际生产费用:9 400 + 280 = 9 680(元)

运输车间实际生产费用:4 800 + 416 = 5 216(元)

供汽车间产生的差异:9 680 - 9 776 = -96(元)

运输车间产生的差异:5 216 - 4 480 = 736(元)

第三步,编制辅助生产费用分配表及会计分录。

表 2-4-7　辅助生产费用分配表

单位名称：御龙公司　　　　　　　　　　　2025 年 9 月 30 日　　　　　　　　　　　　单位：元

应借科目		成本/费用项目	供汽车间			运输车间			合　计
			耗用量（立方米）	分配率	金额	耗用量（公里）	分配率	金额	
本月生产费用					9 400			4 800	—
辅助生产成本	供汽	制造费用				1 000		280	280
	运输	制造费用	800		416				416
制造费用	基本生产车间	水费/电费	13 800	0.52	7 176	7 500	0.28	2 100	9 276
销售费用		水费/电费	2 000		1 040	4 000		1 120	2 160
管理费用		水费/电费	2 200		1 144	3 500		980	2 124
计划成本合计			18 800		9 776	16 000		4 480	14 256
实际生产费用					9 680			5 216	—
差异					—96			736	—

供汽车间费用分配的会计分录：

借：制造费用——基本生产车间　　　　　　　　　　　　　　　　　　7 176

　　辅助生产成本——运输车间　　　　　　　　　　　　　　　　　　　 416

　　管理费用　　　　　　　　　　　　　　　　　　　　　　　　　　1 144

　　销售费用　　　　　　　　　　　　　　　　　　　　　　　　　　1 040

　　贷：辅助生产成本——供汽车间　　　　　　　　　　　　　　　　　　　　　　9 776

运输车间费用分配的会计分录：

借：制造费用——基本生产车间　　　　　　　　　　　　　　　　　　2 100

　　辅助生产成本——供汽车间　　　　　　　　　　　　　　　　　　　 280

　　管理费用　　　　　　　　　　　　　　　　　　　　　　　　　　　980

　　销售费用　　　　　　　　　　　　　　　　　　　　　　　　　　1 120

　　贷：辅助生产成本——运输车间　　　　　　　　　　　　　　　　　　　　　　4 480

调整供汽车间的差异,节约差异说明分配转出额大于实际应转出额,应调增辅助生产成本,同时冲减管理费用。

借：辅助生产成本——供汽车间　　　　　　　　　　　　　　　　　　　 96

　　贷：管理费用　　　　　　　　　　　　　　　　　　　　　　　　　　　　　 96

调整运输车间的差异,超支差异说明分配转出额小于实际应转出额,应将辅助生产成本再次分配转出,但只分配给管理费用。

借：管理费用　　　　　　　　　　　　　　　　　　　　　　　　　　 736

　　贷：辅助生产成本——运输车间　　　　　　　　　　　　　　　　　　　　　 736

采用计划成本分配法,按事先制定的计划单位成本分配,简化和加速了计算分配工作;通过计划成本与实际成本的比较,能反映和考核辅助生产成本计划的执行情况,有利于明确企业内部各单位的经济责任。但是采用这种方法,必须准确制定计划单位成本,否则会影响分配结果的准确性。该方法主要适用于计划单位成本比较准确的企业。

4. 代数分配法

代数分配法是指运用代数中多元一次联立方程的原理进行辅助生产费用分配的方法。在这种方法下，首先根据某车间辅助生产费用的分配转出额等于该车间本月实际发生的生产费用加分配转入的费用这一原理建立方程组；其次求解方程以确定各辅助生产车间产品或劳务的单位成本；最后根据各受益对象消耗产品或劳务的数量及相应单位成本分配辅助生产费用。

【例 2 - 4 - 4】 假定御龙公司设有供电和供水两个车间。2025 年 6 月供电车间供电26 000 度，全月发生的生产费用为 15 600 元，供水车间供水 3 600 吨，全月发生的生产费用为35 000 元，水电费均为一般消耗用。其有关受益单位和受益数量如表 2 - 4 - 8 所示。

要求：用代数分配法分配供电车间和供水车间辅助生产费用。

表 2 - 4 - 8 辅助生产车间产品供应情况表

单位名称：御龙公司　　　　　　　　　　　　　　　　2025 年 6 月 30 日

受益单位	供电数量（度）	供水数量（吨）
供电车间		400
供水车间	2 000	
基本生产车间	20 000	3 000
行政管理部门	4 000	200
合　计	26 000	3 600

第一步，建立多元一次方程组。

假设 x 为电的单位成本，y 为水的单位成本，联立方程式如下：

$$\begin{cases} 15\,600 + 400y = 26\,000x \\ 35\,000 + 2\,000x = 3\,600y \end{cases}$$

第二步，求解方程组。

$$\begin{cases} x = 0.756\,(元／度) \\ y = 10.142\,2\,(元／吨) \end{cases}$$

第三步，计算各受益对象承担的电、水费，编制辅助生产费用分配表及相应会计分录。

各受益对象承担电费：

供水车间承担电费：$2\,000 \times 0.756 = 1\,512$（元）

基本生产车间承担电费：$20\,000 \times 0.756 = 15\,120$（元）

行政管理部门承担电费：$15\,600 + 400 \times 10.142\,2 - 1\,512 - 15\,120 = 3\,024.88$（元）

各受益对象承担水费：

供电车间承担水费：$400 \times 10.142\,2 = 4\,056.88$（元）

基本生产车间承担水费：$3\,000 \times 10.142\,2 = 30\,426.6$（元）

行政管理部门承担水费：$35\,000 + 1\,512 - 4\,056.88 - 30\,426.6 = 2\,028.52$（元）

根据计算结果编制辅助生产费用分配表见表 2 - 4 - 9。

编制会计分录如下：

借:辅助生产成本——供电车间　　　　　　　　　　　　　4 056.88

　　　　　　　　——供水车间　　　　　　　　　　　　　1 512

　　制造费用　　　　　　　　　　　　　　　　　　　　45 546.6

　　管理费用　　　　　　　　　　　　　　　　　　　　5 053.4

　贷:辅助生产成本——供电车间　　　　　　　　　　　　　19 656.88

　　　　　　　　——供水车间　　　　　　　　　　　　　36 512

表 2-4-9　辅助生产费用分配表

单位名称:御龙公司　　　　　　　　2025 年 6 月 30 日　　　　　　　　单位:元

应借科目		成本/费用项目	供电车间			供水车间			合　计
			耗用量（度）	分配率	分配额	耗用量（吨）	分配率	分配额	
辅助生产成本	供水	制造费用	2 000	0.756	1 512		10.142 2		1 512
	供电	制造费用				400		4 056.88	4 056.88
制造费用	基本生产车间	水费/电费	20 000		15 120	3 000		30 426.6	45 546.6
管理费用		水费/电费	4 000		3 024.88	200		2 028.52	5 053.4
合　计			26 000		19 656.88	3 600		36 512	56 168.88

分配表中的借方和贷方的合计数为 56 168.88 元,与两个辅助生产车间分配费用之和 50 600 元不相等,相差 5 568.88 元。这是由于供电车间与供水车间之间交互分配费用的内部转账引起的。

采用代数分配法,其优点是分配结果准确。但在辅助生产车间较多时,联立方程太多,计算工作比较复杂。这种方法适用于实现电算化的企业。信息技术应用到会计工作中,有利于提高计算结果的准确性,提高会计信息质量,同时提高工作效率。

5. 顺序分配法

顺序分配法又称为阶梯分配法,是按辅助生产车间相互受益量多少对辅助生产车间进行排序,进而分配辅助生产费用的一种方法。在该方法下,首先按各辅助生产车间相互受益量的大小排序,受益小的辅助生产车间排在前,先分配;受益多的辅助生产车间排在后,后分配。排在前面的辅助生产车间,其费用分配给排在后面的辅助生产车间;排在后面的辅助生产车间,其费用不再分配给排在前面的辅助生产车间。

【例 2-4-5】　御龙公司有供水、供电两个辅助生产车间,供水车间本月发生费用为 3 600 元,供电车间本月发生费用为 5 600 元,各辅助生产车间供应产品的数量如表 2-4-10 所示。

要求:假定根据受益大小将供电车间排在前,供水车间排在后,试用顺序分配法分配辅助生产费用。

先分配供电车间的费用。

第一步,计算供电车间分配率:

5 600÷13 200=0.42(元/度)

第二步,计算各受益对象承担的电费。

甲产品承担的电费：5 000×0.42＝2 100(元)

基本生产车间承担电费：3 000×0.42＝1 260(元)

供水车间承担电费：2 000×0.42＝840(元)

行政部门承担电费：2 200×0.42＝924(元)

销售机构承担电费：5 600－2 100－1 260－840－924＝476(元)

表 2－4－10　辅助生产车间产品供应情况表

受益单位	供水车间(吨)	供电车间(度)
基本生产——甲产品	8 000	5 000
基本生产车间	4 000	3 000
辅助生产车间——供电	1 000	
——供水		2 000
行政管理部门	3 000	2 200
专设销售机构	3 000	1 000
合　计	19 000	13 200

后分配供水车间的费用。

第一步,计算供水车间分配率：

(3 600＋840)÷(19 000－1 000)＝4 440÷18 000＝0.25(元/吨)

第二步,计算各受益对象承担的水费。

甲产品承担的水费：8 000×0.25＝2 000(元)

基本生产车间承担水费：4 000×0.25＝1 000(元)

行政部门承担水费：3 000×0.25＝750(元)

销售机构承担水费：4 440－2 000－1 000－750＝690(元)

最后编制辅助生产费用分配表及相关会计分录。

供电车间的会计分录：

借:基本生产成本——甲产品　　　　　　　　　　　2 100

　辅助生产成本——供水车间　　　　　　　　　　840

　制造费用　　　　　　　　　　　　　　　　　1 260

　管理费用　　　　　　　　　　　　　　　　　924

　销售费用　　　　　　　　　　　　　　　　　476

　　贷:辅助生产成本——供电车间　　　　　　　　　　5 600

供水车间的会计分录：

借:基本生产成本——甲产品　　　　　　　　　　　2 000

　制造费用　　　　　　　　　　　　　　　　　1 000

　管理费用　　　　　　　　　　　　　　　　　750

　销售费用　　　　　　　　　　　　　　　　　690

　　贷:辅助生产成本——供水车间　　　　　　　　　　4 440

表 2-4-11　辅助生产费用分配表

单位名称：御龙公司　　　　　　　　　2025 年 6 月 30 日　　　　　　　　　单位：元

应借科目		成本/费用项目	供电车间			供水车间			合　计
			耗用量（度）	分配率	分配额	耗用量（吨）	分配率	分配额	
基本生产成本	甲产品	制造费用	5 000		2 100	8 000		2 000	4 100
辅助生产成本	供水	制造费用	2 000		840				840
	供电	制造费用		0.42		1 000	0.25	—	—
制造费用	基本生产车间	水费/电费	3 000		1 260	4 000		1 000	2 260
管理费用		水费/电费	2 200		924	3 000		750	1 674
销售费用		水费/电费	1 000		476	3 000		690	1 166
合　计			13 200	—	5 600	19 000	—	4 440	10 040

采用顺序分配法,各辅助生产车间只分配一次,而且考虑了辅助生产车间相互提供产品,其分配结果较直接分配法准确。但是排列在前面的辅助生产车间不承担排在其后的辅助生产车间的费用,因此,分配结果的准确性受到一定的影响。该方法主要适用于各辅助生产车间相互提供产品数量相差较大,能够对辅助生产车间排序的企业。

知识达标检测

1. 什么是辅助生产车间? 它的目的是什么?
2. 什么是辅助生产费用?
3. 什么是直接分配法? 该方法的优缺点是什么? 其适用于哪种企业?
4. 什么是交互分配法? 该方法的优缺点是什么? 其适用于哪种企业?
5. 什么是计划成本分配法? 该方法的优缺点是什么? 其适用于哪种企业?
6. 什么是代数分配法? 该方法的优缺点是什么? 其适用于哪种企业?
7. 什么是顺序分配法? 该方法的优缺点是什么? 其适用于哪种企业?
8. 试说明交互分配法的分配步骤。
9. 试说明计划成本分配法的分配步骤。
10. 试说明代数分配法的分配步骤。
11. 试说明顺序分配法的分配步骤。

专项技能训练

任务一　用直接分配法分配各车间辅助生产费用,并编制辅助生产费用分配表及会计分录。（分配率保留 3 位小数）

御龙公司设有供水和供电两个辅助生产车间。2025 年 8 月供水车间本月发生费用 26 000 元,提供水共 23 000 吨,其中供电车间耗用 3 000 吨,基本生产车间耗用 12 000 吨,企业行政部门耗用8 000吨;供电车间本月发生费用31 500元,提供电共85 000度,其中供水车间耗用1 000度,生产甲产品耗用30 000度,基本生产车间耗用25 000度,企业行政部门耗用29 000度。

表 2 - 4 - 12　辅助生产费用分配表

单位名称:御龙公司　　　　　　　　　　年　月　日　　　　　　　　　　单位:元

应借科目		成本/费用项目	供电车间			供水车间			合　计
			耗用量（度）	分配率	分配额	耗用量（吨）	分配率	分配额	
基本生产成本	甲产品	制造费用							
制造费用	基本生产车间	水费/电费							
管理费用		水费/电费							
合　计									

任务二　用交互分配法分配各车间辅助生产费用,并编制辅助生产费用分配表(见表 2 - 4 - 14)及会计分录。(分配率保留 2 位小数)

某企业设机修和运输两个辅助生产车间,2025 年 8 月各车间提供的劳务情况及发生的费用情况如表 2 - 4 - 13 所示。

表 2 - 4 - 13　辅助生产车间费用及劳务情况表

辅助生产车间		机修车间	运输车间
本月发生的生产费用		9 400 元	4 800 元
供应的劳务总量		12 000 小时	11 000 公里
劳务耗用情况	机修		1 000 公里
	运输	800 小时	
	基本生产车间	9 200 小时	6 000 公里
	行政部门	2 000 小时	4 000 公里

表 2 - 4 - 14　辅助生产费用分配表

单位名称:　　　　　　　　　　　年　月　日　　　　　　　　　　单位:元

应借科目			成本/费用项目	机修车间			运输车间			合　计
				耗用量	分配率	分配额	耗用量	分配率	分配额	
交互分配	辅助生产成本	运输	制造费用							
		机修	制造费用							
	交互分配后的费用									
对外分配	制造费用	基本生产车间	修理费/运输费							
	管理费用		修理费/运输费							
	小　计									

任务三　采用计划成本分配法分配辅助生产费用,并编制辅助生产费用分配表(见表2－14－15)及相关会计分录。

某企业设有供水和运输两个辅助生产车间,供水车间的计划单位成本为2.5元,运输车间的计划单位成本为0.2元。2025年8月供水车间发生费用8 650元,运输车间3 240元。供水车间本月供水共3 600吨,其中运输车间耗600吨,基本生产车间耗2 200吨,管理部门耗800吨;运输车间本月提供产品总量为25 000公里,其中供水车间耗4 000公里,基本生产车间耗16 000公里,管理部门耗5 000公里。

表 2－4－15　辅助生产费用分配表

单位名称:　　　　　　　　　　年　月　日　　　　　　　　　　单位:元

应借科目		成本/费用项目	供水车间			运输车间			合　计
			耗用量(吨)	分配率	金额	耗用量(公里)	分配率	金额	
本月生产费用									
辅助生产成本	供水	制造费用							
	运输	制造费用							
制造费用	基本生产车间	水费/电费							
管理费用		水费/电费							
计划成本合计									
实际生产费用									
差异									

项目实训五　核算辅助生产费用(见教材265页)

章节练习题

项目五　核算制造费用

案例导入

　　厂里基本生产车间生产了 A 和 B 两款毛衣,而该车间发生了很多间接生产费用,例如车间的照明费、车间管理人员的职工薪酬、车间一般消耗的材料费用、车间固定资产的折旧费等等。这些费用应该计入 A 和 B 毛衣的成本,而且应该在 A 和 B 两款毛衣之间进行分摊。那么,这个月基本生产车间总共发生了多少间接生产费用呢? 这些费用应该如何分摊给 A 和 B 两款毛衣呢?

知识目标

　　1. 熟悉制造费用的内容;
　　2. 掌握制造费用的归集与分配方法;
　　3. 掌握制造费用分配的账务处理。

技能目标

　　1. 能够正确归集并分配制造费用;
　　2. 能够正确地做出分配制造费用的账务处理。

素质目标

　　具有社会责任感、使命感,热爱会计行业。

相关知识

一、制造费用的概述

(一) 制造费用的定义

　　企业生产单位发生的生产费用分为直接生产费用和间接生产费用。制造费用就是指企业内部各生产单位(分厂、车间)为生产产品而发生的各项间接生产费用,制造费用最终也应该计入产品成本。

(二) 制造费用的内容

　　根据企业产品成本核算制度的规定,间接生产费用包括以下支出:
　　(1) 生产部门发生的机物料消耗;

（2）生产部门管理人员的职工薪酬；

（3）产品生产用固定资产或生产场地的折旧费、租赁费等；

（4）生产部门的办公费、水电费等；

（5）季节性和修理期间的停工损失；

（6）产品生产用的自行开发或外购的无形资产摊销；

（7）与产品生产直接相关的税金；

（8）有关资源的使用费；

（9）弃置费用和排污费等有关环境保护和生态恢复支出；

（10）为购进或生产产品发生的符合资本化条件的借款费用；

（11）应分期计入产品成本的技术转让费，包括许可证费、设计费，以及为制造引进产品而支付的职工技术培训费；

（12）企业按照规定可以计入产品成本的测试手段等支出。

以上间接生产费用都属于制造费用。

二、制造费用的归集

制造费用的归集是指根据各种原始凭证，将本月生产单位所发生的制造费用进行汇总。工业企业应设置"制造费用"账户对制造费用进行核算。"制造费用"账户属于成本类账户，借方登记增加，贷方登记减少。工业企业各生产车间在发生以上各项间接费用时，应借记"制造费用"账户，贷记"原材料""应付职工薪酬""周转材料""银行存款""辅助生产成本""累计折旧"等账户。

由于企业各个生产车间或部门的生产任务、技术装备程度、管理水平和费用水准各不相同，因此，制造费用应按车间进行归集。"制造费用"账户应按照车间分别设置明细账，如"制造费用——铸造车间"账户，专门核算铸造车间所发生的各项间接生产费用，不能将所有车间发生的制造费用汇总在一起。制造费用明细账属于借方多栏式明细账，其借方按各种费用项目设置多个栏目。

三、制造费用的分配

（一）制造费用的分配原理

企业产品成本核算制度规定，工业企业发生的制造费用，应当按照合理的分配标准按月分配计入各成本核算对象的生产成本。各产品承担的制造费用应从"制造费用"账户贷方转入"基本生产成本"或"辅助生产成本"账户的借方。"制造费用"账户月末一般没有余额。制造费用的分配是通过编制制造费用分配表完成的，如表2-5-1所示。

由于制造费用包含的内容较多，给分配标准的选择带来了一定的难度。企业在选择分配标准时应遵循以下原则：

（1）所选择的分配标准应该与制造费用的发生有密切的联系。

（2）所选择的分配标准应该与制造费用存在客观的因果关系。

（3）所选择的分配标准应该容易取得，并能够可靠计量。

（4）分配标准一经选择，不得随意变更，以遵循可比性原则。

企业通常采用的分配标准有生产工人工时、生产工人工资、机器工时等。

了解车间——
自动化程度高的车间
自动化程度低的车间

（二）制造费用的分配方法

本项目主要讲基本生产车间制造费用的归集与分配,辅助生产车间制造费用的归集与分配与基本生产车间类似,可以参照基本生产车间的核算。

基本生产车间制造费用的分配方法主要有实际分配率法、年度计划分配率法、累计分配率法三类方法。

1. 实际分配率法

实际分配率法是指将本月所发生的实际制造费用按一定的分配标准分配给各成本核算对象的方法。在该方法下,制造费用期末没有余额。

（1）生产工人工时比例分配法。

生产工人工时比例分配法是指按照各成本核算对象所耗用的生产工人工时(实际工时或定额工时)分配制造费用的一种方法。

$$制造费用分配率 = \frac{本月制造费用总额}{各产品生产工人工时之和}$$

$$某产品应负担的制造费用 = 该产品的生产工人工时 \times 制造费用分配率$$

【例 2-5-1】 御龙公司某基本生产车间同时生产甲、乙两种产品,2025 年 9 月共发生制造费用 21 000 元,甲产品生产工人工时为 12 000 小时,乙产品生产工人工时为 8 000 小时。用生产工人工时比例法分配制造费用。

计算如下:

制造费用分配率:21 000 ÷ (12 000 + 8 000) = 1.05(元 / 小时)

甲产品应分配的制造费用:12 000 × 1.05 = 12 600(元)

乙产品应分配的制造费用:8 000 × 1.05 = 8 400(元)

制造费用分配表及会计分录如下:

表 2-5-1 制造费用分配表

单位名称:御龙公司　　　　　　　　　　2025 年 9 月　　　　　　　　　　单位:元

应借科目		分配标准	分配率	分配额
基本生产成本	甲产品	12 000	1.05	12 600
基本生产成本	乙产品	8 000		8 400
合　计		20 000		21 000

借:基本生产成本——甲产品　　　　　　　　　　　　　　12 600
　　　　　　　　——乙产品　　　　　　　　　　　　　　 8 400
　贷:制造费用——基本生产车间　　　　　　　　　　　　　　21 000

生产工人工时比例分配法将劳动生产率与产品负担的制造费用联系起来,分配结果较为合理,而且多数企业有完善的工时记录,使用该方法分配制造费用比较简便。但是,当一个车间各产品机械化程度相差较大时,会使机械化程度低的产品承担较多的制造费用,而机械化程度高的产品反而承担较低的制造费用,显然不合理。因此,该方法主要适用于生产工时记录完善,且各产品机械化程度相差不多的车间。

（2）生产工人工资比例分配法。

生产工人工资比例分配法，是以各成本核算对象消耗的生产工人工资为分配标准分配制造费用的一种方法。

$$制造费用分配率 = \frac{本月制造费用总额}{各产品生产工人工资之和}$$

$$某产品应负担的制造费用 = 该产品的生产工人工资 \times 制造费用分配率$$

【例 2 - 5 - 2】 某企业本月基本生产车间生产甲、乙、丙三种产品，2025 年 9 月共发生制造费用 60 000 元。根据工资资料可知，甲、乙、丙三种产品生产工人的工资分别为 10 000 元、15 000元、25 000 元。运用生产工人工资比例分配法计算甲、乙、丙三种产品各自应分配的制造费用。

计算如下：

制造费用分配率：60 000 ÷ (10 000 + 15 000 + 25 000) = 1.2

甲产品应分配的制造费用：10 000 × 1.2 = 12 000(元)

乙产品应分配的制造费用：15 000 × 1.2 = 18 000(元)

丙产品应分配的制造费用：25 000 × 1.2 = 30 000(元)

制造费用分配表及会计分录如下：

表 2 - 5 - 2 制造费用分配表

2025 年 9 月

单位：元

应借科目		分配标准	分配率	分配额
基本生产成本	甲产品	10 000		12 000
基本生产成本	乙产品	15 000	1.2	18 000
基本生产成本	丙产品	25 000		30 000
合　计		50 000		60 000

借：基本生产成本——甲产品　　　　　　　　　　　　　　　　12 000

　　　　　　——乙产品　　　　　　　　　　　　　　　　18 000

　　　　　　——丙产品　　　　　　　　　　　　　　　　30 000

　　贷：制造费用——基本生产车间　　　　　　　　　　　　　　60 000

生产工人工资比例分配法计算简单，工资数据容易取得，主要适用于机械化程度较低，或各产品生产机械化程度大致相同的车间。

（3）机器工时比例分配法。

机器工时比例分配法是以各成本核算对象所耗机器设备的运转工作时间为分配标准分配制造费用的一种方法。

$$制造费用分配率 = \frac{本月制造费用总额}{各产品消耗的机器工时之和}$$

$$某产品应负担的制造费用 = 该产品的机器工时 \times 制造费用分配率$$

【例 2 - 5 - 3】 某企业本月基本生产车间生产甲、乙、丙三种产品，2025 年 9 月共发生制造费用 80 000 元，机器工时数为 500 小时，根据生产统计资料，甲、乙、丙三种产品耗用机器工时数比例为 2.5：1：1.5。 运用机器工时比例分配法计算甲、乙、丙三种产品各自应分配的制造费用。

计算如下：

制造费用分配率：80 000÷500＝160(元／小时)

甲产品的工时：500×(2.5÷5)＝250(小时)

乙产品的工时：500×(1÷5)＝100(小时)

丙产品的工时：500－250－100＝150(小时)

甲产品应分配的制造费用：250×160＝40 000(元)

乙产品应分配的制造费用：100×160＝16 000(元)

丙产品应分配的制造费用：150×160＝24 000(元)

制造费用分配表及会计分录如下：

表 2-5-3　制造费用分配表

2025 年 9 月　　　　　　　　　　　　　　　　　　　单位:元

应借科目		分配标准	分配率	分配额
基本生产成本	甲产品	250		40 000
基本生产成本	乙产品	100	160	16 000
基本生产成本	丙产品	150		24 000
合　计		500		80 000

借:基本生产成本——甲产品　　　　　　　　　　　40 000

　　　　　　——乙产品　　　　　　　　　　　16 000

　　　　　　——丙产品　　　　　　　　　　　24 000

　贷:制造费用——基本生产车间　　　　　　　　　　80 000

机器工时比例分配法计算同样比较简便，主要适用于各产品机械化程度较高的车间，因为机械化程度高，在制造费用总额中设备的折旧费所占比重较大，而折旧费的多少与机器设备运转的时间有着直接的联系。

2. 年度计划分配率分配法

年度计划分配率分配法，是指无论各月实际发生的制造费用为多少，每个月各产品应分担的制造费用均按年初确定的年度计划分配率计算分配的一种方法。

$$制造费用年度计划分配率＝\frac{全年制造费用计划总额}{全年各产品计划产量定额工时之和}$$

某月某产品应负担的制造费用＝该月该产品实际产量的定额工时×年度计划分配率

某月该产品实际产量的定额工时＝该产品的实际产量×工时定额

在该方法下，月末制造费用的分配转出额与本月实际发生额可能不一致，从而"制造费用"账户可能会有余额。为了简化核算，年内不处理"制造费用"账户的余额，累计到年终时一并调整计入 12 月份产品的成本中。这里有两种做法:第一种做法是单独将余额按一定的分配标准分配计入 12 月份产品成本;第二种做法是将余额并入 12 月份实际制造费用后采用实际分配率法一并分配计入 12 月份产品成本。

在第一种做法下，实际发生额大于按年度计划分配率分配转出的金额，即"制造费用"账户为借方余额,应再次分配计入各产品成本。

借:基本生产成本——××产品

——××产品

贷:制造费用

反之,应做相反的会计处理,写相反的会计分录。

【例 2-5-4】 某企业 2025 年 7 月份生产甲产品实际产量为 200 件,乙产品 100 件,甲产品全年计划产量为 1 800 件,乙产品为 1 200 件。甲产品的工时定额为 5 小时,乙产品的工时定额为 4 小时。该月份该车间发生的制造费用为 4 480 元,月初借方余额为 420 元。该企业全年计划制造费用为 62 100 元。

要求:按计划分配率法分配该月的制造费用,并编制会计分录。

计算各产品年度计划产量的定额工时:

甲产品:$5 \times 1\,800 = 9\,000$(小时)

乙产品:$4 \times 1\,200 = 4\,800$(小时)

计算年度计划分配率:

$62\,100 \div (9\,000 + 4\,800) = 4.5$(元 / 小时)

计算各产品应负担的制造费用:

甲产品:$4.5 \times 5 \times 200 = 4\,500$(元)

乙产品:$4.5 \times 4 \times 100 = 1\,800$(元)

表 2-5-4 制造费用分配表

2025 年 7 月 单位:元

应借科目		分配标准	分配率	分配额
基本生产成本	甲产品	1 000	4.5	4 500
基本生产成本	乙产品	400		1 800
合 计		1 400		6 300

会计分录为:

借:基本生产成本——甲产品 4 500

——乙产品 1 800

贷:制造费用——基本生产车间 6 300

本月制造费用差异:$4\,480 - 6\,300 = -1\,820$(元),"制造费用"的贷方余额为 1 400 元。本月暂不做处理,待 12 月份若"制造费用"账户还有余额,再将余额分配计入 12 月份产品成本。

假设该题为 12 月份,年底"制造费用"账户贷方余额为 1 400 元。

方法一:按 12 月份各产品的实际工时将余额分配给各产品,冲减其成本。具体处理如下:

差额的分配率:$1\,400 \div (200 \times 5 + 100 \times 4) = 1$(元 / 小时)

甲:$1\,000 \times 1 = 1\,000$(元)

乙:$1\,400 - 1\,000 = 400$(元)

借:制造费用 1 400

贷:基本生产成本——甲产品 1 000

——乙产品 400

方法二:将月初余额并入 12 月,按实际分配率分配。具体处理如下:

$(420＋4\ 480)÷(1\ 000＋400)＝3.5$(元／小时)

甲:$1\ 000×3.5＝3\ 500$(元)

乙:$4\ 900－3\ 500＝1\ 400$(元)

借:基本生产成本——甲产品 3 500

          ——乙产品 1 400

   贷:制造费用 4 900

采用年度计划分配率分配法,每月均采用年度计划分配率进行分配,不但简化了分配手续,而且便于考核制造费用计划的执行情况,有利于对制造费用的控制;此外,各月可以在得出实际制造费用发生额之前进行分配,便于及时计算产品成本。该方法主要适用于计划制定比较准确的季节性生产企业。

根据《企业会计准则》的规定,季节性生产企业还可以按照全年停工月份制造费用计划数同全年产品的计划产量的比例,确定制造费用的计划分配率,根据制造费用分配率和开工月份的实际产量,计算开工月份应负担停工月份的制造费用,连同开工月份发生的制造费用,一并计入产品的生产成本。年度终了,全年停工月份制造费用的实际发生额与分配额的差额,除了为明年开工生产做准备的留待明年分配外,其余调整当年的产品生产成本。

3. 累计分配率法

累计分配率法是指将制造费用累计到有完工产品的月份,只计算完工产品应分担的制造费用,并将其从"制造费用"账户的贷方转入"基本生产成本"账户的借方,在产品应分担的制造费用仍留在"制造费用"账户的一种制造费用分配方法。

在该方法下,如果某产品月末没有完工,则其产品计算中并不分配相应的制造费用,而是等到有完工产品时,才根据制造费用的累计数,选用适当的标准,计算分配该完工产品应承担的制造费用,进而算出完工产品总成本。

$$制造费用累计分配率＝\frac{制造费用期初余额＋本月发生的制造费用}{各产品分配标准累计数之和}$$

某完工产品应分担的制造费用＝该完工产品的分配标准累计数×制造费用累计分配率

【例 2 - 5 - 5】 某企业 2025 年 8 月共生产甲、乙、丙三种产品,其中甲、乙是以前月份投产,以前月份耗用工时分别为:180 工时和 120 工时,本月又耗用工时分别为:320 工时和 180 工时。丙产品为本月投产,本月耗用的工时为 200 工时。制造费用月初借方余额为 19 600 元,本月发生制造费用为 20 400 元。月末,甲产品已全部完工,其余两种均未完工。试采用累计分配率法分配制造费用。

制造费用累计分配率:$(19\ 600＋20\ 400)÷(180＋120＋320＋180＋200)＝40$(元／小时)

甲产品应分配的制造费用:$(180＋320)×40＝20\ 000$(元)

编制会计分录如下:

借:基本生产成本——甲产品 20 000

   贷:制造费用——基本生产车间 20 000

乙、丙产品应承担的制造费用仍留在"制造费用"账户,待其完工时,采用同甲产品一样的方法计算应分担的制造费用。

累计分配率法主要适用于产品投产批次多,而完工批次少的生产企业,有利于简化该类企业的成本核算工作。但该方法有几项缺点:第一,由于在产品应承担的制造费用仍留在"制造费用"账户中,在产品成本明细账中则只登记了直接费用,无法全面地反映在产品的成本;第二,在各月制造费用水平变动较大的情况下,会影响产品成本计算的准确性。因此,该方法适用于各月制造费用变动不大的企业。

【会计的发展是每一个会计人的责任】

目前制造费用的分配标准太单一,制造费用的分配过于粗糙,分配结果不准确,导致产品成本不准确,进而影响管理人员的经营决策。比如管理者可能根据扭曲的成本信息制定出错误的产品价格等,最终给企业造成损失。如何更准确地计算出产品成本,是会计人一直在研究的问题。作为一名会计人,我们要有相应的责任感和使命感,不断努力,力求为会计的发展做出贡献。

专项技能训练

任务一 运用生产工时比例法分配制造费用,并编制制造费用分配表(见表 2-5-5)及会计分录。

某企业基本生产车间生产甲、乙两种产品,共发生制造费用 79 200 元,甲产品 2025 年 9 月耗用生产工时 23 000 小时,乙产品 25 000 小时。

表 2-5-5　制造费用分配表

2025 年 9 月　　　　　　　　　　　　　　单位:元

应借科目		分配标准	分配率	分配额
基本生产成本	甲产品			
基本生产成本	乙产品			
合　计				

任务二 采用年度计划分配率分配法分配 3 月份制造费用,并编制会计分录。

某企业年度制造费用计划总额为 71 040 元。全年计划生产甲产品 3 000 件,产品工时定额为 5 小时;生产乙产品 1 800 件,产品工时定额 4 小时。3 月份生产甲产品 250 件,乙产品 150 件,实际发生制造费用 6 000 元。

项目实训六　核算基本生产车间的制造费用(见教材 270 页)

章节练习题

项目六　核算生产损失

案例导入

最近厂里生产的废品较多,损失较大,厂长要求加强产品质量管理,要求江丽提供废品损失的相关资料。江丽知道,实践中的成本与理论上的成本区别之一就是实践中的成本包含了损失性费用。也就是说,部分损失性费用也应该计入产品的成本,所以损失的发生会导致产品成本增加。江丽应该如何提供废品损失的相关资料呢? 她应该先了解该厂有哪些损失性费用,损失性费用在会计上是如何进行核算的,损失性费用应该如何进行处理,然后再提供厂长所需要的资料。

知识目标

1. 了解损失性费用的内容;
2. 了解废品损失、停工损失的核算。

技能目标

能够正确核算企业所发生的废品损失与停工损失。

素质目标

具有资源节约意识。

相关知识

一、损失的定义及内容

损失是指由于企业生产组织不合理、生产工人违反技术操作规定、企业管理层经营管理不善以及自然灾害、资产减值等造成的人力、财力、物力上的损失。

损失主要包括废品损失、停工损失、坏账损失、资产盘亏损失、资产减值损失等。其中废品损失与停工损失影响产品成本计算的正确性,本书只介绍废品损失和停工损失。

二、废品损失的核算

废品是指不符合规定的技术标准,不能按照原定的用途使用,或者需要加工修理才能使用的在产品、半成品和产成品,包括在生产过程中发现的废品和入库后发现的由于生产加工造成的废品。

废品按能否修复分为可修复废品和不可修复废品。可修复废品是指技术上可以修复而且所花费的修复费用在经济上合算的废品;不可修复废品是指技术上不能修复或修复费用在经济上不合算的废品。

废品按产生的原因分为料废品和工废品。料废品是指由于材料质量、规格性能等不符合要求而造成的废品;工废品是指在产品生产过程中,由于加工工艺技术、工人操作方法、技术水平等方面的缺陷而造成的废品。

废品损失是指不可修复废品所耗生产成本以及可修复废品的修复费用,扣除废品残料价值和应收赔款以后的净损失。

$$不可修复废品净损失＝废品所耗生产成本－残料价值－赔偿金额$$
$$可修复废品净损失＝修复费用－残料价值－赔偿金额$$

不需要返修、可以降价出售的次品的降价损失;由于保管不善等原因导致的产品变质或损坏损失;实行包退、包修、包换的"三包"企业,在产品出售后发现的废品带来的一切损失均不属于废品损失。

本项目只讲基本生产车间废品损失及停工损失的核算,辅助生产车间损失的核算类似于基本生产车间,可比照基本生产车间进行。为简化核算工作,辅助生产车间一般不单独核算废品损失及停工损失。

【杜绝资源浪费】

废品不仅给企业带来损失,增加企业成本,更多是造成了资源浪费。我们要力求将废品数量降为 0,杜绝资源浪费,降低企业成本。

(一) 废品损失核算的账户设置

企业对废品损失的核算有单独核算和非单独核算两种方式。若企业发生的废品损失少,一般不单独核算废品损失,而是将相关残料或赔偿直接冲减同种产品生产成本;若企业发生的废品损失较多,对产品成本的影响较大,则有必要单独核算废品损失并对其进行控制。单独核算废品损失的企业应设置"废品损失"账户,并在生产成本明细账设置"废品损失"成本项目。"废品损失"账户属于成本类账户,其借方登记不可修复废品的生产成本及可修复废品的修复费用;贷方登记赔偿、残料以及转出的废品净损失,该账户月末没有余额。

"废品损失"应按车间、车间下按产品设置明细账,借方按成本项目设置专栏,属于借方多栏式明细账。

(二) 可修复废品损失的核算

可修复废品损失是指在废品修复过程中发生的各种修复费用扣除回收的残料价值及赔偿后的净损失。

1. 单独核算

当企业发生修复费用时,根据各项费用分配表,借记"废品损失"账户,贷记"原材料""应付职工薪酬""制造费用"等账户。回收的残料及赔偿,应分别借记"原材料""其他应收款""库存现金"等账户,贷记"废品损失"账户。修复费用扣除残料及赔偿后的净损失应从"废品损失"账户的贷方,转入"基本生产成本"账户的"废品损失"成本项目下,并在计算完工产品成本时,全部计入同种完工产品成本,在产品不承担废品损失。

【例 2-6-1】 某企业本月生产 A 产品 500 件,生产过程中发现可修复废品 5 件,修复过程中消耗甲材料 100 元,应付工人工资 160 元;废品残料入库,价值 40 元;经查明原因,应由过失人王某赔偿 50 元。该企业对废品损失单独进行核算,试做出相应的账务处理。

(1) 发生修复费用时,应做如下处理:

借:废品损失——A 产品	260
贷:原材料——甲材料	100
应付职工薪酬——短期薪酬(工资)	160

(2) 回收残料及赔偿时,应做如下处理:

借:原材料	40
其他应收款——王某	50
贷:废品损失——A 产品	90

(3) 结转净损失。

借:基本生产成本——A 产品(废品损失)	170
贷:废品损失——A 产品	170

2. 不单独核算

不单独核算废品损失的企业,不需设立"废品损失"账户,也无须在生产成本明细账中设置"废品损失"成本项目。发生修复费用时,借记"基本生产成本"账户,并登记在相应成本项目中,贷记原材料、应付职工薪酬等账户。

(三)不可修复废品损失的核算

1. 单独核算

不可修复废品损失是指不可修复废品所耗生产成本扣除残料价值和应收赔款后的净损失。

不可修复废品的生产成本与其合格产品成本是同时发生的,并已归集在该产品的成本明细账中。为了核算不可修复废品损失,必须首先将废品的生产成本从该产品总成本中分离出来。

不可修复废品的生产成本,可以按其实际成本计算,也可按其定额成本计算。

当发现不可修复废品时,应计算出废品的生成成本并将其从该产品的总成本中分离出来,按其成本借记"废品损失"账户,贷记"基本生产成本"账户或"库存商品""自制半成品"账户。回收的残料及赔偿,应分别借记"原材料""其他应收款""库存现金"等账户,贷记"废品损失"账户。生产成本扣除残料和赔偿后的净损失应从"废品损失"账户的贷方,转入"基本生产成本"账户的"废品损失"成本项目下,并在计算完工产品成本时,全部计入同种完工产品成本,在产品不承担废品损失。

(1) 按实际成本计算废品成本。

按实际成本计算废品成本,是将废品和合格品共同发生的实际生产费用,采用一定的方法分配给废品和合格品,从而计算出废品实际成本。

【例 2-6-2】 某工业企业某车间投产甲产品 1 000 件,当月完工 800 件,经质检发现 20 件为不可修复废品,月末未完工产品 200 件中,有 10 件为不可修复废品。甲产品成本明细账归集的生产费用为:直接材料 100 000 元,直接人工 70 000 元,制造费用 49 000 元。原材料于生产开始时一次投入。废品收回残料价值为 500 元。

本月生产工时情况如下:完工产品中合格品 5 850 小时,废品 150 小时,合计 6 000 小时,未完工产品中合格品 950 小时,废品 50 小时,合计为 1 000 小时。人工及制造费用采用工时比例分配。试计算废品的生产成本及废品损失,并编制相关会计分录。

① 计算分配率。

直接材料分配率：$100\,000 \div 1\,000 = 100$(元 / 件)

直接人工分配率：$70\,000 \div (6\,000 + 1\,000) = 10$(元 / 小时)

制造费用分配率：$49\,000 \div (6\,000 + 1\,000) = 7$(元 / 小时)

② 计算废品的生产成本。

直接材料：$30 \times 100 = 3\,000$(元)

直接人工：$10 \times 200 = 2\,000$(元)

制造费用：$7 \times 200 = 1\,400$(元)

③ 编制相关会计分录。

首先，结转废品的生产成本。

借：废品损失——甲产品　　　　　　　　　　　　　　　　　　　　　　　　　6 400

　　贷：基本生产成本——甲产品(直接材料)　　　　　　　　　　　　　　　　3 000

　　　　　　　　　　　　　　(直接人工)　　　　　　　　　　　　　　　　2 000

　　　　　　　　　　　　　　(制造费用)　　　　　　　　　　　　　　　　1 400

其次，回收废品残料。

借：原材料　　　　　　　　　　　　　　　　　　　　　　　　　　　　　　　500

　　贷：废品损失——甲产品　　　　　　　　　　　　　　　　　　　　　　　　500

最后，结转废品净损失。

借：基本生产成本——甲产品(废品损失)　　　　　　　　　　　　　　　　　5 900

　　贷：废品损失——甲产品　　　　　　　　　　　　　　　　　　　　　　　5 900

（2）按定额成本计算废品成本。

按定额成本计算废品成本，是根据废品的数量、工时记录及各种消耗定额、费用定额计算废品的生产成本，其实际成本与定额成本之间的差异全部由同种合格产品承担。

【例 2 - 6 - 3】　某生产车间本月在乙产品生产过程中发现不可修复废品 12 件，按所耗定额费用计算不可修复废品的生产成本。单件原材料费用定额为 60 元。原材料是生产开始时一次投入，已完成的定额工时共计 140 小时，每小时的费用定额为：燃料和动力 1.5 元，工资1.9元，制造费用1.1 元。不可修复废品的残料作价130 元以辅助材料入库；应由过失人张某赔款 40 元。废品净损失由当月同种合格完工产品成本负担。要求编制不可修复废品损失计算表，编制核算废品损失的相关会计分录。

表 2 - 6 - 1　不可修复废品损失计算表

项　目	废品数量	原材料	生产工时	燃料及动力	直接人工	制造费用	合　计
费用定额		60		1.5	1.9	1.1	—
定额成本	12	720	140	210	266	154	1 350
减：残料							130
减：赔偿							40
废品净损失	—	—	—	—	—	—	1 180

编制会计分录如下：

① 结转废品定额成本。

借:废品损失——乙产品　　　　　　　　　　　　　　　　　　1 350
　　贷:基本生产成本——乙产品(直接材料)　　　　　　　　　　720
　　　　　　　　　　　　　　　(燃料和动力)　　　　　　　　210
　　　　　　　　　　　　　　　(直接人工)　　　　　　　　　266
　　　　　　　　　　　　　　　(制造费用)　　　　　　　　　154
② 残料入库。
借:原材料　　　　　　　　　　　　　　　　　　　　　　　　130
　　贷:废品损失——乙产品　　　　　　　　　　　　　　　　　130
③ 应收赔款。
借:其他应收款——张某　　　　　　　　　　　　　　　　　　40
　　贷:废品损失——乙产品　　　　　　　　　　　　　　　　　40
④ 结转废品净损失。
借:基本生产成本——乙产品(废品损失)　　　　　　　　　　　1 180
　　贷:废品损失——乙产品　　　　　　　　　　　　　　　　　1 180

2. 不单独核算

不单独核算废品损失的企业,不需设立"废品损失"账户,也无须在生产成本明细账中设置"废品损失"成本项目。只需在回收残料及赔偿时,借记"原材料""其他应收款""库存现金"等账户,贷记"基本生产成本"账户,并从"基本生产成本"账户相应成本项目中扣除残料及赔偿的价值。

如果废品为已完工入库的产品,则还应将废品的成本分成本项目从"库存商品""自制半成品"账户的贷方转入同种产品的"基本生产成本"账户的借方。

三、停工损失的核算

停工损失是指生产车间或车间内某个班组在停工期间发生的各项费用,包括停工期间发生的原材料费用、工资及福利费和制造费用等。应由过失单位、过失人或保险公司负担的赔款,应从停工损失中扣除。计算停工损失的时间界限由主管企业部门规定,或由主管企业部门授权企业自行规定,为了简化核算工作,停工不满一个工作日的,一般不计算停工损失。

导致停工的原因有很多,应根据不同情况分别处理停工损失。由于自然灾害引起的停工损失,应计入"营业外支出"账户;由于材料供应不足、机器设备发生故障以及计划减产等原因造成的停工损失,应计入产品成本。

(一)停工损失核算的账户设置

企业对停工损失的核算有单独核算和非单独核算两种方式。若企业发生的停工损失少,一般不单独核算;内部成本管理要求单独反映和控制停工损失或者停工损失较大的企业,则有必要单独核算停工损失并对其进行控制。单独核算停工损失时,企业应设置"停工损失"账户,并在产品明细账中设置"停工损失"成本项目。该账户借方登记停工期间发生的各种生产费用;贷方登记应收的赔偿金额;停工净损失应从贷方转出,该账户月末没有余额。

(二)停工损失的核算

当企业某车间、班组停工时,根据停工期间发生的各项费用借记"停工损失"账户,贷记"原材料""应付职工薪酬""制造费用"等账户;应收或已收的各种赔款应借记"其他应收款""库存现金"等账户,贷记"停工损失"账户;停工净损失属于自然灾害造成的应从"停工损失"账户的贷方转入"营业外支出"账户的借方,应由产品负担的,转入"基本生产成本"账户借方,并采用一定的分配方法,分配计入车间各产品成本明细账的"停工损失"成本项目下。

季节性停工期间及修理期间发生的停工损失应计入"制造费用"账户,不属于停工损失的核算范围。

不单独核算停工损失的企业,不设"停工损失"账户及"停工损失"成本项目。停工期间发生的停工损失分别记入"制造费用"和"营业外支出"账户。

专项技能训练

任务一　编制"不可修复废品损失计算表"(见表 2-6-2)及核算废品损失的会计分录。

某企业基本生产车间生产甲产品 5 000 件,生产过程中发现其中有 20 件为不可修复废品。甲产品成本明细账中归集的生产费用合计为:直接材料 800 000 元,直接人工 500 000 元,制造费用 150 000 元,共计 1 450 000 元。原材料在生产开始时一次性投入。直接人工及制造费用按生产工时比例分配。产品生产工时为:合格品 99 500 小时,废品 500 小时。废品残料回收价值 500 元,应收过失人赔款 300 元。

表 2-6-2　不可修复废品损失计算表

项　目	产量	直接材料	生产工时	直接人工	制造费用	合　计
总额(总量)						
费用分配率						
废品成本(数量)						
减:残料						
减:赔偿						
废品净损失						

任务二　编制"可修复废品损失计算表"(见表 2-6-3)及核算废品损失的会计分录。

某企业基本生产车间在生产乙产品过程中,发现可修复废品 5 件。修复乙产品领用材料实际成本 400 元,消耗工时 200 小时,小时工资率为 5.22 元,小时制造费用率为 2.8 元。即修复乙产品消耗人工费 1 044 元,制造费用 560 元。经查明原因,应由过失人赔偿 180 元。

表 2-6-3　可修复废品损失计算表

项　目	废品数量	直接材料	直接人工	制造费用	合　计
修复费用					
减:赔偿					
废品净损失					

项目实训七　核算生产损失(见教材 273 页)

章节练习题

项目七　计算完工产品、在产品成本

案 例 导 入

该厂 2025 年 7 月投产 A 款毛衣 1 100 件。据江丽前段时间的核算得知,生产 A 款毛衣本月发生有关费用如下:领用原材料毛线 88 000 元;针织工人工资 10 000 元和福利费 1 400元;制造费用分配转入 600 元。

江丽需要思考与解决以下三个问题:

1.月末全部生产完工,则完工产品的成本是多少?

2.如果月末全部未完工,则表示什么意思?

3.如果月末完工了 900 件,还有 200 件没有完工,则完工的这 900 件花了多少成本?

知 识 目 标

1.了解在产品与完工产品的含义;

2.掌握生产费用在完工产品与在产品之间分配的各种方法;

3.掌握结转完工产品成本的账务处理。

技 能 目 标

1.能够正确计算完工产品和在产品成本;

2.能够正确结转完工产品成本,进行账务处理。

素 质 目 标

1.细心谨慎,有耐心,不轻易放弃;

2.有责任心,有集体荣誉感。

相关知识

一、在产品与完工产品

(一) 在产品

在产品,指企业正在制造尚未完工的产品,包括正在各个生产工序加工的产品,以及已加工完毕但尚未办理入库手续的产品。在产品有狭义与广义之分。狭义的在产品是指正在加工中的在制品,包括正停留在生产车间加工制造的在制品、正在生产车间返修或等待返修的废品等。广义在产品是指没有完成全部生产过程，不能作为商品销售的产品，包括狭义的在产品和自制半成品以及已完工尚未验收入库的产品。自制半成品是指经过一定生产过程并已检验合格交付半成品仓库保管，但尚未制造完工成为产成品，仍需进一步加工的中间产品。需要注意的是准备对外销售的自制半成品不属于在产品。

（二）完工产品

完工产品有狭义和广义之分。狭义的完工产品是指完成全部生产过程，随时可对外销售的产成品。广义的完工产品包括产成品及自制半成品。本项目所讨论的是广义的在产品和狭义的完工产品。

二、生产费用在完工产品与在产品之间分配的方法

通过前面几个项目的核算，应该计入某产品成本的费用已经全部计入该产品的"基本生产成本"账户。在期末既有在产品又有完工产品的情况下，企业需要将归集在"基本生产成本"账户的期初在产品成本与本期发生的生产费用合计在完工产品与在产品之间进行分配，从而计算出完工产品成本和在产品成本。并将完工产品成本从"基本生产成本"账户的贷方，转入"库存商品"账户的借方。产品成本的计算通常通过编制产品成本计算单来完成，如表2-7-1所示。

根据账户登记的四项金额的关系，有以下等式：

$$期初在产品成本＋本期发生的生产费用＝完工产品成本＋期末在产品成本$$

《企业会计准则》规定，企业应当根据在产品数量的多少、各期在产品数量变化的大小、各项成本比重大小，以及定额管理基础的好坏等具体条件，采用适当的分配方法将直接人工、制造费用以及直接材料等生产成本在完工产品与在产品之间进行分配。常用的分配方法有不计算在产品成本法、在产品成本按年初固定数计算法、在产品成本按完工产品成本计价法、约当产量比例法、在产品成本按所耗材料费用计价法、在产品成本按定额成本计价法、定额比例法。

（一）不计算在产品成本法

不计算在产品成本法，是指即使月末有在产品，也不计算在产品成本，月初在产品成本与本月发生的生产费用全部由完工产品负担，即月末在产品成本为0。

完工产品成本计算如下：

$$完工产品成本＝期初在产品成本＋本期发生的生产费用$$

若每个月都采用此方法计算产品成本，期初在产品成本也为0，则

$$完工产品成本＝本期发生的生产费用$$

期末无在产品或在产品数量少、价值低，不算在产品成本、对完工产品成本影响不大的企业，可以采用这种方法计算产品成本。

【例2-7-1】 某企业采用不计算在产品成本法进行产品成本的计算。2025年8月该企业A产品共发生生产费用29 294元，其中直接材料19 136元，直接人工6 790元，制造费用3 368元。本月完工A产品100千克，月末在产品数量很少，故忽略不计。A产品成本计算单如表2-7-1所示。

表 2-7-1　产品成本计算单

完工：100 千克

产品名称：A 产品　　　　　　　　　　2025 年 8 月　　　　　　　　在产品：0 千克

成本项目	月初在产品成本	本月生产费用	生产费用合计	完工产品数量	月末在产品成本	完工产品成本	单位成本
直接材料	0	19 136	19 136	100	0	19 136	191.36
直接人工	0	6 790	6 790	100	0	6 790	67.9
制造费用	0	3 368	3 368	100	0	3 368	33.68
合　计	0	29 294	29 294	—	0	29 294	294.94

结转完工产品成本的会计分录为：

借：库存商品——A 产品　　　　　　　　　　　　　　　　　　29 294

　　贷：基本生产成本——A 产品　　　　　　　　　　　　　　　　　29 294

（二）在产品成本按年初固定数计算法

在产品成本按年初固定数计算，是对各期末在产品成本按年初固定数计价，然后倒挤出完工产品成本的一种方法。

完工产品成本计算如下：

$$完工产品成本＝期初在产品成本＋本期发生的生产费用－年初固定数$$

若每年的固定数相同，则：完工产品成本＝本期发生的生产费用。

这种方法主要适用于各期期末在产品结存数量较少，或者虽然结存数量较多，但各期期末在产品数量稳定、起伏不大的企业。需要注意的是，采用此方法，每年年末需根据实际盘存出的在产品数量，具体计算在产品的成本，作为下一年度的固定数。

【例 2-7-2】　某企业主要生产 B 产品，其生产较为稳定，各月月末在产品数量平稳，变动不大，故企业采用在产品按年初固定数计价法计算 B 产品成本。经测定，企业各月月末在产品总固定成本为 9 800 元，其中直接材料 5 000 元，直接人工 3 200 元，制造费用 1 600 元。2025 年 8 月，月初在产品 90 件，本月投产 800 件，本月完工 805 件。本月发生生产费用为 91 907元，其中直接材料 63 525 元，直接人工 20 532 元，制造费用 7 850 元。B 产品成本计算单如表 2-7-2 所示。

表 2-7-2　产品成本计算单

完工：805 件

产品名称：B 产品　　　　　　　　　　2025 年 8 月　　　　　　　　在产品：85 件

成本项目	月初在产品成本	本月生产费用	生产费用合计	完工产品数量	月末在产品成本	完工产品成本	单位成本
直接材料	5 000	63 525	68 525	805	5 000	63 525	78.91
直接人工	3 200	20 532	23 732	805	3 200	20 532	25.51
制造费用	1 600	7 850	9 450	805	1 600	7 850	9.75
合　计	9 800	91 907	101 707	—	9 800	91 907	114.17

结转完工产品成本的会计分录为：

借:库存商品——B产品　　　　　　　　　　　　　　　　　　　　　91 907
　　贷:基本生产成本——B产品　　　　　　　　　　　　　　　　　　　　91 907

(三)在产品成本按完工产品成本计价法

在产品成本按完工产品成本计价法,是将在产品视同完工产品来分配生产费用,计算完工产品和在产品成本的一种方法。其计算公式如下:

$$某项费用分配率=\frac{该项费用总额}{完工产品产量+月末在产品产量}$$

$$完工产品承担的该项费用=完工产品产量×该项费用分配率$$

$$在产品承担的该项费用=该项费用总额-完工产品承担的该项费用$$

$$完工产品成本=\sum 完工产品承担的各项费用$$

$$在产品成本=\sum 在产品承担的各项费用$$

【例2-7-3】　某企业生产甲产品,月初在产品成本和本月生产费用合计为:直接材料费用25 600元,人工费用5 600元,制造费用6 400元。本月完工产品600件,月末在产品200件,该在产品已接近完工。试采用月末在产品按完工产品计价的方法计算完工产品和在产品成本并编制产品成本计算单及结转完工产品成本的会计分录。甲产品成本计算单如表2-7-3所示。

材料费用分配率:25 600÷(600+200)=32(元/件)
完工产品承担的材料费用:600×32=19 200(元)
在产品承担的材料费用:25 600-19 200=6 400(元)
人工费用分配率:5 600÷(600+200)=7(元/件)
完工产品承担的人工费用:600×7=4 200(元)
在产品承担的人工费用:5 600-4 200=1 400(元)
制造费用分配率:6 400÷(600+200)=8(元/件)
完工产品承担的制造费用:600×8=4 800(元)
在产品承担的制造费用:6 400-4 800=1 600(元)
完工产品成本:19 200+4 200+4 800=28 200(元)
完工产品单位成本:28 200÷600=47(元/件)
在产品成本:6 400+1 400+1 600=9 400(元)

表2-7-3　产品成本计算单

产品名称:甲产品

完工:600件
在产品:200件

成本项目	生产费用合计	生产量			单位成本	在产品成本	完工产品成本
		完工产品数量	在产品数量	合计			
直接材料	25 600	600	200	800	32	6 400	19 200
直接人工	5 600	600	200	800	7	1 400	4 200
制造费用	6 400	600	200	800	8	1 600	4 800
合　计	37 600	—	—	—	47	9 400	28 200

单位在产品与单位完工产品所消耗的费用并不完全相同,而在产品按完工产品计价的方法下,把在产品视同为完工产品,直接按各自的实际产量分配各项费用,忽略了这项差异。因此,这种方法只能适用于期末在产品已经基本完工或接近完工的产品成本的计算。

(四) 约当产量比例法

约当产量比例法,是指将期末在产品数量按其完工程度折算为相当于完工产品的数量,即约当产量,然后按完工产品产量与期末在产品约当产量的比例分配生产费用合计,计算完工品与期末在产品成本的一种成本计算方法。

需要注意的是,采用这种方法时,应分别按成本项目计算期末在产品的约当产量,根据不同的约当产量分配不同的成本费用。其中分配直接材料费用的约当产量应根据产品的投料程度(投料率)折算,分配直接人工和制造费用等加工费用的约当产量应根据产品的加工程度折算。

1. 约当产量比例法的计算过程

(1) 分配直接材料费用。

① 计算投料程度及在产品约当产量。

$$投料程度 = \frac{单位在产品已经投入的材料定额}{单位完工产品应该投入的材料总定额} \times 100\%$$

$$在产品约当产量 = 在产品产量 \times 在产品的投料程度$$

② 计算直接材料费用分配。

$$直接材料费用分配率 = \frac{直接材料费用总额}{完工产品产量 + 在产品约当产量}$$

$$完工产品承担的直接材料费 = 完工产品产量 \times 直接材料费用分配率$$

$$在产品承担的直接材料费 = 在产品约当产量 \times 直接材料费用分配率$$

$$= 直接材料费用总额 - 完工产品承担的直接材料费$$

(2) 加工费用的分配。

加工费用一般包括人工费用、制造费用、燃料及动力。

① 计算加工程度及在产品约当产量。

$$在产品的加工程度 = \frac{单位在产品已经消耗的工时定额}{单位完工产品应该消耗的工时总定额} \times 100\%$$

$$在产品约当产量 = 在产品产量 \times 在产品的加工程度$$

② 计算加工费用分配。加工费用通常包括直接人工、制造费用、燃料及动力等。

$$直接人工费用分配率 = \frac{直接人工费用总额}{完工产品产量 + 在产品约当产量}$$

$$完工产品承担的直接人工费用 = 完工产品产量 \times 直接人工费用分配率$$

$$在产品承担的加工费 = 在产品约当产量 \times 加工费用分配率$$

$$= 人工费用总额 - 完工产品承担的人工费用$$

制造费用与燃料及动力费用的分配与直接人工费用相同。

（3）计算完工产品与在产品成本。

完工产品成本＝完工产品承担的直接材料费＋完工产品承担的各项加工费

在产品成本＝在产品承担的直接材料费＋在产品承担的各项加工费

约当产量比例法主要适用于月末在产品数量较大而且各月在产品数量变化也较大，原材料费用和加工费用占产品成本的比重相差不多的产品成本的计算。

2. 完工率的确定

要采用约当产量比例法计算产品成本，首先必须确定在产品的投料程度及加工程度。根据产品的生产工艺过程不同，将产品生产分为单工序生产和多工序生产。单工序生产是指产品只需要经过一道工序即可生产完工；多工序生产是指产品需要经过几道工序才能生产完工。多工序生产分为平行加工式和连续加工式，本项目所讲的是连续加工式。连续加工式是指从原材料投入生产到产品完工要经过若干连续的生产步骤，前一步生产的半成品要转移到下一步骤继续加工，直到最后一步形成产成品。在不同的生产模式下，产品完工率的计算也不同。

（1）单工序生产模式下完工率的确定。

① 投料程度的确定。

投料程度因投料方式的不同而不同。

第一种投料方式，原材料在生产开始时一次性投入，在这种投料方式下，单位在产品和单位完工产品消耗的原材料数量相同。因此，在产品的投料程度为100％，直接材料费用应按完工产品和在产品的产量进行分配。

第二种投料方式，原材料随加工进度陆续投入，在这种投料方式下，产品对材料的消耗进度与对时间的消耗进度一致，因此，在产品的投料程度等于其加工程度。

第三种投料方式为分次投料，即在产品开始生产时投入一部分材料，当产品达到某一加工程度时再投入部分材料。例如，某企业生产甲产品，在生产开始时投入50％的材料，当加工程度达到50％的时候，再投入30％的材料，当加工程度达到90％的时候，投入最后20％的材料。那么当产品的加工程度小于50％时，投料程度为50％，加工程度在50％与90％之间时，投料程度为80％。

② 加工程度的确定。

$$加工程度＝\frac{已经消耗的工时定额}{单位完工产品应该消耗的工时总定额}×100\%$$

【例2-7-4】　某企业生产乙产品，本月完工产品750件，月末在产品150件，在产品加工程度为60％。乙产品月初和本月原材料费用共计为45 000元，直接人工费为21 000元，制造费用21 000元。该产品的原材料在生产开始时一次投入。乙产品成本计算单如表2-7-4所示。

表2-7-4　产品成本计算单

完工：750件

产品名称：乙产品

在产品：150件

成本项目	生产费用合计	生产量					单位成本	在产品成本	完工产品成本
		完工产品数量	在产品数量	完工率	在产品约当产量	合计			
直接材料	45 000	750	150	100％	150	900	50	7 500	37 500

成本项目	生产费用合计	生产量					单位成本	在产品成本	完工产品成本
		完工产品数量	在产品数量	完工率	在产品约当产量	合计			
直接人工	21 000	750	150	60%	90	840	25	2 250	18 750
制造费用	21 000	750	150	60%	90	840	25	2 250	18 750
合　计	87 000	—	—	—	—	—	100	12 000	75 000

　　要求：用约当产量比例法计算本月完工产品和月末在产品的成本，并编制产品成本计算单及结转完工产品成本的会计分录。

　　第一步，分配直接材料费用：

　　在产品直接材料约当产量：$150 \times 100\% = 150$（件）

　　原材料费用分配率：$45\,000 \div (750 + 150) = 50$（元／件）

　　完工产品分配的原材料费用：$750 \times 50 = 37\,500$（元）

　　在产品分配的原材料费用：$45\,000 - 37\,500 = 7\,500$（元）

　　第二步，分配直接人工费用：

　　在产品直接人工约当产量：$150 \times 60\% = 90$（件）

　　直接人工费用分配率：$21\,000 \div (750 + 90) = 25$（元／件）

　　完工产品分配的人工费用：$750 \times 25 = 18\,750$（元）

　　在产品分配的人工费用：$21\,000 - 18\,750 = 2\,250$（元）

　　第三步，分配制造费用：

　　在产品制造费用约当产量：$150 \times 60\% = 90$（件）

　　制造费用分配率：$21\,000 \div (750 + 90) = 25$（元／件）

　　完工产品分配的制造费用：$750 \times 25 = 18\,750$（元）

　　在产品分配的制造费用：$21\,000 - 18\,750 = 2\,250$（元）

　　第四步，计算完工产品和在产品成本：

　　本月完工产品成本：$37\,500 + 18\,750 + 18\,750 = 75\,000$（元）

　　单位成本：$75\,000 \div 750 = 100$（元／件）

　　在产品成本为：$7\,500 + 2\,250 + 2\,250 = 12\,000$（元）

　　借：库存商品——乙产品　　　　　　　　　　　　　　　　　　　75 000

　　　　贷：基本生产成本——乙产品　　　　　　　　　　　　　　　　　　75 000

　　(2) 多工序生产模式下完工率的确定（以连续加工方式为例）。

　　① 投料程度的确定。

　　第一种投料方式，原材料在生产开始时一次性投入，在这种投料方式下，各工序在产品的投料程度均为100%。

$$期末在产品直接材料约当产量 = \sum 各工序期末在产品产量 \times 100\%$$
$$= \sum 各工序期末在产品产量$$

第二种投料方式,原材料分工序一次性投入,即每道工序的材料定额在该工序开始时一次性投入。在这种投料方式下,不同工序在产品的投料程度不同,其计算如下:

$$某工序在产品投料程度 = \frac{该工序单位产品累计材料定额}{单位完工产品材料总定额} \times 100\%$$
$$某工序在产品直接材料约当产量 = 该工序期末在产品数量 \times 该工序在产品投料程度$$
$$本月在产品直接材料约当产量 = \sum 各工序在产品约当产量$$

【例2-7-5】 某企业甲产品需经三道工序生产完成,原材料是在每道工序开始时一次性投入。每工序材料定额分别为:第一道工序250千克、第二道工序350千克、第三道工序400千克;各工序在产品数量分别为:第一道工序100件、第二道工序160件、第三道工序200件。试计算甲产品在产品的约当产量。

单位完工产品材料总定额:$250 + 350 + 400 = 1\,000$(千克)

第一道工序在产品投料程度:$250 \div 1\,000 \times 100\% = 25\%$

第一道工序在产品约当产量:$100 \times 25\% = 25$(件)

第二道工序在产品投料程度:$(250 + 350) \div 1\,000 \times 100\% = 60\%$

第二道工序在产品约当产量:$160 \times 60\% = 96$(件)

第三道工序在产品投料程度:$(250 + 350 + 400) \div 1\,000 \times 100\% = 100\%$

第三道工序在产品约当产量:$200 \times 100\% = 200$(件)

在产品约当产量合计:$25 + 96 + 200 = 321$(件)

第三种投料方式,原材料分工序陆续投入,即原材料分工序投入生产,而且各工序的材料定额随该工序的加工进度陆续投入。在这种投料方式下,每道工序加工程度不同的在产品所消耗的材料定额也不同,为了简化核算,一般假定每道工序在产品消耗本工序材料定额的50%。

$$某工序在产品投料程度 = \frac{以前工序单位产品材料定额之和 + 本工序单位产品材料定额 \times 50\%}{单位完工产品材料总定额}$$

$$某工序在产品直接材料约当产量 = 该工序月末在产品产量 \times 该工序在产品投料程度$$
$$本月在产品直接材料约当产量 = \sum 各工序在产品约当产量$$

【例2-7-6】 某企业甲产品需经两道工序生产完成,原材料分工序陆续投入。本月完工产品241件,在产品350件,其中第一道工序200件,第二道工序150件。单位产品材料消耗定额为500千克,其中第一工序240千克,第二工序260千克。月初在产品和本月发生的直接材料费用共计38 400元,各工序在产品在本工序的投料程度都为50%,试采用约当产量比例法将材料费用分配给完工产品和在产品。

第一步,计算约当产量:

第一道工序在产品投料程度：$(240 \times 50\% \div 500) \times 100\% = 24\%$

第一道工序在产品约当产量：$200 \times 24\% = 48$（件）

第二道工序在产品投料程度：$(240 + 260 \times 50\%) \div 500 \times 100\% = 74\%$

第二道工序在产品约当产量：$150 \times 74\% = 111$（件）

在产品约当产品合计：$48 + 111 = 159$（件）

第二步，计算分配率：

直接材料费用分配率：$38\,400 \div (241 + 159) = 96$（元／件）

第三步，计算各对象分配的费用：

完工产品分担直接材料费用：$241 \times 96 = 23\,136$（元）

在产品应分担直接材料费用：$38\,400 - 23\,136 = 15\,264$（元）

② 加工程度的确定。

产品对时间的消耗一定是陆续消耗，因此，加工程度的计算方法只有一种。由于每道工序不同的在产品所消耗的工时不同，为了简化核算，一般假定每道工序在产品消耗本工序工时定额的 50%。

$$某工序在产品加工程度 = \frac{以前工序单位产品工时定额之和 + 本工序单位产品工时定额 \times 50\%}{单位完工产品工时总定额}$$

$$某工序在产品约当产量 = 该工序期末在产品产量 \times 该工序在产品加工程度$$

$$本月在产品加工费用约当产量 = \sum 各工序在产品约当产量$$

课堂问答：

某工厂甲产品单件工时定额为 80 小时，经过两道工序制成。其中第一道工序工时定额为 48 小时，第二道工序工时定额为 32 小时。你能确定每道工序在产品的加工程度吗？

【**例 2 - 7 - 7**】 某企业生产 A 产品，分三道工序制成，A 产品工时定额为 10 小时，其中：第一道工序 4 小时，第二道工序 3 小时，第三道工序 3 小时。月末在产品数量：第一道工序 1 000 件，第二道工序 1 200 件，第三道工序 1 500 件。各工序月末在产品在本工序的加工程度按 50% 计算。试计算各工序在产品的加工程度和约当产量。

第一道工序在产品加工程度：$(4 \times 50\% \div 10) \times 100\% = 20\%$

第一道工序在产品加工产量：$1\,000 \times 20\% = 200$（件）

第二道工序在产品加工程度：$(4 + 3 \times 50\%) \div 10 \times 100\% = 55\%$

第二道工序在产品约当产量：$1\,200 \times 55\% = 660$（件）

第三道工序在产品加工程度：$(4 + 3 + 3 \times 50\%) \div 10 \times 100\% = 85\%$

第三道工序在产品约当产量：$1\,500 \times 85\% = 1\,275$（件）

在产品约当产品合计：$200 + 660 + 1\,275 = 2\,135$（件）

当各工序在产品数量和单位产品在各工序的加工量都相差不多时，企业可以不分工序计算在产品的加工程度，直接对在产品确定一个平均加工程度（一般为 50%）作为各工序在产品的加工程度。因为在这种情况下，后面各工序在产品多加工的程度可以抵补前面各工序少加工的程度。则在产品的约当产量为：$\sum$ 各工序在产品数量 × 平均加工程度(50%)。

【例 2 - 7 - 8】 某企业生产 A 产品,分两道工序制成,A 产品工时定额为 10 小时,其中:第一道工序 5 小时,第二道工序 5 小时。月末在产品数量:第一道工序 100 件,第二道工序 110 件。月末在产品的平均加工程度为 50%。试计算各工序在产品的约当产量。

第一道工序在产品约当产量:$100 \times 50\% = 50$(件)

第二道工序在产品约当产量:$110 \times 50\% = 55$(件)

月末在产品约当产量合计:$50 + 55 = 105$(件)

【例 2 - 7 - 9】 某企业生产 B 产品,3 月初结存在产品 500 件,加工程度为 60%;本月投产 3 500 件;本月完工 3 200 件,月末结存在产品 800 件,加工程度 50%。B 产品在生产开始时投入全部所耗直接材料的 80%,当产品加工到 60% 时,再投入剩余 20% 的直接材料。B 产品 3 月份成本费用资料如下:月初在产品成本 5 080 元,其中直接材料 3 040 元,直接人工 900 元,制造费用 1 140 元;本月生产费用 42 440 元,其中直接材料 20 000 元,直接人工 9 900 元,制造费用 12 540 元。试用约当产量比例分配法计算完工产品和在产品成本,并编制产品成本计算单及结转完工产品成本的会计分录。B 产品成本计算单如表 2 - 7 - 5 所示。

第一步,分配直接材料费用:

月末在产品直接材料约当产量:$800 \times 80\% = 640$(件)

直接材料费用分配率:$(3\ 040 + 20\ 000) \div (3\ 200 + 640) = 6$(元 / 件)

完工产品承担直接材料费:$6 \times 3\ 200 = 19\ 200$(元)

在产品承担直接材料费:$6 \times 640 = 3\ 840$(元)

第二步,分配直接人工费用:

月末在产品加工费用约当产量:$800 \times 50\% = 400$(件)

直接人工费用分配率:$(900 + 9\ 900) \div (3\ 200 + 400) = 3$(元 / 件)

完工产品承担直接人工费:$3 \times 3\ 200 = 9\ 600$(元)

在产品承担直接人工费:$3 \times 400 = 1\ 200$(元)

第三步,分配制造费用:

制造费用分配率:$(1\ 140 + 12\ 540) \div (3\ 200 + 400) = 3.8$(元 / 件)

完工产品承担制费:$3.8 \times 3\ 200 = 12\ 160$(元)

在产品承担制费:$3.8 \times 400 = 1\ 520$(元)

第四步,计算完工产品和在产品成本:

完工产品成本:$19\ 200 + 9\ 600 + 12\ 160 = 40\ 960$(元)

在产品成本:$3\ 840 + 1\ 200 + 1\ 520 = 6\ 560$(元)

表 2-7-5　产品成本计算单

完工：3 200 件

产品名称：B产品

在产品：800 件

成本项目	月初在产品成本	本月生产费用	生产费用合计	生产量					单位成本	在产品成本	完工产品成本
				完工产品数量	在产品数量	完工率	在产品约当产量	合计			
直接材料	3 040	20 000	23 040	3 200	800	80%	640	3 840	6	3 840	19 200
直接人工	900	9 900	10 800	3 200	800	50%	400	3 600	3	1 200	9 600
制造费用	1 140	12 540	13 680	3 200	800	50%	400	3 600	3.8	1 520	12 160
合　计	5 080	42 440	47 520	—	—	—	—	—	12.8	6 560	40 960

借：库存商品——B产品　　　　　　　　　　　　　　　　　　　40 960
　　贷：基本生产成本——B产品　　　　　　　　　　　　　　　40 960

【例 2-7-10】　某工厂的 A 产品单位工时定额为 50 小时，经过三道工序制成。第一道工序工时定额为 20 小时，第二道工序工时定额为 10 小时，第三道工序工时定额为 20 小时。各道工序内各在产品加工程度均按 50% 计算。第一道工序有在产品 80 件，第二道工序有在产品 40 件，第三道工序有在产品 80 件。本月完工产品 400 件。月初在产品成本和本月发生的生产费用合计为：直接材料费用 96 000 元（原材料在生产开始时一次性投入），直接人工费用 28 000 元，制造费用 9 000 元。试用约当产量比例分配法计算在产品和完工产品成本，并编制产品成本计算单及结转完工产品成本的分录。A 产品加工费用约当产量计算表及产品成本计算单见表 2-7-6、表 2-7-7。

第一步，分配材料费用：

由于原材料在生产开始时一次性投入，各工序在产品投料程度均为 100%，在产品直接材料约当产量：$80 \times 100\% + 40 \times 100\% + 80 \times 100\% = 200$（件）

直接材料费用分配率：$96 000 \div (400 + 200) = 160$（元 / 件）

完工产品分配的直接材料费用：$160 \times 400 = 64 000$（元）

在产品分配的直接材料费用：$160 \times 200 = 32 000$（元）

第二步，分配直接人工费用：

第一道工序在产品的加工程度：$(20 \times 50\%) \div 50 \times 100\% = 20\%$

第二道工序在产品的加工程度：$(20 + 10 \times 50\%) \div 50 \times 100\% = 50\%$

第三道工序在产品的加工程度：$(20 + 10 + 20 \times 50\%) \div 50 \times 100\% = 80\%$

第一道工序在产品加工费用约当产量：$80 \times 20\% = 16$（件）

第二道工序在产品加工费用约当产量：$40 \times 50\% = 20$（件）

第三道工序在产品加工费用约当产量：$80 \times 80\% = 64$（件）

加工费用约当产量合计：$16 + 20 + 64 = 100$（件）

直接人工费用分配率：$28 000 \div (400 + 100) = 56$（元 / 件）

完工产品分配的直接人工费用：$56 \times 400 = 22 400$（元）

在产品分配的直接人工费用：$56 \times 100 = 5 600$（元）

第三步,分配制造费用:

制造费用分配率:$9\,000 \div (400 + 100) = 18$(元 / 件)

完工产品分配的制造费用:$18 \times 400 = 7\,200$(元)

在产品分配的制造费用:$18 \times 100 = 1\,800$(元)

第四步,计算完工产品和在产品成本:

完工产品成本:$64\,000 + 22\,400 + 7\,200 = 93\,600$(元)

在产品成本:$32\,000 + 5\,600 + 1\,800 = 39\,400$(元)

表 2-7-6　加工费用约当产量计算表

产品名称:A 产品　　　　　　　　　　年　月　日　　　　　　　　　　单位:件

工　序	在产品约当产量			完工产品产量	产量合计
	在产品数量	完工率	约当产量		
1	80	20%	16		
2	40	50%	20		
3	80	80%	64		
合　计	200	—	100	400	500

表 2-7-7　产品成本计算单

完工:400 件

产品名称:A 产品　　　　　　　　　　年　月　日　　　　　　　　　　在产品:200 件

成本项目	生产费用合计	生产量				单位成本	在产品成本	完工产品成本
		完工产品数量	在产品数量	在产品约当产量	合计			
直接材料	96 000	400	200	200	600	160	32 000	64 000
直接人工	28 000	400	200	100	500	56	5 600	22 400
制造费用	9 000	400	200	100	500	18	1 800	7 200
合　计	133 000	—	—	—	—	234	39 400	93 600

结转完工产品的会计分录:

借:库存商品——A 产品　　　　　　　　　　　　　　　　　　　　93 600

　　贷:基本生产成本——A 产品　　　　　　　　　　　　　　　　　　93 600

(五)在产品成本按所耗材料费用计价法

在产品成本按所耗原材料费用计价法,是指期末在产品只计算所耗的材料费用,不承担人工费用等加工费用,将原材料费用当作在产品的成本,产品的加工费用全部由完工产品负担。其计算公式如下:

$$直接材料费用分配率 = \frac{期初在产品所耗材料费用 + 本期发生的材料费用}{本期完工产品产量 + 期末在产品约当产量}$$

$$月末在产品成本 = 月末在产品约当产量 \times 直接材料费用分配率$$

本月完工产品成本＝月初在产品成本＋本月生产费用－月末在产品成本

这种方法主要适用于在产品的成本构成中材料费用占绝大比重的产品,不计算产品应负担的加工费用,对完工产品成本的正确性影响不大。如造纸、酿酒等行业的产品。

【例2-7-11】 某企业生产甲产品,月初在产品的直接材料成本8 000元,本月投入直接材料成本32 000元,本月投入直接人工1 140元,制造费用1 800元。本月完工产品180件,月末在产品20件。该产品的直接材料于生产开始时一次性投入,在产品与完工产品按数量比例分摊材料费用。试采用在产品成本按所耗原材料费用计价法计算在产品和完工产品成本,并编制产品成本计算单及结转完工产品成本的会计分录。甲产品成本计算单见表2-7-8。

第一步,计算直接材料费用分配率。

$(8\ 000＋32\ 000)÷(180＋20)＝200(元/件)$

第二步,计算月末在产品分担的直接材料费用(月末在产品成本)。

$200×20＝4\ 000(元)$

第三步,计算本月完工产品成本。

$(8\ 000＋32\ 000－4\ 000)＋1\ 140＋1\ 800＝38\ 940(元)$

第四步,编制结转完工产品成本的会计分录。

借:库存商品——甲产品   38 940
 贷:基本生产成本——甲产品   38 940

表2-7-8 产品成本计算单

产品名称:甲产品

完工:180件
在产品:20件

成本项目	期初在产品成本	本月生产费用	生产费用合计	生产量			单位成本	在产品成本	完工产品成本
				完工产品数量	在产品数量	合计			
直接材料	8 000	32 000	40 000	180	20	200	200	4 000	36 000
直接人工		1 140	1 140	180	—	180	6.33		1 140
制造费用		1 800	1 800	180	—	180	10		1 800
合 计	8 000	34 940	42 940	—	—	—	216.33	4 000	38 940

(六)在产品成本按定额成本计价法

在产品成本按定额成本计价法,是按照预先制定的成本定额及在产品约当产量计算月末在产品成本,然后用期初在产品成本及本月生产费用的合计数减去月末在产品成本,计算出本月完工产品成本的一种计算方法。也就是说,在这种方法下,将月末在产品的定额成本当成是它的实际成本,而其实际成本与定额成本的差异全部由完工产品承担。因此,定额基础工作好,定额成本比较准确,各项消耗定额及费用定额比较准确、稳定,各月末在产品数量变化不大的产品成本的计算可以采用这种方法。

单工序生产方式下,产品成本计算公式如下:

$$\begin{array}{l}\text{在产品直接材料}\\\text{定额成本}\end{array} = \begin{array}{l}\text{在产品}\\\text{数量}\end{array} \times \begin{array}{l}\text{投料}\\\text{程度}\end{array} \times \begin{array}{l}\text{单位完工产品}\\\text{材料消耗定额}\end{array} \times \begin{array}{l}\text{材料计划}\\\text{单价}\end{array}$$

$$\begin{array}{l}\text{在产品直接人工}\\\text{定额成本}\end{array} = \begin{array}{l}\text{在产品}\\\text{数量}\end{array} \times \begin{array}{l}\text{加工}\\\text{程度}\end{array} \times \begin{array}{l}\text{单位完工产品}\\\text{工时定额}\end{array} \times \begin{array}{l}\text{计划小时}\\\text{人工费用率}\end{array}$$

$$\begin{array}{l}\text{在产品制造费用}\\\text{定额成本}\end{array} = \begin{array}{l}\text{在产品}\\\text{数量}\end{array} \times \begin{array}{l}\text{加工}\\\text{程度}\end{array} \times \begin{array}{l}\text{单位完工产品}\\\text{工时定额}\end{array} \times \begin{array}{l}\text{计划小时}\\\text{制造费用率}\end{array}$$

$$\begin{array}{l}\text{月末在产品}\\\text{成本}\end{array} = \begin{array}{l}\text{在产品直接材料}\\\text{定额成本}\end{array} + \begin{array}{l}\text{在产品直接人工}\\\text{定额成本}\end{array} + \begin{array}{l}\text{在产品制造费用}\\\text{定额成本}\end{array}$$

$$\begin{array}{l}\text{完工产品承担的}\\\text{直接材料费用}\end{array} = \begin{array}{l}\text{月初在产品直接}\\\text{材料定额成本}\end{array} + \begin{array}{l}\text{本月发生的}\\\text{直接材料费用}\end{array} - \begin{array}{l}\text{月末在产品直接}\\\text{材料定额成本}\end{array}$$

$$\begin{array}{l}\text{完工产品承担的}\\\text{直接人工费用}\end{array} = \begin{array}{l}\text{月初在产品直接}\\\text{人工定额成本}\end{array} + \begin{array}{l}\text{本月发生的}\\\text{直接人工费用}\end{array} - \begin{array}{l}\text{月末在产品直接}\\\text{人工定额成本}\end{array}$$

$$\begin{array}{l}\text{完工产品承担的}\\\text{制造费用}\end{array} = \begin{array}{l}\text{月初在产品制造}\\\text{费用定额成本}\end{array} + \begin{array}{l}\text{本月发生的}\\\text{制造费用}\end{array} - \begin{array}{l}\text{月末在产品制造}\\\text{费用定额成本}\end{array}$$

$$\begin{array}{l}\text{完工产品}\\\text{总成本}\end{array} = \begin{array}{l}\text{完工产品承担的}\\\text{直接材料费用}\end{array} + \begin{array}{l}\text{完工产品承担的}\\\text{直接人工费用}\end{array} + \begin{array}{l}\text{完工产品承担的}\\\text{制造费用}\end{array}$$

多工序生产方式下,产品成本计算公式如下:

$$\begin{array}{l}\text{在产品直接材料}\\\text{定额成本}\end{array} = \sum\left(\begin{array}{l}\text{各步骤在}\\\text{产品数量}\end{array} \times \begin{array}{l}\text{投料}\\\text{程度}\end{array} \times \begin{array}{l}\text{单位完工产品}\\\text{材料消耗定额}\end{array} \times \begin{array}{l}\text{材料计}\\\text{划单价}\end{array}\right)$$

$$\begin{array}{l}\text{在产品直接人工}\\\text{定额成本}\end{array} = \sum\left(\begin{array}{l}\text{各步骤在}\\\text{产品数量}\end{array} \times \begin{array}{l}\text{加工}\\\text{程度}\end{array} \times \begin{array}{l}\text{单位完工产品}\\\text{工时定额}\end{array} \times \begin{array}{l}\text{计划小时}\\\text{人工费用率}\end{array}\right)$$

$$\begin{array}{c}\text{在产品制造费用}\\\text{定额成本}\end{array} = \sum\left(\begin{array}{l}\text{各步骤在}\\\text{产品数量}\end{array} \times \begin{array}{l}\text{加工}\\\text{程度}\end{array} \times \begin{array}{l}\text{单位完工产品}\\\text{工时定额}\end{array} \times \begin{array}{l}\text{计划小时}\\\text{制造费用率}\end{array}\right)$$

$$\begin{array}{l}\text{月末}\\\text{在产品成本}\end{array} = \begin{array}{l}\text{在产品直接}\\\text{材料定额成本}\end{array} + \begin{array}{l}\text{在产品直接}\\\text{人工定额成本}\end{array} + \begin{array}{l}\text{在产品制造}\\\text{费用定额成本}\end{array}$$

$$\begin{array}{l}\text{完工产品承担的}\\\text{直接材料费用}\end{array} = \begin{array}{l}\text{月初在产品直接}\\\text{材料定额成本}\end{array} + \begin{array}{l}\text{本月发生的}\\\text{直接材料费用}\end{array} - \begin{array}{l}\text{月末在产品直接}\\\text{材料定额成本}\end{array}$$

$$\begin{array}{l}\text{完工产品承担的}\\\text{直接人工费用}\end{array} = \begin{array}{l}\text{月初在产品直接}\\\text{人工定额成本}\end{array} + \begin{array}{l}\text{本月发生的}\\\text{直接人工费用}\end{array} - \begin{array}{l}\text{月末在产品直接}\\\text{人工定额成本}\end{array}$$

$$\begin{array}{l}\text{完工产品承担的}\\\text{制造费用}\end{array} = \begin{array}{l}\text{月初在产品制造}\\\text{费用定额成本}\end{array} + \begin{array}{l}\text{本月发生的}\\\text{制造费用}\end{array} - \begin{array}{l}\text{月末在产品制造}\\\text{费用定额成本}\end{array}$$

$$\begin{array}{l}\text{完工产品}\\\text{总成本}\end{array} = \begin{array}{l}\text{完工产品承担的}\\\text{直接材料费用}\end{array} + \begin{array}{l}\text{完工产品承担的}\\\text{直接人工费用}\end{array} + \begin{array}{l}\text{完工产品承担的}\\\text{制造费用}\end{array}$$

【例 2 - 7 - 12】 某企业生产甲产品,月初在产品成本和本月生产费用共计 20 000 元,其中直接材料费用 10 000 元,人工费用 6 000 元,制造费用 4 000 元。本月完工产品 400 件,月末在产品 100 件。单位完工产品工时定额为 10 小时,直接材料成本定额为 20 元,小时工资率为 1.2 元,小时制造费用率为 1.1 元。原材料系生产开始时一次性投入,在产品的加工程度为 50%。试采用在产品按定额成本计价法计算完工产品成本和在产品成本,并编制产品成本计算单与结转完工产品成本的会计分录。甲产品成本计算单见表 2 - 7 - 9。

第一步,计算在产品的定额成本。

直接材料定额成本:$100 \times 20 \times 100\% = 2\ 000$(元)

直接人工定额成本:$100 \times 50\% \times 10 \times 1.2 = 600$(元)

制造费用定额成本:$100 \times 50\% \times 10 \times 1.1 = 550$(元)

在产品成本:$2\ 000 + 600 + 550 = 3\ 150$(元)

第二步,计算完工产品成本。

直接材料成本:$10\ 000 - 2\ 000 = 8\ 000$(元)

直接人工成本:$6\ 000 - 600 = 5\ 400$(元)

制造费用成本:$4\ 000 - 550 = 3\ 450$(元)

完工产品总成本:$8\ 000 + 5\ 400 + 3\ 450 = 16\ 850$(元)

第三步,编制结转完工产品成本的分录。

借:库存商品——甲产品　　16 850

　贷:基本生产成本——甲产品　　16 850

表 2 - 7 - 9　产品成本计算单

产品名称:甲产品

完工:400 件
在产品:100 件

成本项目	生产费用合计	完工产品数量	在产品数量	在产品完工率	在产品约当产量	合计	成本定额	在产品成本	完工产品成本
直接材料	10 000	400	100	100%	100	500	20	2 000	8 000
直接人工	6 000	400	100	50%	50	450	12	600	5 400
制造费用	4 000	400	100	50%	50	450	11	550	3 450
合　计	20 000	—	—		—	—	43	3 150	16 850

(七) 定额比例法

定额比例法,是指以产品的材料定额消耗量、定额工时或定额费用为分配标准,将生产费用在完工产品与在产品之间分配,分别计算完工产品和月末在产品成本的一种方法。其中,直接材料费用一般按材料定额消耗量或材料定额费用比例分配;直接人工、制造费用等加工费用一般按产品定额工时或定额费用比例分配。这种方法适用于定额管理基础较好,各项消耗定额或费用定额制定比较准确,各月末在产品数量变化较大的产品成本的计算。

其计算公式如下：

$$直接材料费用分配率 = \frac{期初在产品直接材料费用 + 本期发生的直接材料费用}{完工产品定额消耗量或定额费用 + 期末在产品定额消耗量或定额费用}$$

$$完工产品应分配的直接材料费用 = 完工产品定额耗用量或定额费用 \times 直接材料费用分配率$$

$$月末在产品应分配的直接材料费用 = 直接材料费用总额 - 完工产品分配的直接材料费用$$

$$直接人工费用分配率 = \frac{期初在产品直接人工费用 + 本期发生的直接人工费用}{完工产品定额工时或定额费用 + 期末在产品定额工时或定额费用}$$

$$完工产品应分配的直接人工费用 = 完工产品定额工时或定额费用 \times 直接人工费用分配率$$

$$月末在产品直接人工费用 = 直接人工费用总额 - 完工产品分配的直接人工费用$$

$$制造费用分配率 = \frac{期初在产品制造费用 + 本期发生的制造费用}{完工产品定额工时或定额费用 + 期末在产品定额工时或定额费用}$$

$$完工产品应分配的制造费用 = 完工产品定额工时或定额费用 \times 制造费用分配率$$

$$月末在产品制造费用 = 制造费用总额 - 完工产品分配的制造费用$$

【例 2-7-13】 某车间生产 B 产品，2 月份完工产品 100 件，月末在产品 50 件，加工程度 40%，月初及本月生产费用合计为 30 000 元，其中：直接材料费用 15 000 元（原材料在生产开始时一次性投入），直接人工费用 6 000 元，制造费用 9 000 元。每件完工产品定额工时为 2 小时，材料定额消耗量 4 千克。试采用定额比例法计算完工产品成本和在产品成本。B 产品成本计算单见表 2-7-10。

第一步，计算分配直接材料费用。

完工产品定额消耗量：$100 \times 4 = 400$（千克）

在产品定额消耗量：$50 \times 4 = 200$（千克）

直接材料分配率：$15\,000/(400 + 200) = 25$（元/千克）

完工产品应分配的直接材料费用：$100 \times 4 \times 25 = 10\,000$（元）

在产品应分配的直接材料费用：$15\,000 - 10\,000 = 5\,000$（元）

第二步，分配加工费用。

完工产品的定额工时：$100 \times 2 = 200$（小时）

在产品的定额工时：$50 \times 2 \times 40\% = 40$（小时）

直接人工费用分配率：$6\,000/(200 + 40) = 25$（元/小时）

完工产品应分配的直接人工费用：$200 \times 25 = 5\,000$（元）

在产品应分配的直接人工费用：$6\,000 - 5\,000 = 1\,000$（元）

制造费用分配率：$9\,000/(200 + 40) = 37.5$（元/小时）

完工产品应分配的制造费用：$200 \times 37.5 = 7\,500$（元）

在产品应分配的制造费用：$9\,000 - 7\,500 = 1\,500$（元）

第三步,计算完工产品成本和在产品成本。

完工产品成本:10 000+5 000+7 500=22 500(元)

月末在产品成本:5 000+1 000+1 500=7 500(元)

第四步,编制结转完工产品成本的分录。

借:库存商品——B产品　　　　　　　　　　　　　　　　22 500

　　贷:基本生产成本——B产品　　　　　　　　　　　　　　　22 500

表2-7-10　产品成本计算单

完工:100件

产品名称:B产品

在产品:50件

成本项目	生产费用合计	消耗/工时定额	产量及定额数据							分配率	在产品成本	完工产品成本
			完工产品数量	完工产品定额消耗量及工时	在产品数量	在产品完工率	在产品约当产量	在产品定额消耗量及工时	定额消耗量及工时合计			
直接材料	15 000	4	100	400	50	100%	50	200	600	25	5 000	10 000
直接人工	6 000	2	100	200	50	40%	20	40	240	25	1 000	5 000
制造费用	9 000	2	100	200	50	40%	20	40	240	37.5	1 500	7 500
合　计	30 000	—	—	—	—	—	—	—	—	87.5	7 500	22 500

专项技能训练

任务一　计算完工产品和在产品应分担的材料费用,尾数由在产品承担(见表2-7-11、表2-7-12)。

某企业甲产品需经两道工序生产,原材料分工序陆续投入,第一工序投料定额为240千克,第二工序投料定额为260千克。本月完工产品241件,月末在产品350件,其中第一工序200件,第二工序150件,各工序在产品在本工序的投料程度都为50%。月初在产品和本月发生的原材料费用共计38 400元。

表2-7-11　约当产量计算表

工　序	投料定额	投料程度	在产品数量	在产品约当产量
1				
2				
合　计				

表 2 - 7 - 12 产品成本计算单

完工：241 件
在产品：350 件

产品名称：甲产品

成本项目	生产费用合计	生产量				单位成本	在产品成本	完工产品成本
		完工产品数量	在产品数量	在产品约当产量	合计			
直接材料								

任务二 计算各工序在产品的完工率和约当产量（见表 2 - 7 - 13）。

某企业生产 A 产品，分三道工序制成，A 产品工时定额为 100 小时，其中：第一道工序 40 小时，第二道工序 30 小时，第三道工序 30 小时。月末在产品数量：第一道工序 1 000 件，第二道工序 1 200 件，第三道工序 1 500 件。各工序月末在产品在本道工序的平均加工程度按 50% 计算。

表 2 - 7 - 13 约当产量计算表

工 序	工时定额	加工程度	在产品数量	在产品约当产量
1				
2				
3				
合 计				

任务三 采用约当产量法计算完工产品和在产品成本，并编制结转完工产品成本的会计分录，尾数由在产品承担（见表 2 - 7 - 14）。

某厂乙产品本月完工 32 台，月末在产品 16 台，原材料于生产开始时一次投入。期初在产品成本为：直接材料 6 800 元，直接工资 5 600 元，制造费用 4 800 元；本月生产费用为：直接材料 70 000 元，直接工资 32 000 元，制造费用 21 200 元。在产品加工程度估计为 50%。

表 2 - 7 - 14 产品成本计算单

完工：32 台
在产品：16 台

产品名称：乙产品

成本项目	期初在产品成本	本月生产费用	生产费用合计	生产量						单位成本	在产品成本	完工产品成本
				完工产品数量	在产品数量	在产品完工率	在产品约当产量	合计				
直接材料												
直接人工												
制造费用												
合 计												

任务四 采用约当产量比例法计算本月完工产品和在产品成本，并编制结转完工产品成本的会计分录，尾数由在产品承担。

某企业甲产品需经三道工序生产完成，本月完工产品 200 件，月初及本月发生的生产费用为：直接材料 16 000 元（原材料分工序陆续投入）；直接人工 7 980 元；制造费用 8 512 元。有关工时及材料消耗定额见表 2-7-15,假设各工序在产品消耗本工序材料及工时的 50%。

表 2-7-15 产量、工时及材料消耗定额

工 序	投料定额(千克)	工时定额(小时)	在产品数量(件)
1	30	8	20
2	50	16	40
3	20	16	60
合 计	100	40	120

表 2-7-16 产品成本计算单

产品名称:甲产品

完工:200 件
在产品:120 件

成本项目	生产费用合计	生产量				单位成本	在产品成本	完工产品成本
		完工产品数量	在产品数量	在产品约当产量	合计			
直接材料								
直接人工								
制造费用								
合 计								

任务五　根据不同的投料方式计算在产品约当产量。

某企业生产的丁产品分三道工序制成,各工序原材料消耗定额为:第一道工序 100 千克,第二道工序 60 千克,第三道工序 40 千克。在产品数量为:第一道工序 150 件,第二道工序 200 件,第三道工序 250 件。要求:

(1) 假设该产品原材料在每道工序开始时一次投入,试计算各工序在产品的投料程度和约当产量;

(2) 假设该产品原材料为分工序陆续投入,试计算各工序在产品的投料程度和约当产量,假设各工序在产品消耗本工序材料定额的 50%。

任务六　采用约当产量比例分配法计算乙产品完工产品及在产品成本,尾数由在产品承担。

某公司乙产品由三道工序制成,原材料在生产开始时一次投入。该产品单位工时定额为 20 小时,第一道工序工时定额为 4 小时,第二道工序工时定额为 8 小时,第三道工序工时定额为 8 小时。各道工序在产品在本工序的加工程度为 50%。本月乙产品完工 200 件,各工序月末在产品数量为:第一工序 20 件,第二工序 40 件,第三工序 60 件。月初在产品及本月生产费用合计为:直接材料 16 000 元,直接人工 7 980 元,制造费用 8 512 元。

要求:

(1) 计算各工序在产品的完工率;

(2) 计算各工序在产品的约当产量;

(3) 采用约当产量比例分配法计算乙产品完工产品及在产品成本。

任务七　采用在产品成本按所耗原材料费用计价法计算完工产品和在产品成本(见表 2-7-17)。

某企业甲产品的原材料费用占产品成本比重较大,在产品成本按原材料费用计价。该产

品月初在产品原材料费用为 5 680 元,本月原材料费用 16 540 元,人工费用 1 400 元,制造费用 1 200 元。本月完工产品 150 件,月末在产品 50 件。原材料在生产开始时一次投入。

表 2 - 7 - 17 产品成本计算单

完工:150 件
在产品:50 件

产品名称:乙产品

成本项目	期初在产品成本	本月生产费用	生产费用合计	生产量					单位成本	在产品成本	完工产品成本
				完工产品数量	在产品数量	在产品完工率	在产品约当产量	合计			
直接材料											
直接人工											
制造费用											
合 计											

任务八 采用在产品成本不计算法计算产品成本(见表 2 - 7 - 18)。

某公司生产甲产品,月初在产品 20 件,本月投产 20 000 件,本月完工 19 920 件,月末在产品 100 件,本月生产费用合计为 1 890 500 元,其中:直接材料 785 000 元,直接人工 640 000 元,制造费用 465 500 元。

表 2 - 7 - 18 产品成本计算单

完工:19 920 件
在产品:100 件

产品名称:甲产品　　　　　　年 月 日

成本项目	直接材料	直接人工	制造费用	合 计
月初在产品成本				
本月生产费用				
生产费用合计				
月末在产品成本				
完工产品成本				
完工产品产量				
完工产品单位成本				

项目实训八 计算完工产品、在产品成本(见教材 278 页);要求计算铁铸件和铝铸件的完工产品成本。

关于团队合作

在产品成本核算过程中,往往需要材料核算岗、薪资核算岗等多个岗位的协作才能准确的算出产品的成本。因此,我们要有责任心和集体荣誉感,对工作尽心尽责,不能因为我们的失误,而影响整个团队的核算结果。

章节练习题

模块三　运用产品成本计算方法

案例导入

某高校毕业生杨强到某家啤酒生产企业从事成本会计工作。通过一段时间的工作,他了解到该公司啤酒的生产过程为制麦、糖化、发酵、包装四个工序。杨强认为:为了更好地核算与控制各工序发生的费用,该啤酒生产企业应该采用分步法分步骤计算啤酒的成本。这种分析设计是否科学合理? 是否还有其他的方法可以选择? 在选择成本计算方法的时候,应考虑哪些问题呢?

内容框架

项目一　运用品种法计算产品成本
项目二　运用分批法计算产品成本
项目三　运用分步法计算产品成本
项目四　运用作业成本法计算产品成本

项目一　运用品种法计算产品成本

知识目标

掌握品种法的计算程序。

技能目标

能够用品种法计算产品成本。

素质目标

1. 不怕苦、不怕困难,不轻言放弃;
2. 获得成就感,提升自信心。

相关知识

一、品种法的含义及特点

品种法是指以产品品种为成本计算对象的产品成本计算方法。从企业的生产类型来看,品种法适用于大量大批单步骤及管理上不要求分步骤算成本的大量大批多步骤生产的企业。大量大批生产企业产品品种少,生产连续、稳定,以产品品种为成本计算对象有利于减少成本核算工作量。

品种法的特点可以归纳为以下三点:

(1)成本计算对象是产品品种,并按此设置成本明细账。

(2)成本计算期与会计报告期一致,与产品生产周期不一致。这是因为品种法主要适用于大量大批生产企业,该类企业总是在不断地生产产品,其产品成本的计算不可能在产品全部完工时进行,只能定期在月末计算当月完工产品的成本。

(3)生产费用在完工产品和在产品之间的分配。在大量大批单步骤生产的企业,产品的生产周期短,月末一般没有在产品或有很少的在产品,可以不计算在产品成本,该产品成本明细账里所归集的生产费用全部为完工产品的成本,因此,不存在生产费用在完工产品和在产品之间分配的问题;如果在大量大批多步骤生产的企业,由于生产步骤较多,往往月末在产品数量也较多,那么就需要将生产费用在完工产品和在产品之间进行分配,进而计算出完工产品和在产品成本。

二、品种法的一般程序

品种法是最基本的成本计算方法,品种法的程序也反映了产品成本计算的一般程序,其成本计算程序如下:

(1)按产品的品种设置成本明细账,其成本明细账应按成本项目设置专栏,通常包括直接材料、直接人工、制造费用、燃料及动力等项目。同时登记期初在产品成本。

(2)核算要素费用,包括原材料、人工、动力等费用的核算。在核算要素费用的过程中,应该由产品直接承担的直接生产费用应计入"基本生产成本"账户,应由产品承担的间接生产费用应计入"制造费用"账户(若为单品种生产车间,直接计入"基本生产成本"账户),其他部门消耗的费用应按受益对象分别计入"管理费用""辅助生产成本""销售费用""在建工程"等账户。

(3)核算辅助生产费用。企业应将辅助生产车间为生产产品或提供劳务而发生的辅助生产费用归集在"辅助生产成本"账户,并在月末按各受益对象消耗产品或劳务的数量分配计入各受益对象的成本、费用。基本生产车间的产品所承担的辅助生产费用应计入"基本生产成本"账户,基本生产车间承担的辅助生产费用应计入"制造费用"账户,其他部门承担的费用应按受益对象分别计入"管理费用""辅助生产成本""销售费用""在建工程"等账户。

(4)核算基本生产车间的制造费用。如果基本生产车间生产单品种产品,则不存在这一个步骤;如果生产多品种产品,则需要把归集在"制造费用"账户的间接生产费用分配计入各产品成本。

(5)核算废品损失及停工损失。在单独核算废品损失及停工损失的企业,需要将归集的废品损失计入相应产品的成本,即"基本生产成本"账户;停工损失根据其实际情况分别计入"营业外支出""基本生产成本"账户。

(6)月末,将"基本生产成本"账户归集的生产费用在完工产品和在产品之间分配,计算出完工产品和在产品成本。

（7）编制完工产品成本汇总表，结转完工产品成本。

三、品种法的应用举例

【例3-1-1】 御龙公司生产 A、B 两种产品，设有一个基本生产车间、两个辅助生产车间，2025 年 6 月相关资料如下。

（一）本月有关成本计算资料

（1）月初在产品成本如表 3-1-1 所示。

表 3-1-1 月初在产品成本资料

单位：元

摘　要	直接材料	直接人工	制造费用	合　计
A产品月初在产品成本	164 000	32 470	3 675	200 145
B产品月初在产品成本	123 740	16 400	3 350	143 490

本月生产数量。A 产品本月完成 500 件，月末在产品 100 件，实际生产工时 100 000 小时；B 产品本月完成 200 件，月末在产品 40 件，实际生产工时 50 000 小时。A、B 两种产品的原材料都在生产开始时一次性投入，加工费用发生比较均衡，月末在产品加工程度均为 50%。

（2）本月发生生产费用如下。

① 本月发出材料汇总表如表 3-1-2 所示。

表 3-1-2 本月发出材料汇总表

单位：元

领用部门和用途	材料类别			合　计
	原材料	包装物	低值易耗品	
基本生产车间耗用				
A产品耗用	800 000	10 000		810 000
B产品耗用	600 000	4 000		604 000
A、B产品共同耗用	28 000			28 000
车间一般耗用	2 000		100	2 100
辅助车间耗用				
供电车间耗用	1 000			1 000
供热车间耗用	1 200			1 200
厂部管理部门耗用	1 200		400	1 600
合　计	1 433 400	14 000	500	1 447 900

② 本月职工薪酬汇总表如表 3-1-3 所示。

表 3-1-3 职工薪酬汇总表

单位：元

人员类型	工 资	职工福利	合 计
基本生产车间			
产品生产工人	420 000	58 800	47 8800
车间管理人员	20 000	2 800	22 800
辅助生产车间			
供电车间	8 000	1 120	9 120
供热车间	7 000	980	7 980
厂部管理人员	40 000	5 600	45 600
合 计	495 000	69 300	564 300

③ 本月以银行存款支付的其他费用为 2 500 元,其中基本生产车间办公费为 315 元;供电车间承担的市内交通费为 145 元;供热车间对外承担的外部加工费为 480 元;厂部管理部门承担的办公费为 1 360 元,市内运输费 200 元。

④ 本月以银行存款支付的其他费用为 14 700 元,其中,基本生产车间承担的办公费为 7 000 元;供电车间承担的外部修理费为 2 300 元;供热车间承担的办公费为 400 元;厂部管理部门负担的办公费为 5 000 元。

⑤ 本月应计提固定资产折旧费 22 000 元,其中基本生产车间折旧 10 000 元,供电车间折旧 2 000 元,供热车间折旧 4 000 元,厂部管理部门折旧 6 000 元。

⑥ 本月支付财产保险费 3 195 元,其中供电车间承担 800 元;供热车间承担 600 元;基本生产车间承担 1 195 元,厂部管理部门承担 600 元。

⑦ 有关费用分配方法如下:

共同耗用材料按 A、B 两种产品直接耗用原材料的比例分配;

工资和福利费按照 A、B 的实际生产工时比例分配;

辅助生产费用按计划成本分配法分配;

制造费用按 A、B 的生产工时比例分配;

采用约当产量法计算 A、B 两种产品的月末在产品。

(二)要求

(1) 分配各项要素费用(见表 3-1-4 至表 3-1-9)并编制会计分录,登记相关明细账。

表 3-1-4 A、B 产品共同消耗材料分配表

单位名称:御龙公司   2025 年 6 月   单位:元

产品名称	直接耗用原材料	分配率	分配额
A 产品	800 000	28 000÷(800 000＋600 000)＝0.02	16 000
B 产品	600 000		12 000
合 计	1 400 000		28 000

表 3-1-5　材料费用分配表

单位名称：御龙公司　　　　　　　　　　2025 年 6 月　　　　　　　　　　单位：元

会计科目	明细科目	原材料	包装物	低值易耗品	合　计
基本生产成本	A 产品	816 000	10 000		826 000
	B 产品	612 000	4 000		616 000
	小计	1 428 000	14 000		1 442 000
辅助生产成本	供电车间	1 000			1 000
	供热车间	1 200			1 200
	小计	2 200			2 200
制造费用	基本生产车间	2 000		100	2 100
管理费用		1 200		400	1 600
合　计		1 433 400	14 000	500	1 447 900

凭证编号：记字 1 号　　　日期：2025 年 6 月 30 日　　　摘要：材料费用分配

借：基本生产成本——A 产品　　　　　　　　　　　　　　　826 000
　　　　　　　　——B 产品　　　　　　　　　　　　　　　616 000
　　辅助生产成本——供电　　　　　　　　　　　　　　　　1 000
　　　　　　　　——供热　　　　　　　　　　　　　　　　1 200
　　制造费用——基本生产车间　　　　　　　　　　　　　　2 100
　　管理费用　　　　　　　　　　　　　　　　　　　　　　1 600
　　贷：原材料　　　　　　　　　　　　　　　　　　　　　1 433 400
　　　　周转材料——包装物　　　　　　　　　　　　　　　14 000
　　　　　　　　——低值易耗品　　　　　　　　　　　　　500

表 3-1-6　职工薪酬分配表

单位名称：御龙公司　　　　　　　　　　2025 年 6 月　　　　　　　　　　单位：元

分配对象		工　资			职工福利		合　计
会计科目	明细科目	分配标准	分配率	分配额	分配率	分配额	
基本生产成本	A 产品	100 000	2.8	280 000	0.39	39 000	319 000
	B 产品	50 000		140 000		19 800	159 800
	小计	150 000		420 000		58 800	478 800
辅助生产成本	供电车间			8 000		1 120	9 120
	供热车间			7 000		980	7 980
	小计			15 000		2 100	17 100
制造费用	基本车间			20 000		2 800	22 800
管理费用				40 000		5 600	45 600
合　计				495 000		69 300	564 300

凭证编号：记字 2 号　　日期：2025 年 6 月 30 日　　摘要：人工费用分配

借：基本生产成本——A 产品　　　　　　　　　　　　319 000
　　　　　　　　——B 产品　　　　　　　　　　　　159 800
　　辅助生产成本——供电　　　　　　　　　　　　　　9 120
　　　　　　　　——供热　　　　　　　　　　　　　　7 980
　　制造费用——基本生产车间　　　　　　　　　　　 22 800
　　管理费用　　　　　　　　　　　　　　　　　　　 45 600
　　贷：应付职工薪酬——短期薪酬（工资）　　　　　 495 000
　　　　　　　　　　——短期薪酬（职工福利）　　　　69 300

表 3-1-7　折旧费用分配表

单位名称：御龙公司　　　　　　　2025 年 6 月　　　　　　　　单位：元

会计科目	明细科目	费用项目	分配金额
制造费用	基本车间	折旧费	10 000
辅助生产成本	供电车间	折旧费	2 000
	供热车间	折旧费	4 000
管理费用		折旧费	6 000
合　计			22 000

凭证编号：记字 3 号　　日期：2025 年 6 月 30 日　　摘要：折旧费用分配

借：辅助生产成本——供电　　　　　　　　　　　　　　2 000
　　　　　　　　——供热　　　　　　　　　　　　　　4 000
　　制造费用——基本生产车间　　　　　　　　　　　 10 000
　　管理费用　　　　　　　　　　　　　　　　　　　　6 000
　　贷：累计折旧　　　　　　　　　　　　　　　　　 22 000

表 3-1-8　财产保险分配表

单位名称：御龙公司　　　　　　　2025 年 6 月　　　　　　　　单位：元

会计科目	明细科目	费用项目	分配金额
制造费用	基本车间	财产保险费	1 195
辅助生产成本	供电车间	财产保险费	800
	供热车间	财产保险费	600
管理费用		财产保险费	600
合　计			3 195

凭证编号：记字 4 号　　日期：2025 年 6 月 30 日　　摘要：财产保险费用分配

借：辅助生产成本——供电　　　　　　　　　　　　　　　800
　　　　　　　　——供热　　　　　　　　　　　　　　　600

制造费用——基本生产车间   1 195

管理费用   600

  贷:银行存款   3 195

表 3-1-9 其他费用分配表

单位名称:御龙公司   2025 年 6 月   单位:元

会计科目	明细科目	银行存款支付	银行存款支付	分配金额
制造费用	基本车间	315	7 000	7 315
辅助生产成本	供电车间	145	2 300	2 445
	供热车间	480	400	880
管理费用		1 560	5 000	6 560
合　计		2 500	14 700	17 200

凭证编号:记字 5 号   日期:2025 年 6 月 30 日   摘要:其他费用分配

借:辅助生产成本——供电   2 445

           ——供热   880

  制造费用——基本生产车间   7 315

  管理费用   6 560

  贷:银行存款   17 200

(2) 用计划成本分配法分配辅助生产费用(见表 3-1-10 至表 3-1-14),编制会计分录,并登记相关明细账。本月供电和供热车间提供的劳务量如表 3-1-10 所示。每度电的计划成本为 0.34 元,每立方米供热的计划成本为 3.5 元;成本差异全部由管理费用承担。

表 3-1-10 辅助生产车间劳务供应情况表

单位:元

受益部门	供电车间/度	供热车间/立方米
供电车间		400
供热车间	3 000	
基本生产车间——生产用 　　　　　　——一般消耗	27 000 6 000	 3 000
厂部管理人员	10 000	1 100
合　计	46 000	4 500

表 3-1-11　辅助生产成本明细账

生产车间：供电　　　　　　　　　　　　　　　　　　　　　　　　　　　　单位：元

| 2025年 | | 凭证 | | 摘　要 | 产量（度） | 借　方 | | | | 贷方 | 余额 |
月	日	字	号			直接材料	直接人工	制造费用	合计		
6	30	记	1	材料费用分配		1 000			1 000		
6	30	记	2	人工费用分配			9 120		9 120		
6	30	记	3	折旧费				2 000	2 000		
6	30	记	4	财产保险费用分配				800	800		
6	30	记	5	其他费用分配				2 445	2 445		
				本月生产费用合计		1 000	9 120	5 245	15 365		
6	30	记	6	辅助生产费用分配						15 640	
6	30	记	7	辅助生产费用分配						1 400	
6	30	记	8	辅助生产费用分配						1 125	0

表 3-1-12　辅助生产成本明细账

生产车间：供热　　　　　　　　　　　　　　　　　　　　　　　　　　　　单位：元

| 2025年 | | 凭证 | | 摘　要 | 产量（立方米） | 借　方 | | | | 贷方 | 余额 |
月	日	字	号			直接材料	直接人工	制造费用	合计		
6	30	记	1	材料费用分配		1 200			1 200		
6	30	记	2	职工薪酬分配			7 980		7 980		
6	30	记	3	折旧费				4 000	4 000		
6	30	记	4	分摊财产保险费				600	600		
6	30	记	5	其他费用				880	880		
				本月生产费用合计		1 200	7 980	5 480	14 660		
6	30	记	6	辅助生产费用分配						1 020	
6	30	记	7	辅助生产费用分配						15 750	
6	30	记	9	辅助生产费用分配						70	0

表 3-1-13　辅助生产费用分配表

单位名称：御龙公司　　　　　　　　2025 年 6 月 30 日　　　　　　　　单位：元

应借科目		成本/费用项目	供电车间			供热车间			合　计
			耗用量（度）	分配率	金额	耗用量（立方米）	分配率	金额	
本月生产费用			46 000		15 365	4 500		14 660	—
辅助生产成本	供电	制造费用				400		1 400	1 400
	供热	制造费用	3 000		1 020				1 020
基本生产成本		制造费用	27 000	0.34	9 180		3.5		9 180
制造费用	基本生产车间	其他	6 000		2 040	3 000		10 500	12 540
管理费用		其他	10 000		3 400	1 100		3 850	7 250
计划成本合计			46 000		15 640	4 500		15 750	—
实际生产费用					16 765			15 680	
差异					1 125			—70	—

表 3-1-14　A、B 产品用电分配表

产品名称	生产工时	分配率	分配金额
A 产品	100 000		6 000
B 产品	50 000	9 180÷150 000＝0.06	3 180
合　计	150 000		9 180

凭证编号：记字 6 号　　日期：2025 年 6 月 30 日　　摘要：辅助生产费用分配
借：基本生产成本——A 产品　　6 000
　　　　　　——B 产品　　3 180
　辅助生产成本——供热　　1 020
　制造费用　　2 040
　管理费用　　3 400
　贷：辅助生产成本——供电　　15 640

凭证编号：记字 7 号　　日期：2025 年 6 月 30 日　　摘要：辅助生产费用分配
借：辅助生产成本——供电　　1 400
　制造费用　　10 500
　管理费用　　3 850
　贷：辅助生产成本——供热　　15 750

凭证编号：记字 8 号　　日期：2025 年 6 月 30 日　　摘要：辅助生产费用分配
借：管理费用　　1 125
　贷：辅助生产成本——供电　　1 125

凭证编号:记字 9 号　　　日期:2025 年 6 月 30 日　　　摘要:辅助生产费用分配

借:辅助生产成本——供热　　　　　　　　　　　　　　　　　　　　　　70

　　贷:管理费用　　　　　　　　　　　　　　　　　　　　　　　　　　　　70

(3) 分配制造费用(见表 3-1-15 至表 3-1-16),编制会计分录,并登记相关明细账。

表 3-1-15　制造费用明细账

生产车间:基本生产车间　　　　　　　　　　　　　　　　　　　　　　　　单位:元

2025 年		凭证		摘要	借方					贷方	余额
月	日	字	号		间接材料	间接人工	折旧费	其他	合计		
6	30	记	1	材料费用分配	2 100				2 100		
6	30	记	2	人工费用分配		22 800			22 800		
6	30	记	3	折旧费用			10 000		10 000		
6	30	记	4	财产保险费分配				1 195	1 195		
6	30	记	5	其他费用分配				7 315	7 315		
6	30	记	6	辅助生产费用分配				2 040	2 040		
6	30	记	7	辅助生产费用分配				10 500	10 500		
				本月生产费用合计	2 100	22 800	10 000	21 050	55 950		
6	30	记	10	制造费用分配						55 950	0

表 3-1-16　制造费用分配表

单位名称:御龙公司　　　　　　　　　2025 年 6 月 30 日　　　　　　　　　单位:元

产品名称	生产工时	分配率	分配金额
A 产品	100 000	55 950÷150 000=0.37	37 000
B 产品	50 000		18 950
合　计	150 000		55 950

凭证编号:记字 10 号　　　日期:2025 年 6 月 30 日　　　摘要:制造费用分配

借:基本生产成本——A 产品　　　　　　　　　　　　　　　　　　　37 000

　　　　　　　　——B 产品　　　　　　　　　　　　　　　　　　　18 950

　　贷:制造费用　　　　　　　　　　　　　　　　　　　　　　　　　55 950

(4) 计算 A、B 产品的成本(见表 3-1-17 至表 3-1-18),编制结转完工产品成本的会计分录,并登记相关明细账(见表 3-1-19 至表 3-1-20)。

表 3-1-17　产品成本计算单

完工：500 件

产品名称：A 产品

在产品：100 件

成本项目	生产费用合计	完工产品	在产品	完工率	在产品约当产量	合计	单位成本	在产品成本	完工产品成本
		生产量							
直接材料	990 000	500	100	100%	100	600	1 650	165 000	825 000
直接人工	351 470	500	100	50%	50	550	639.04	31 950	319 520
制造费用	46 675	500	100	50%	50	550	84.86	4 245	42 430
合　计	1 388 145	—	—	—	—	—	2 373.9	201 195	1 186 950

表 3-1-18　产品成本计算单

完工：200 件

产品名称：B 产品

在产品：40 件

成本项目	生产费用合计	完工产品	在产品	完工率	在产品约当产量	合计	单位成本	在产品成本	完工产品成本
		生产量							
直接材料	739 740	200	40	100%	40	240	3 082.25	123 290	616 450
直接人工	176 200	200	40	50%	20	220	800.91	16 018	160 182
制造费用	25 480	200	40	50%	20	220	115.82	2 316	23 164
合　计	941 420	—	—	—	—	—	3 998.98	141 624	799 796

凭证编号：记字 11 号　　日期：2025 年 6 月 30 日　　摘要：结转完工产品成本

借：库存商品——A 产品　　　　　　　　　　　1 186 950
　　　　　　——B 产品　　　　　　　　　　　　799 796
　贷：基本生产成本——A 产品　　　　　　　　1 186 950
　　　　　　　——B 产品　　　　　　　　　　　799 796

表 3-1-19　基本生产成本明细账

产品名称：A 产品

单位：元

2025年 月	日	凭证 字	号	摘要	产量（件）	直接材料	直接人工	制造费用	合计	贷方	余额
				月初在产品成本		164 000	32 470	3 675	200 145		
6	30	记	1	材料费用分配		826 000			826 000		
6	30	记	2	人工费用分配			319 000		319 000		
6	30	记	6	辅助生产费用分配				6 000	6 000		
6	30	记	10	制造费用分配				37 000	37 000		

2025年		凭证		摘　要	产量(件)	借　方				贷　方	余　额
月	日	字	号			直接材料	直接人工	制造费用	合计		
				本月生产费用		826 000	319 000	43 000	1 188 000		
				生产费用合计		990 000	351 470	46 675	1 388 145		
6	30	记	11	结转完工产品成本		825 000	319 520	42 430	1 186 950	1 186 950	
				月末在产品成本		165 000	31 950	4 245	201 195		201 195

表 3-1-20　基本生产成本明细账

产品名称：B产品　　　　　　　　　　　　　　　　　　　　　　　　　　　　　　单位：元

2025年		凭证		摘　要	产量(件)	借　方				贷　方	余　额
月	日	字	号			直接材料	直接人工	制造费用	合计		
				月初在产品成本		123 740	16 400	3 350	143 490		
6	30	记	1	材料费用分配		616 000			616 000		
6	30	记	2	人工费用分配			159 800		159 800		
6	30	记	6	辅助生产费用分配				3 180	3 180		
6	30	记	10	制造费用分配				18 950	18 950		
				本月生产费用		616 000	159 800	22 130	797 930		
				生产费用合计		739 740	176 200	25 480	941 420		
6	30	记	11	结转完工产品成本	200	616 450	160 182	23 164	799 796	799 796	
				月末在产品成本	40	123 290	16 018	2 316	141 624		141 624

（5）编制完工产品成本汇总表如表 3-1-21 所示。

表 3-1-21　完工产品成本汇总表

成本项目	A产品		B产品	
	总成本	单位成本	总成本	单位成本
直接材料	825 000	1 650	616 450	3 082.25
直接人工	319 520	639.04	160 182	800.91
制造费用	42 430	84.86	23 164	115.82
合　计	1 186 950	2 373.9	799 796	3 998.98

专项技能训练

要求:分小组完成该项训练,各小组自行分工、讨论完成,老师答疑。

华星制造厂为某省一家小型企业,该企业主要生产甲、乙两种产品,企业设有一个基本生产车间和一个辅助生产车间(供电车间),其生产特点属于大量大批单步骤生产类型,所以该企业确定采用品种法计算甲、乙两种产品的成本,产品成本主要设置"直接材料""直接人工""制造费用""燃料及动力"四个成本项目。

由于供电车间只提供单一劳务,所以该车间发生的间接生产费用不通过"制造费用"账户核算,而是直接记入"辅助生产成本"明细账。材料发出按实际成本计价,人工费用、制造费用、动力费用按实际工时比例分配,辅助生产费用采用直接分配法分配,生产费用在完工产品与月末在产品之间的分配均采用约当产量法。

(1)核算 2025 年 9 月发生的各种生产费用,登记相关明细账。

企业设置"甲产品成本计算单""乙产品成本计算单""基本生产成本明细账""辅助生产成本明细账""制造费用明细账",分别见表 3-1-29 至表 3-1-34。

①根据领料单和领料登记表等凭证,按其用途编制本月"材料费用分配表",如表 3-1-22 所示。编制相关会计分录。

表 3-1-22 材料费用分配表

单位名称:华星制造厂　　　　　　　　2025 年 9 月　　　　　　　　单位:元

分配对象		主要材料	辅助材料	合　计
基本生产车间	甲产品	40 000	2 500	42 500
	乙产品	30 000	1 000	31 000
	车间一般消耗	8 000	300	8 300
	小　计	78 000	3 800	81 800
辅助生产车间		4 000	2 000	6 000
企业管理部门领用		2 000	200	2 200
合　计		84 000	6 000	90 000

②根据各车间、部门的工资计算凭证,编制本月"人工费用分配表",如表 3-1-23 所示。编制相关会计分录。

表 3-1-23 人工费用分配表

单位名称:华星制造厂　　　　　　　　2025 年 9 月　　　　　　　　单位:元

分配对象		职工薪酬			合　计
		生产工时	分配率	分配金额	
基本生产车间	甲产品	5 000	33 600/8 000 =4.2	21 000	21 000
	乙产品	3 000		12 600	12 600
	小计	8 000		33 600	33 600
	管理人员			4 400	4 400

分配对象	职工薪酬			合 计
	生产工时	分配率	分配金额	
辅助生产车间人员			3 000	3 000
厂部管理人员			5 000	5 000
合 计			46 000	46 000

③ 根据各车间、部门 9 月份固定资产折旧计算额和 9 月份增加、减少的固定资产折旧金额(按《企业会计准则》规定,当月增加的固定资产当月不提折旧,当月减少的固定资产,当月照提折旧),编制本月"固定资产折旧费用分配表",如表 3 - 1 - 24 所示。编制相关会计分录。

表 3 - 1 - 24 固定资产折旧费用分配表

单位名称:华星制造厂 　　　　　　　　 2025 年 9 月 　　　　　　　　 单位:元

分配对象	8 月份折旧表	8 月份增加固定资产的折旧额	8 月份减少固定资产的折旧额	本月折旧额
基本生产车间	8 000	600	200	8 400
辅助生产车间	3 000	250	150	3 100
企业管理部门	1 200	300	200	1 300
合 计	12 200	1 150	550	12 800

④ 根据各车间、部门本月发生的其他费用,编制"其他费用分配表",如表 3 - 1 - 25 所示(款项均以银行存款支付)。编制相关会计分录。

表 3 - 1 - 25 其他费用分配表

单位名称:华星制造厂 　　　　　　　　 2025 年 9 月 　　　　　　　　 单位:元

分配对象	办公费	差旅费	租赁费	其他支出	合 计
基本生产车间	3 600	1 800	3 000	1 200	9 600
辅助生产车间	1 400	1 200	1 500	1 300	5 400
合 计	5 000	3 000	4 500	2 500	15 000

⑤ 根据各要素费用分配表和相应的账务处理,归集汇总登记"辅助生产成本明细账",如表 3 - 1 - 26 所示,编制"辅助生产费用分配表",如表 3 - 1 - 27 所示。编制相关会计分录。

表 3 - 1 - 26 辅助生产成本明细账

生产车间:供电 　　　　　　　　　　　　　　　　　　　　　　　　 单位:元

2025 年		凭证		摘要	产量(度)	借方				贷方	余额
月	日	字	号			直接材料	直接人工	制造费用	合计		

续　表

2025 年		凭证		摘要	产量	借方				贷方	余额
月	日	字	号		（度）	直接材料	直接人工	制造费用	合　计		

表 3-1-27　辅助生产费用分配表

单位名称：华星制造厂　　　　　　　　　　　2025 年 9 月　　　　　　　　　　　单位：元

受益对象	待分配费用	用电量	分配率	分配金额
基本生产车间产品生产		68 000		
基本生产车间一般消耗		1 600		
企业管理部门		400		
合　计		70 000		

在此，分配给基本生产车间用于产品生产的辅助生产费用还应在甲、乙两种产品之间进行分配（本例按生产工时比例分配），并编制"动力费用分配表"，如表 3-1-28 所示，分配率保留 3 位小数。

表 3-1-28　动力费用分配表

单位名称：华星制造厂　　　　　　　　　　　2025 年 9 月　　　　　　　　　　　单位：元

分配对象	待分配费用	分配标准（实际工时）	分配率	分配金额
甲产品		5 000		
乙产品		3 000		
合　计		8 000		

⑥ 根据各要素费用分配表和相应的账务处理，归集汇总登记"制造费用明细账"并编制"制造费用分配表"，如表 3-1-29 和表 3-1-30 所示，分配率保留 4 位小数。编制相关会计分录。

表 3－1－29　制造费用明细账

生产车间：基本生产车间　　　　　　　　　　　　　　　　　　　　　　　　　单位：元

2025 年		凭证		摘要	借方					贷方	余额
月	日	字	号		间接材料	间接人工	折旧费	其他	合计		

表 3－1－30　制造费用分配表

单位名称：华星制造厂　　　　　　　　　2025 年 9 月　　　　　　　　　　　单位：元

分配对象	待分配费用	分配标准（实际工时）	分配率	分配金额
甲产品		5 000		
乙产品		3 000		
合　计		8 000		

（2）计算完工产品与在产品的成本，编制产品成本计算单和"基本生产成本明细账"。

① 根据上述费用分配表及相应账务处理登记甲、乙产品的成本明细账，如表 3－1－31 和 3－1－32 所示。

表 3－1－31　基本生产成本明细账

产品名称：甲产品　　　　　　　　　　　　　　　　　　　　　　　　　　　　单位：元

2025 年		凭证		摘要	借方					贷方	余额
月	日	字	号		直接材料	燃料及动力	直接人工	制造费用	合计		
9	1			月初在产品成本	2 500	1 750	2 050	4 725	11 025		

表 3－1－32　基本生产成本明细账

产品名称：乙产品　　　　　　　　　　　　　　　　　　　　　　　　　　　　单位：元

2025 年		凭证		摘要	借方					贷方	余额
月	日	字	号		直接材料	燃料及动力	直接人工	制造费用	合计		
9	1			月初在产品成本	4 000	1 625	2 760	3 495	11 880		

②　汇总本月发生的生产费用，编制本月完工产品成本计算单，计算完工产品和在产品成本，如表 3－1－33 和 3－1－34 所示。编制结转完工产品成本的分录，并登记相应产品成本明细账。生产费用在完工产品与在产品之间分配，编制本月完工产品成本计算单。本例采用约当产量法，假设月末在产品的完工程度均为 50％，原材料在生产开始时一次性投入，直接材料费用按完工产品与在产品的实际产量比例分配，其他费用按完工产品与在产品约当产量比例分配。单位成本保留两位小数，尾数由完工产品承担。

表 3－1－33　产品成本计算单

产品名称：甲产品　　　　　　　　日期：2025 年 9 月 30 日

完工产品：200 件
在产品：50 件

成本项目	生产费用合计	生产量				合计	单位成本	在产品成本	完工产品成本
		完工产品	在产品	完工率	在产品约当产量				
直接材料									
燃料及动力									
直接人工									
制造费用									
合　计									

表 3 - 1 - 34　产品成本计算单

产品名称：乙产品　　　　　日期：2025 年 9 月 30 日　　　　完工产品：120 件
在产品：80 件

成本项目	生产费用合计	生产量					单位成本	在产品成本	完工产品成本
		完工产品	在产品	完工率	在产品约当产量	合计			
直接材料									
燃料及动力									
直接人工									
制造费用									
合　计									

（3）根据产品成本计算单编制"完工产品成本汇总表"，如表 3 - 1 - 35 所示。

表 3 - 1 - 35　完工产品成本汇总表

单位名称：华星制造厂　　　　　　2025 年 9 月　　　　　　　单位：元

产品名称		产量（件）	直接材料	燃料及动力	直接人工	制造费用	合　计
甲产品	总成本						
	单位成本						
乙产品	总成本						
	单位成本						
总成本							

【你收获了成就感吗?】

　　这个训练过程是很艰难的,但你最终完成了,我相信你一定觉得自己特牛吧！你认为完成本次训练最需要的是什么精神呢？

　　我们要相信:遇到问题要想办法解决,再苦再累,只要不放弃,终会成功的。

　　我们要谨记:

　　"宝剑锋自磨砺出,梅花香自苦寒来。"

　　"伟大的成绩和辛勤劳动是成正比例的,有一分劳动就有一分收获,日积月累,从少到多,奇迹就可以创造出来。"

综合实训　运用品种法计算产品成本（见教材 290 页）

章节练习题

项目二　运用分批法计算产品成本

知识目标

掌握典型分批法与简化分批法的计算程序。

技能目标

能够用典型分批法与简化分批法计算产品成本。

素质目标

做事细心、谨慎、有耐心。

相关知识

一、分批法的含义及特点

分批法是指以产品的生产批次作为成本计算对象的产品成本计算方法。分批法适用于单件小批多步骤生产企业。该类型企业产品品种较多,生产重复性低,同批产品基本同时完工,以产品生产批别作为成本计算对象,能加强产品批别的成本管理,更有利于节约工作量。

分批法的特点可以归纳为以下三点:

(1)成本计算对象是产品的生产批次或购买者的订单,并按此设置成本明细账。当购货者的一份订单中只有一种产品且要求同时交货时,就将该订单作为一个生产批次组织生产,并将订单作为成本计算对象;当购货者一份订单中有几种产品或虽只有一种产品但产量较大时,可以将该订单分为几个生产批次,并以生产批次作为成本计算对象计算产品成本;当不同购货者的订单要求生产同一种产品时,也可将各订单合并为一个生产批次,并以生产批次作为成本计算对象计算产品成本。

(2)成本计算期与产品生产周期一致,与会计报告期不一致。这是因为在分批法下,同一批产品通常同时完工,平时没有必要计算该批产品成本,而是在该批产品完工时再进行计算。因此,成本计算期与产品的生产周期一致,是不定期的。

(3)一般不需要将生产费用在完工产品和在产品之间进行分配。分批法下,一般是在该批产品全部完工时再进行成本计算,因此,没有在产品,不存在生产费用在完工产品和在产品之间分配的问题。但是,如果批内产品陆续完工且需要分次交货,为了计算已交货产品成本,则需要将归集在该批产品成本明细账里的生产费用在完工产品和在产品之间分配。

二、典型分批法

(一)典型分批法的一般程序

典型分批法的成本计算程序与品种法的成本计算程序基本一致,具体如下:

(1)按产品的批别或订单设置成本明细账,其成本明细账应按成本项目设置专栏,通常包括直接材料、直接人工、制造费用、燃料及动力等项目。

(2)核算要素费用,包括原材料、人工、动力等费用的核算。在核算要素费用的过程中,应该由产品直接承担的直接生产费用应计入"基本生产成本"明细账,应由产品承担的间接生产费用应计入"制造费用"明细账(若车间只生产一批产品,直接计入"基本生产成本"明细账),其他部门消耗的费用应按受益对象分别计入"管理费用""辅助生产成本""销售费用""在建工程"等账户。

(3)核算辅助生产费用。企业应将辅助生产车间为生产产品或提供劳务而发生的辅助生产费用归集在"辅助生产成本"账户,并在月末按各受益对象消耗产品或劳务的数量分配计入各受益对象的成本、费用。基本生产车间的产品所承担的辅助生产费用应计入"基本生产成本"明细账,基本生产车间承担的辅助生产费用应计入"制造费用"明细账,其他部门承担的费用应按受益对象分别计入"管理费用""辅助生产成本""销售费用""在建工程"等账户。

(4)核算基本生产车间的制造费用。如果基本生产车间只生产一批产品,则不存在这一个步骤;如果生产多批产品,则需要把归集在"制造费用"账户的间接生产费用分配计入各批产品成本。

(5)核算废品损失及停工损失。在单独核算废品损失及停工损失的企业,需要将归集的废品损失计入相应产品的成本,即"基本生产成本"账户;停工损失根据实际情况分别计入"营业外支出""基本生产成本"账户。

(6)该批产品完工时,其"基本生产成本"明细账归集的生产费用即为该批产品总成本;若存在产品陆续完工、分次交货的情况,则要将"基本生产成本"明细账中归集的生产费用在完工产品和在产品之间分配,算出完工产品和在产品成本。

(二)典型分批法的应用举例

【例3-2-1】 宏宇机械厂根据客户订单小批生产 A、B、C 三种产品,采用分批法计算产品成本。2025 年 6 月份生产情况及生产费用发生情况如下:

(1)6 月份生产产品的数量如下:

1001 号 A 产品 50 台,5 月份投产,本月完工 5 台;

1002 号 B 产品 40 台,本月投产,本月全部未完工;

1003 号 C 产品 60 台,4 月投产,本月完工 52 台,未完工 8 台。

(2)6 月份的成本资料如下:

① 各批产品的月初在产品费用见表 3-2-1。

表 3-2-1　月初在产品成本

单位:元

批　　号	直接材料	直接人工	制造费用	合　　计
1001	52 000	8 000	4 500	64 500
1003	65 400	23 600	8 700	97 700

② 根据各种费用分配表，汇总各批产品本月发生的生产费用，见表 3-2-2。

表 3-2-2 本月生产费用

单位：元

批　号	直接材料	直接人工	制造费用	合　计
1001		19 000	6 800	25 800
1002	25 800	11 400	6 600	43 800
1003		12 576	3 900	16 476

③ 各批完工产品与在产品之间分配费用的方法如下：

1001 批号 A 产品，该批产品所需材料在生产开始时一次投入，本月完工数量为 5 台，为简化核算，完工产品成本按计划成本结转。每台完工产品计划成本为：原材料 1 080 元，直接人工 860 元，制造费用 120 元。

1002 批号 B 产品本月全部未完工，本月生产费用全部是月末在产品成本。

1003 批号 C 产品，本月完工数量较大，采用约当产量法确认期末在产品成本。该批产品所需材料在生产开始时一次投入，月末在产品完工程度为 50%。

要求：根据上述资料，按批别设立基本生产成本明细账，并根据有关资料进行登记。

解：

(1) 计算 1001 批号完工 A 产品成本，A 产品本月完工 5 台。

按计划成本计算完工产品成本如下：

完工产品材料费用：1 080×5＝5 400(元)

完工产品直接人工费用：860×5＝4 300(元)

完工产品制造费用：120×5＝600(元)

完工产品总成本：5 400＋4 300＋600＝10 300(元)

月末在产品成本：90 300－10 300＝80 000(元)

(2) 1002 批号 B 产品本月全部未完工，本月生产费用全部是月末在产品成本。

(3) 计算 1003 批号完工 C 产品的完工产品与月末在产品成本，本月完工 C 产品 52 台，分配生产费用如下：

完工产品应负担材料费用：65 400÷60×52＝56 680(元)

月末在产品应负担材料费用：65 400－56 680＝8 720(元)

完工产品应负担直接人工费用：36 176÷(52＋8×50%)×52＝33 592(元)

月末在产品应负担直接人工费用：36 176－33 592＝2 584(元)

完工产品应负担制造费用：12 600÷(52＋8×50%)×52＝11 700(元)

月末在产品应负担制造费用：12 600－11 700＝900(元)

(4) 根据计算结果(可通过编制成本计算单来完成计算)，编制完工产品成本汇总表，见表 3-2-3。

表 3-2-3 完工产品成本汇总表

2025 年 6 月 单位：元

批 号	产品名称	计量单位	产 量	成本项目			总成本	单位成本
				直接材料	直接人工	制造费用		
1001	A产品	台	5	5 400	4 300	600	10 300	2 060
1003	C产品	台	52	56 680	33 592	11 700	101 972	1 961
合 计			—					—

（5）根据"完工产品成本汇总表"，结转完工产品成本，编制会计分录如下：

借：库存商品——A产品 10 300

        ——C产品 101 972

  贷：基本生产成本——1001批A产品 10 300

           ——1003批C产品 101 972

（6）设置并登记各批产品的基本生产成本明细账，如表3-2-4至表3-2-6所示。

表 3-2-4 基本生产成本明细账

批号：1001 批量：50 台 投产日期：2025 年 5 月

产品名称：A产品 完工：5 台 完工日期： 单位：元

2025年		凭证		摘要	借方				贷方	余额
月	日	字	号		直接材料	直接人工	制造费用	合计		
				期初在产品	52 000	8 000	4 500	64 500		
6	30			人工费用分配		19 000		19 000		
6	30			制造费用分配			6 800	6 800		
				本月生产费用		19 000	6 800	25 800		
				生产费用合计	52 000	27 000	11 300	90 300		
6	30			完工转出	5 400	4 300	600	10 300		
				月末在产品成本	46 600	22 700	10 700	80 000		

表 3-2-5 基本生产成本明细账

批号：1002 批量：40 台 投产日期：2025 年 6 月

产品名称：B产品 完工:0 台 完工日期： 单位：元

2025年		凭证		摘要	借方				贷方	余额
月	日	字	号		直接材料	直接人工	制造费用	合计		
6	30			材料费用分配	25 800			25 800		
6	30			人工费用分配		11 400		11 400		
6	30			制造费用分配			6 600	6 600		

2025 年		凭证		摘要	借方				贷方	余额
月	日	字	号		直接材料	直接人工	制造费用	合计		
3	30			本月生产费用	25 800	11 400	6 600	43 800		
6	30			生产费用合计	25 800	11 400	6 600	43 800		
				月末在产品成本	25 800	11 400	6 600	43 800		43 800

表 3 - 2 - 6　基本生产成本明细账

批号：1003　　　　　　　批量：60 台　　　　　　投产日期：2025 年 4 月
产品名称：C 产品　　　　完工：52 台　　　　　　完工日期：　　　　　　　单位：元

2025 年		凭证		摘要	借方				贷方	余额
月	日	字	号		直接材料	直接人工	制造费用	合计		
				月初在产品成本	65 400	23 600	8 700	97 700		97 700
6	30			人工费用分配		12 576		12 576		
6	30			制造费用分配			3 900	3 900		
				本月生产费用		12 576	3 900	16 476		
				生产费用合计	65 400	36 176	12 600	114 176		
6	30			完工产品成本	56 680	33 592	11 700	101 972		
				月末在产品成本	8 720	2 584	900	12 204		12 204

三、简化分批法

简化分批法又称累计间接费用分批法，是将各批产品共同消耗的间接生产费用计入"基本生产成本二级账"中累计起来，待某批产品完工时根据累计间接费用分配率，计算该批完工产品应承担的间接生产费用，进而计算产品成本的方法。

在小批生产的企业，当各月投产产品的批次多而完工批次少时，将各项间接生产费用在几十批甚至更多批次产品间分配的工作量会很大，而且没有完工的各批产品，也不急于计算其成本。因此，为了减少成本核算的工作量，投产批次多而完工批次少的企业可以采用简化分批法计算产品成本。

（一）简化分批法的特点

（1）必须设置"基本生产成本二级账"。"基本生产成本二级账"应按产品的成本项目、生产工时设置专栏，登记全部批次产品的累计生产费用及累计生产工时。二级账中不仅要按成本项目登记全部批次产品的月初在产品成本、本月生产费用和累计生产费用，还要登记全部批次产品的月初在产品生产工时、本月生产工时和累计生产工时。

（2）没有完工产品的月份，不需要分配间接生产费用。每月发生的间接生产费用在"基本生产成本二级账"中累计起来，在有完工产品的月份，月末按完工产品的累计工时和累计间接费用分配率计算完工产品承担的间接生产费用,进而计算完工产品成本和保留在"基本生产成本二级账"中的在产品成本。

$$某项累计间接费用分配率=\frac{全部产品该项累计间接生产费用}{全部产品累计生产工时}$$

$$某批完工产品应承担的某项间接费用=该批完工产品累计生产工时×该项累计间接费用分配率$$

(3)各批产品没有完工时,其基本生产成本明细账中只登记生产工时及直接生产费用(通常为直接材料),只有在有产品完工时,才计算完工产品承担的间接生产费用并将其记入基本生产成本明细账,在产品只反映其生产工时及直接生产费用。

(二)简化分批法的一般程序

(1)按产品的批别或定单设置成本明细账,其成本明细账应按成本项目设置专栏,通常包括直接材料、直接人工、制造费用、燃料及动力等项目。

(2)设置"基本生产成本二级账",并登记月初在产品的累计生产工时及累计生产费用。

(3)归集当月发生的生产费用及生产工时。直接生产费用及生产工时应记入各批产品的"基本生产成本"账户及"基本生产成本二级账",间接生产费用只登记在"基本生产成本二级账"上。

(4)在有完工产品的月份,月末根据"基本生产成本二级账"中所记录的数据,计算各项累计间接生产费用的累计分配率,并按完工产品的累计工时和累计间接费用分配率计算完工产品承担的间接生产费用,进而计算完工产品成本。

(5)将各批完工产品成本在"基本生产成本"明细账及"基本生产成本二级账"中进行平行登记,并编制完工产品成本汇总表,作为编制结转完工产品成本会计分录的依据。

(三)简化分批法的应用举例

【例3-2-2】 某工业企业小批生产多种产品,由于产品批次多,为了简化成本计算,采用简化分批法——累计间接费用分批法计算成本。该企业8月份的产品批号有:

801批:甲产品10件,6月投产,本月完工;

802批:甲产品15件,7月投产,尚未完工;

811批:乙产品10件,7月投产,本月完工;

821批:丙产品5件,8月投产,尚未完工。

该企业设立的基本生产成本二级账见表3-2-7。

表3-2-7 基本生产成本二级账

月	日	摘 要	直接材料/元	生产工时/小时	直接人工/元	制造费用/元	合计/元
7	31	余额	12 000	4 000	8 720	9 560	30 280
8	31	本月发生	8 500	3 000	8 780	11 440	28 720
		累计	20 500	7 000	17 500	21 000	59 000
		累计分配率	—	—	2.5	3	—

月	日	摘　要	直接材料/元	生产工时/小时	直接人工/元	制造费用/元	合计/元
		本月完工产品转出	13 500	4 700	11 750	14 100	39 350
		余额	7 000	2 300	5 750	6 900	19 650

在表 3-2-7 中,7 月 31 日余额系 7 月末在产品(801 批、802 批和 811 批)的生产工时和各项成本。本月发生的原材料和生产工时,应根据本月原材料成本分配表、生产工时记录,与各批产品成本计算单平行登记;本月发生的各项间接成本,应根据各间接成本分配表汇总登记。本月间接费用累计分配率计算如下:

直接人工费用累计分配率:17 500÷7 000=2.5(元/小时)

制造费用累计分配率:21 000÷7 000=3(元/小时)

本月完工转出产品的直接材料和累计生产工时,应根据各完工批别产品成本计算单(801 批、811 批)中的直接材料和生产工时汇总登记;各项间接成本可以根据完工批别产品累计工时分别乘以各项累计间接费用分配率计算登记,也可以根据各完工批别产品成本计算单(801 批、811 批)中各该间接成本分别汇总登记。生产成本二级账中 8 月末的余额为未完工批别(802 批、821 批)产品。

本月完工转出直接材料成本:4 500＋9 000＝13 500(元)

本月完工转出生产工时:2 200＋2 500＝4 700(小时)

本月完工转出直接人工成本:4 700×2.5＝11 750(元)

本月完工转出制造费用成本:4 700×3＝14 100(元)

或本月完工转出直接人工成本:5 500＋6 250＝11 750(元)

本月完工转出制造费用成本:4 700×3＝14 100(元)

或本月完工转出制造费用成本:6 600＋7 500＝14 100(元)

该企业的各批产品成本计算单见表 3-2-8 至表 3-2-11。

表 3-2-8　成本计算单(801 批)

订货单位:忠利公司

名称:甲产品　　　　　　　　　　投产日期:6 月　　　　　　　　　　　　批号:801

批量:10 件　　　　　　　　　　　完工日期:8 月

月	日	摘　要	直接材料/元	生产工时/小时	直接人工/元	制造费用/元	合计/元
6	30	本月发生	1 000	700	—	—	
7	31	本月发生	3 000	1 000	—	—	
8	31	本月发生	500	500	—	—	
		累计数及累计分配率	4 500	2 200	2.5	3	—
		本月完工产品转出	4 500	2 200	5 500	6 600	16 600
		完工产品单位成本	450	—	550	660	1 660

表 3-2-8 中，801 批甲产品 6 月投产，8 月完工，故在 8 月完工以前，成本计算单只登记各月发生的直接成本（直接材料）和生产工时，在完工月份（8 月份），除了登记本月发生的直接材料和生产工时及其累计数外，还应根据生产成本二级账所计算的本月各项间接成本累计分配率及 801 批甲产品的累计工时，计算完工批别产品应负担的各项间接成本，并将完工批别产品总成本从成本计算单中转出。

801 批甲产品直接人工成本：2 200×2.5＝5 500（元）

801 批甲产品制造费用成本：2 200×3＝6 600（元）

801 批甲产品总成本：4 500＋5 500＋6 600＝16 600（元）

表 3-2-9　成本计算单（802 批）

订货单位：兴安公司

名称：甲产品　　　　　　　　　　投产日期：7 月　　　　　　　　　　　　　　　批号：802

批量：15 件　　　　　　　　　　　完工日期：

月	日	摘　要	直接材料/元	生产工时/小时	直接人工/元	制造费用/元	合计/元
7	31	本月发生	3 000	800	—	—	—
8	31	本月发生	2 000	500	—	—	—

表 3-2-9 中，802 批甲产品 7 月投产，本月尚未完工，故成本计算单中 7、8 月份只登记 7、8 月份生产该批产品所发生的直接材料和生产工时，待该批产品完工后，再根据完工月份的累计间接费用分配率计算该批产品应负担的间接成本。

表 3-2-10　成本计算单（811 批）

订货单位：大禹公司

名称：乙产品　　　　　　　　　　投产日期：7 月　　　　　　　　　　　　　　　批号：811

批量：10 件　　　　　　　　　　　完工日期：8 月

月	日	摘　要	直接材料/元	生产工时/小时	直接人工/元	制造费用/元	合计/元
7	31	本月发生	5 000	1 500	—	—	—
8	31	本月发生	4 000	1 000	—	—	—
		累计数及累计分配率	9 000	2 500	2.5	3	
		本月完工产品转出	9 000	2 500	6 250	7 500	22 750
		完工产品单位成本	900	—	625	750	2 275

表 3-2-10 中，811 批乙产品 7 月投产，本月完工。按分批法简化程序的要求，成本计算单中只登记 7 月发生的直接材料和生产工时，在完工月份（8 月份）除了登记本月发生的直接材料和生产工时及其累计数外，还应根据生产成本二级账所计算的本月各项间接成本累计分配率及 811 批乙产品的累积生产工时，计算完工批别产品应负担的各项间接成本，并将完工批别产品总成本从成本计算单中转出。

811 批乙产品直接工资成本：2 500×2.5＝6 250（元）

811 批乙产品制造费用成本：2 500×3＝7 500(元)

811 批乙产品总成本：9 000＋6 250＋7 500＝22 750(元)

表 3-2-11 成本计算单(821 批)

订货单位：伟民公司

名称：丙产品　　　　　　　　　　投产日期：8 月　　　　　　　　　　批号：821

批量：5 件　　　　　　　　　　　完工日期：

月	日	摘　要	直接材料/元	生产工时/小时	直接人工/元	制造费用/元	合计/元
8	31	本月发生	2 000	1 000	—	—	—

表 3-2-11 中,821 批丙产品 8 月投产,本月尚未完工,故成本计算单中只登记该批产品 8 月发生的直接材料和生产工时。

上述简化分批法,与前述一般的分批法的区别在于：各批产品之间分配间接费用和完工产品与在产品之间分配费用的工作,都是利用累计间接费用分配率,到产品完工时合并在一起进行的,这就大大简化了费用的分配和登记工作。月末完工产品的批数越多,核算的工作就越简化。但也存在不足之处：其一,需单独设置基本生产成本二级账,加大了登记二级账的工作量；其二,各批产品基本生产成本明细账中,不能反映月末在产品的真实成本,不利于在产品成本的管理；其三,由于对间接费用的分配是采用当月累计间接费用分配率进行的,在各月间接费用水平相差较大时,就会影响成本计算的真实性。

因此,在实际应用简化分批法时,应注意必须具备两个条件：各个月份间接计入费用水平比较一致；同一月份投产批量多,且月末未完工产品也较多。

专项技能训练

要求：分组完成以下任务,自行分工、讨论、老师答疑。

任务一　根据强生工厂的相关资料,采用典型分批法计算产品成本,具体步骤如下。

(1) 按产品批别开设产品成本计算单(见表 3-2-14、表 3-2-15、表 3-2-16)并登记月初在产品成本。

(2) 编制 601♯批次乙产品耗用原材料的会计分录并计入产品成本计算单。

(3) 采用生产工时分配法在各批产品之间分配本月发生的直接人工费用(见表 3-2-12),根据分配结果编制会计分录并计入有关产品成本计算单。

(4) 采用生产工时分配法在各批产品之间分配本月发生的制造费用(见表 3-2-13),根据分配结果编制会计分录并计入有关产品成本计算单。

(5) 计算本月完工产品和月末在产品成本,编制结转完工产品成本的会计分录。601♯批次乙产品本月少量完工,其完工产品成本按定额成本结转。

[资料]　强生工厂第一生产车间 2025 年 6 月生产 501♯批次甲产品、601♯批次产乙产品、502♯批次丙产品三批产品,有关成本资料如下：

(1) 月初在产品成本：501♯批次甲产品为 104 000 元,其中,直接材料 84 000 元,直接人工 12 000 元,制造费用 8 000 元；502♯批次丙产品 124 000 元,其中,直接材料 120 000 元,直接人工 2 000 元,制造费用 2 000 元。

（2）本月生产情况：501#批次甲产品5月2日投产40件，本月26日已全部完工验收入库，本月实际生产工时为8 000小时；601#批次乙产品本月4日投产120件，本月已完工入库12件，本月实际生产工时为4 400小时；502#批次丙产品为5月6日投产60件，本月尚未完工，本月实际生产工时4 000小时。

（3）本月发生生产费用：投入A原材料396 000元，全部为601#批次乙产品耗用；生产工人薪酬56 088元；本月制造费用总额为44 280元。

（4）单位产品定额成本：601#批次乙产品单位产品定额成本为4 825元，其中，直接材料3 300元，直接人工825元，制造费用700元。

表 3－2－12 直接人工费用分配表

生产单位：第一生产车间　　　　　　　　　　2025 年 6 月　　　　　　　　　　金额单位：元

产　品	生产工时（小时）	分配率	分配金额
501#甲产品			
601#乙产品			
502#丙产品			
合　计			

表 3－2－13 制造费用分配表

生产单位：第一生产车间　　　　　　　　　　2025 年 6 月　　　　　　　　　　金额单位：元

产　品	生产工时（小时）	分配率	分配金额
501#甲产品			
601#乙产品			
502#丙产品			
合　计			

表 3－2－14 第一车间产品成本计算单

生产批号：501#　　　　　　　　　2025 年 6 月　　　　　　　　　金额单位：元
产品名称：甲产品　　　　　　　　完工数量：40 件　　　　　　　在产数量：

项　　目	直接材料	直接人工	制造费用	合　计
月初在产品成本				
本月生产费用				
生产费用合计				
完工产品总成本				
完工产品单位成本				

会计主管：章芷菡　　　　　　　　复核：王立名　　　　　　　　制单：李祥云

表 3-2-15　第一车间产品成本计算单

生产批号：601#　　　　　　　2025 年 6 月　　　　　　　金额单位：元
产品名称：乙产品　　　　　　完工数量：12 件　　　　　　在产数量：108 件

项　目	直接材料	直接人工	制造费用	合　计
月初在产品成本				
本月生产费用				
生产费用合计				
完工产品总成本				
完工产品单位成本				
月末在产品成本				

会计主管：章芷菡　　　　　　复核：王立名　　　　　　　制单：李祥云

表 3-2-16　第一车间产品成本计算单

生产批号：502#　　　　　　　2025 年 6 月　　　　　　　金额单位：元
产品名称：丙产品　　　　　　完工数量：　　　　　　　　在产数量：60 件

项　目	直接材料	直接人工	制造费用	合　计
月初在产品成本				
本月生产费用				
生产费用合计				
月末在产品成本				

会计主管：章芷菡　　　　　　复核：王立名　　　　　　　制单：李祥云

任务二　根据宏发工厂的相关资料,采用累计间接费用分批法计算完工产品成本。具体要求如下。

(1) 开设"基本生产成本二级账"(见表 3-2-21),按产品批次设置基本生产成本明细账(见表 3-2-22 至表 3-2-26),并登记期初余额。

(2) 按累计间接费用分批法计算完工产品应负担的间接费用。

(3) 编制完工产品成本汇总表(见表 3-2-27),并结转完工产品成本。

[资料]　宏发工厂属批次多、批量小的生产企业,2025 年 7 月份有第 2001、2002、2003、2004、2005 号订单产品投产,因产品批数多、批量小,但月末未完工产品又很多,因而采用简化的分批法计算产品成本。

(1) 2025 年 7 月份该厂产品批号及完成情况见表 3-2-17。

表 3-2-17 各批产品生产情况表

批　号	产品名称	批　量	生产日期	完工日期
2001	甲产品	50	5 月 2 日	7 月 10 日
2002	乙产品	20	6 月 1 日	7 月 22 日
2003	丙产品	60	6 月 3 日	未完工
2004	丁产品	30	6 月 21 日	未完工
2005	戊产品	70	7 月 12 日	未完工

（2）月初在产品成本及累计工时情况见表 3-2-18 和表 3-2-19。

表 3-2-18 月初在产品成本

2025 年 7 月 1 日　　　　　　　　　　　　　　　　单位：元

产品批次及名称		成本项目			合　计
批号	名称	直接材料	直接人工	制造费用	
2001	甲产品	220 000			220 000
2002	乙产品	60 000			60 000
2003	丙产品	420 000			420 000
2004	丁产品	120 000			120 000
合　计		820 000	250 000	220 000	1 290 000

表 3-2-19 月初在产品累计生产工时

2025 年 7 月 1 日　　　　　　　　　　　　　　　　单位：小时

产品批次及名称		合　计
批　号	名　称	
2001	甲产品	20 000
2002	乙产品	15 000
2003	丙产品	19 000
2004	丁产品	6 000
合　计		60 000

（3）本月发生生产费用及耗用生产工时情况见表 3-2-20。

表 3-2-20 本月发生的生产费用及耗用生产工时情况表

2025 年 7 月

产品批次及名称		成本项目			生产工时/小时
批号	名称	直接材料/元	直接人工/元	制造费用/元	
2001	甲产品	103 500			2 500
2002	乙产品	34 120			2 000

续　表

产品批次及名称		成本项目			生产工时/小时
批号	名称	直接材料/元	直接人工/元	制造费用/元	
2003	丙产品	242 000			3 000
2004	丁产品	116 000			3 100
2005	戊产品	264 000			2 600
合　计		759 620	42 800	36 200	13 200

表 3-2-21　基本生产成本二级账

车间名称：基本生产车间　　　　　　　　　　　　　　　　　　　　　　　　单位：元

日　期	凭证编号	摘　要	直接材料	生产工时/小时	直接人工	制造费用	成本合计
略	略	月初在产品					
		本月发生数					
		累计发生数					
		累计间接费用分配率					
		本月完工转出					
		月末在产品					

表 3-2-22　基本生产成本明细账

产品批号：2001　　　　　　　产品名称：甲产品　　　　　　投产日期：2025 年 5 月 2 日
订货单位：洪伟公司　　　　　批量：50 件　完工：50 件　　　完工日期：2025 年 7 月 10 日

日　期	凭证编号	摘　要	直接材料/元	生产工时/小时	直接人工/元	制造费用/元	合计/元
		月初在产品					
		本月发生数					

表 3-2-23　基本生产成本明细账

产品批号：2002　　　　　　　产品名称：乙产品　　　　　　投产日期：2025 年 6 月 1 日
订货单位：洪光公司　　　　　批量：20 件　完工：20 件　　　完工日期：2025 年 7 月 22 日

日　期	凭证编号	摘　要	直接材料/元	生产工时/小时	直接人工/元	制造费用/元	合计/元
		月初在产品					
		本月发生数					

续　表

日　期	凭证编号	摘　要	直接材料/元	生产工时/小时	直接人工/元	制造费用/元	合计/元

表 3 - 2 - 24 基本生产成本明细账

产品批号：2003　　　　　　产品名称：丙产品　　　　　　投产日期：2025 年 6 月 3 日
订货单位：洪河公司　　　　批量：60 件 完工：　　　　　完工日期：

日　期	凭证编号	摘　要	直接材料/元	生产工时/小时	直接人工/元	制造费用/元	合计/元
		月初在产品					
		本月发生额					

表 3 - 2 - 25 基本生产成本明细账

产品批号：2004　　　　　　产品名称：丁产品　　　　　　投产日期：2025 年 6 月 21 日
订货单位：江洪公司　　　　批量：30 件 完工：　　　　　完工日期：

日　期	凭证编号	摘　要	直接材料/元	生产工时/小时	直接人工/元	制造费用/元	合计/元
		月初在产品					
		本月发生额					

表 3 - 2 - 26 基本生产成本明细账

产品批号：2005　　　　　　产品名称：戊产品　　　　　　投产日期：2025 年 7 月 12 日
订货单位：海洪公司　　　　批量：70 件 完工：　　　　　完工日期：

日　期	凭证编号	摘　要	直接材料/元	生产工时/小时	直接人工/元	制造费用/元	合计/元
		月初在产品					
		本月发生额					

编制"完工产品成本汇总表"，见表 3 - 2 - 27。

表 3－2－27 完工产品成本汇总表

2025 年 7 月   单位：元

成本项目	甲产品(50 件)		乙产品(20 件)		总成本合计
	总成本	单位成本	总成本	单位成本	
直接材料					
直接人工					
制造费用					
合　计					

章节练习题　　　　　　　　了解我国船舶业

项目三　运用分步法计算产品成本

知识目标

掌握逐步结转分步法与平行结转分步法的计算程序。

技能目标

能够用逐步结转分步法和平行结转分步法计算产品成本。

素质目标

1. 做事细心、谨慎、有耐心；
2. 能够坚持，不轻易放弃。

相关知识

一、分步法的含义及特点

分步法是指以产品及其生产步骤为成本计算对象的产品成本计算方法。分步法主要适用于管理上要求分步骤提供成本信息的大量大批多步骤生产企业。该类型企业有半成品等中间产品，而且中间产品可能会对外出售，因此，提供中间产品的成本信息也会是必要的；多步骤生产工艺过程是间断的，能够满足分步骤计算产品成本的需要。

分步法的特点可以归纳为以下三点：

（1）成本计算对象是各产品及其生产步骤，按照各产品的每一个生产步骤设置成本明细账并归集生产费用。

（2）成本计算期与会计报告期一致，与产品生产周期不一致。这是因为分步法一般适用于大量大批多步骤生产企业，该类企业总是在不断地生产产品，不可能待产品全部完工时再计算成本，只能是在月末定期进行成本计算。

（3）大量大批多步骤生产企业，产品生产步骤较多，月末在产品数量往往也较多，因此一般需要将生产费用在完工产品和在产品之间分配。

（4）需要计算和结转产品的各步骤成本。

二、分步法的种类

分步法按是否需要计算和结转各步骤半成品成本分为逐步结转分步法（也称计算半成品成本分步法）和平行结转分步法（也称不计算半成品成本分步法）。如果管理上要求提供各步骤半成品的成本信息,则采用逐步结转分步法;相反,则采用平行结转分步法。两种方法的成本计算程序有不同之处。

(一)逐步结转分步法

逐步结转分步法也称为顺序结转分步法,是指从第一个生产步骤开始,分步骤计算各步骤半成品的总成本及单位成本,而且各步骤半成品的成本要随着半成品实物的转移从本步骤的成本明细账转入下一步骤相同产品的成本明细账中,然后,再加下一步骤发生的各项费用,计算出下一步骤半成品成本,按生产步骤顺序结转,直至最后一个生产步骤计算出产成品成本。

1. 逐步结转分步法的适用范围

逐步结转分步法主要适用于以下企业:

(1)自制半成品有对外销售的企业;

(2)半成品可以加工成不同产成品的企业;

(3)管理上要求提供半成品成本信息的企业。

2. 逐步结转分步法的一般程序

在逐步结转分步法下,半成品的成本会随着半成品实物的转移而结转,因此,其成本核算程序会因半成品实物的流转程序不同而不同。在实际工作中,各生产步骤的完工半成品有两种流转程序:一是直接转入下一个生产步骤继续加工;二是通过半成品库收发,即该步骤完工的半成品先转入半成品库,下一步骤根据生产需要从仓库领用半成品。因此,逐步结转分步法的程序也有两种。

(1)半成品直接转入下一个生产步骤继续生产的情况。

① 计算第一步骤半成品成本。采用一定方法将第一步骤的生产费用在本步骤完工半成品和在产品之间进行分配,计算出第一步骤在产品总成本、完工半成品的总成本及单位成本。

② 计算第二步骤半成品成本。随着半成品的转移,将其成本从第一步骤的成本明细账转入本步骤成本明细账中,再加上本步骤发生的各项费用,即为本步骤生产费用合计。最后采用一定方法将该步骤的生产费用合计分配给本步骤的完工半成品和在产品,计算出本步骤在产品的总成本、完工半成品的总成本及单位成本。

③ 按第一、二步骤的方法,继续结转并计算半成品成本,直至结转至最后一个生产步骤。

④ 计算产成品成本。转入最后一个生产步骤的半成品成本加上本步骤发生的各项生产费用,即为本步骤的生产费用合计。采用一定方法将生产费用合计分配给该步骤完工产品及在产品,便可计算出产成品的总成本及单位成本。具体程序如图 3-3-1 所示。

半成品的实物转移:

第一步骤产量记录		第二步骤产量记录		第三步骤产量记录	
项目	数量(件)	项目	数量(件)	项目	数量(件)
月初在产品	100	月初在产品	200	月初在产品	150
本月投产	600	本月投产	400	本月投产	450
本月完工(A半成品)	400	本月完工(B半成品)	450	本月完工(A产成品)	400
月末在产品	300	月末在产品	150	月末在产品	200

图 3-3-1 连续加工式生产的实物转移及逐步结转分步法的半成品成本结转程序

半成品的成本结转：

第一步骤成本明细账				第二步骤成本明细账				第三步骤成本明细账			
项目	直接材料	加工费用	合计	项目	半成品	加工费用	合计	项目	半成品	加工费用	合计
月初在产品成本	10 000	1 600	11 600	月初在产品成本	26 400	2 300	28 700	月初在产品成本	23 250	2 100	25 350
本月生产费用	60 000	16 000	76 000	本月生产费用	52 800	9 775	62 575	本月生产费用	69 750	11 900	81 650
转出 A 半成品成本	40 000	12 800	52 800	转出 B 半成品成本	59 400	10 350	69 750	产成品成本	62 000	11 200	73 200
月末在产品	30 000	4 800	34 800	月末在产品	19 800	1 725	21 525	月末在产品	31 000	2 800	33 800

图 3 - 3 - 1（续）

（2）半成品通过半成品库收发的情况。

① 计算第一步骤半成品成本。采用一定方法将第一步骤的生产费用在本步骤完工半成品和在产品之间进行分配，计算出第一步骤在产品总成本、完工半成品的总成本及单位成本。

② 办理半成品的入库手续。将半成品成本从第一步骤成本明细账转入自制半成品成本明细账中。

借：自制半成品——第一步骤

　　贷：基本生产成本——第一步骤

③ 第二步骤根据需要领用第一步骤生产的半成品，办理领用手续。当仓库中半成品的单位成本不同时，可以采用先进先出法、加权平均法等方法对出库半成品进行计价。

借：基本生产成本——第二步骤

　　贷：自制半成品——第一步骤

④ 计算第二步骤半成品成本。第二步骤所领用的半成品成本加上本步骤发生的各项费用，即为本步骤生产费用合计。采用一定方法将该步骤的生产费用合计分配给本步骤的完工半成品和在产品，计算出本步骤在产品的总成本、完工半成品的总成本及单位成本。

⑤ 按第一、第二步骤的方法，计算其他步骤半成品的成本。

⑥ 计算产成品成本。最后步骤所领用的半成品成本加上本步骤本月发生的各项生产费用，即为本步骤的生产费用合计。采用一定方法将生产费用合计分配给该步骤完工产品及在产品，便可计算出产成品的总成本及单位成本。具体程序如图 3 - 3 - 2 所示。

半成品的实物转移：

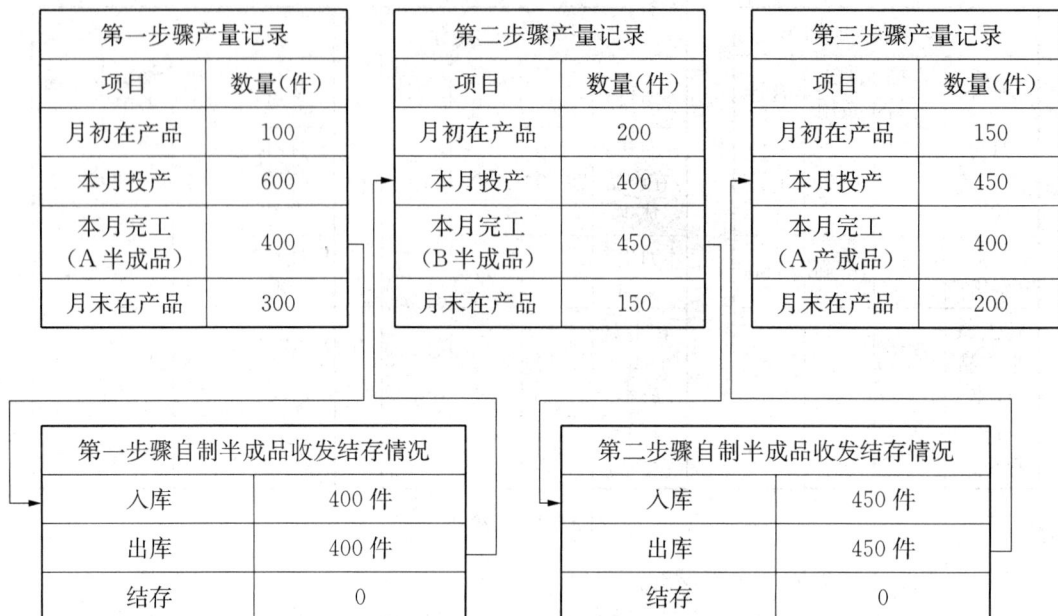

第一步骤产量记录	
项目	数量（件）
月初在产品	100
本月投产	600
本月完工（A半成品）	400
月末在产品	300

第二步骤产量记录	
项目	数量（件）
月初在产品	200
本月投产	400
本月完工（B半成品）	450
月末在产品	150

第三步骤产量记录	
项目	数量（件）
月初在产品	150
本月投产	450
本月完工（A产成品）	400
月末在产品	200

第一步骤自制半成品收发结存情况	
入库	400 件
出库	400 件
结存	0

第二步骤自制半成品收发结存情况	
入库	450 件
出库	450 件
结存	0

半成品的成本结转：

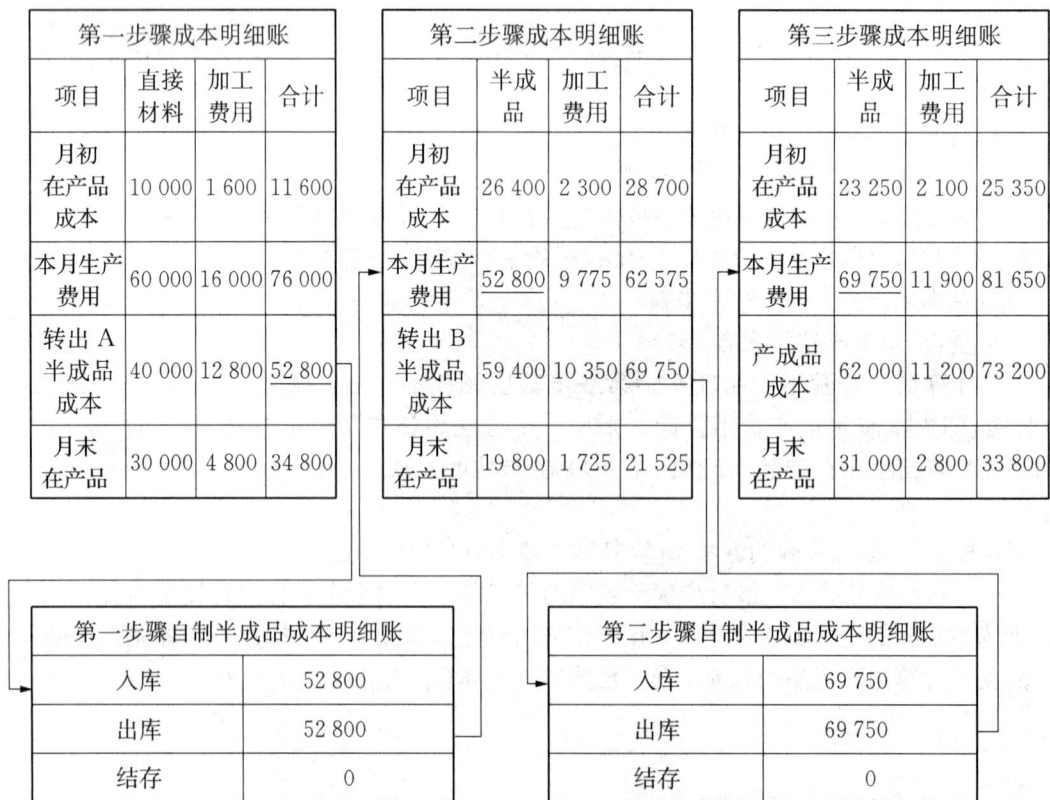

第一步骤成本明细账			
项目	直接材料	加工费用	合计
月初在产品成本	10 000	1 600	11 600
本月生产费用	60 000	16 000	76 000
转出A半成品成本	40 000	12 800	52 800
月末在产品	30 000	4 800	34 800

第二步骤成本明细账			
项目	半成品	加工费用	合计
月初在产品成本	26 400	2 300	28 700
本月生产费用	52 800	9 775	62 575
转出B半成品成本	59 400	10 350	69 750
月末在产品	19 800	1 725	21 525

第三步骤成本明细账			
项目	半成品	加工费用	合计
月初在产品成本	23 250	2 100	25 350
本月生产费用	69 750	11 900	81 650
产成品成本	62 000	11 200	73 200
月末在产品	31 000	2 800	33 800

第一步骤自制半成品成本明细账	
入库	52 800
出库	52 800
结存	0

第二步骤自制半成品成本明细账	
入库	69 750
出库	69 750
结存	0

图 3-3-2 通过仓库收发的半成品实物转移及逐步结转分步法的半成品成本结转程序

第一步骤半成品入库：

借：自制半成品——A半成品 52 800

　　贷：基本生产成本——第一步骤（A半成品） 52 800

第二步骤领用A半成品：

借：基本生产成本——第二步骤（B半成品） 52 800

　　贷：自制半成品——A半成品 52 800

第二步骤半成品入库：

借：自制半成品——B半成品 69 750

　　贷：基本生产成本——第二步骤（B半成品） 69 750

第三步骤领用B半成品：

借：基本生产成本——第三步骤（××产成品） 69 750

　　贷：自制半成品——B半成品 69 750

结转产成品成本：

借：库存商品——××产成品 73 200

　　贷：基本生产成本——第三步骤（××产成品） 73 200

3. 逐步结转分步法的特点

（1）成本计算对象是各个生产步骤的半成品及最后步骤的产成品。

（2）各步骤之间存在成本结转。即本步骤所消耗上一步骤半成品的成本应转入本步骤成本明细账。半成品的成本结转可以按其实际成本结转，也可按其计划成本结转。

（3）必须分步骤确定在产品成本，计算半成品成本和产成品成本。每个步骤的生产费用要在该步骤完工产品和在产品之间进行分配，计算出完工产品和在产品的成本。这里所指的完工产品是广义的，包括半成品和产成品；在产品是狭义的，是指正在某步骤加工的在制品。

4. 逐步结转分步法的优缺点

优点：能提供各个生产步骤的半成品成本资料；能为各生产步骤的在产品实物管理和资金管理提供资料；能够全面反映各生产步骤的生产耗费水平，更好地满足各生产步骤的成本管理要求。

缺点：成本结转工作量大。

5. 逐步结转法的分类

逐步结转分步法，按自制半成品成本在下一步骤成本明细账中的反映方式，分为综合结转分步法和分项结转分步法。

综合结转分步法，是指将各步骤所耗上一步骤的半成品成本不分成本项目，而是以一个综合金额的形式记入该步骤产品成本明细账中的"直接材料"或专设的"半成品"成本项目的一种成本结转方法。

半成品的成本结转可以按其实际成本结转，也可以按其计划成本结转。

（1）综合结转分步法的应用举例。

① 半成品按实际成本结转。

半成品按实际成本结转，是指各步骤所耗上一步骤的半成品按其实际成本结转至本步骤成本明细账中。

各步骤所耗上一步骤半成品的成本＝所耗半成品实际数量×半成品实际单位成本

在半成品通过半成品库收发的情况下，由于各月所生产的半成品的单位成本可能不同，各步骤领用半成品的单位成本可采用先进先出法、加权平均法或个别计价法等确定。

【例 3-3-1】 假定红河实业有限公司大量生产甲产品，材料在开工时一次投入，经第一、第二、第三车间顺序加工后成为产成品。若半成品从上一步骤完工后直接转入下一步骤加工，第一车间生产出乙半成品，第二车间将乙半成品加工为丙半成品，第三车间将丙半成品加工为甲产成品。在产品采用约当产量法计算。

2025 年 4 月份产品生产情况见表 3-3-1。

表 3-3-1 各步骤产品生产情况

单位：件

项　目	第一步	第二步	第三步
月初在产品	100	300	200
本月投产	1 100	1 000	1 200
本月完工产品	1 000	1 200	1 000
月末在产品	200	100	400
在产品完工程度	50％	50％	50％

2025 年 4 月份发生生产费用情况见表 3-3-2。

表 3-3-2 各步骤费用资料

2025 年 4 月

单位：元

项　目	步　骤	直接材料（半成品）	直接人工	制造费用	合　计
月初在产品成本	第一步	9 000	2 200	2 800	14 000
	第二步	28 000	4 550	2 800	35 350
	第三步	16 448	6 300	4 700	27 448
本月发生费用	第一步	81 000	46 200	50 000	177 200
	第二步	—	35 700	29 400	65 100
	第三步	—	36 000	28 000	64 000

根据以上资料，采用综合结转分步法计算产品成本，并编制产品成本计算单，如表 3-3-3 至表 3-3-6。

表 3 - 3 - 3 产品成本计算单

生产步骤：第一步骤　　　　　　　　　　　　　　　　　　　　　　　　　本月完工：1 000 件

产品名称：乙半成品　　　　　　　　　　　2025 年 4 月　　　　　　　　月末在产品：200 件

摘　要	成本项目			合　计
	直接材料	直接人工	制造费用	
月初在产品成本/元	9 000	2 200	2 800	14 000
本月发生费用/元	81 000	46 200	50 000	177 200
生产费用合计/元	90 000	48 400	52 800	191 200
月末在产品数量/件	200	200	200	
在产品约当产量/件	200	100	100	
本月完工产品数量/件	1 000	1 000	1 000	
约当总产量/件	1 200	1 100	1 100	
分配率/单位成本	75	44	48	167
月末在产品成本/元	15 000	4 400	4 800	24 200
完工产品总成本/元	75 000	44 000	48 000	167 000

注：

直接材料项目分配率：90 000÷(1 000＋200×100％)＝75(元／件)

完工半成品(1 000 件)分配的直接材料费用：1 000×75＝75 000(元)

月末在产品(200 件)分配的直接材料费用：200×100％×75＝15 000(元)

直接人工项目分配率：48 400÷(1 000＋200×50％)＝44(元／件)

完工半成品(1 000 件)分配的人工费用：1 000×44＝44 000(元)

月末在产品(200 件)分配的人工费用：200×50％×44＝4 400(元)

制造费用项目分配率：52 800÷(1 000＋200×50％)＝48(元／件)

完工半成品(1 000 件)分配的制造费用：1 000×48＝48 000(元)

月末在产品(200 件)分配的制造费用：200×50％×48＝4 800(元)

完工半成品成本(1 000 件)：75 000＋44 000＋48 000＝167 000(元)

编制结转半成品成本的会计分录：

借：基本生产成本——第二步骤丙半成品　　　　　　　　　　　　　　　167 000

　　贷：基本生产成本——第一步骤乙半成品　　　　　　　　　　　　　　167 000

表 3 - 3 - 4 产品成本计算单

生产步骤：第二步骤　　　　　　　　　　　　　　　　　　　　　　　　　本月完工：1 200 件

产品名称：丙半成品　　　　　　　　　　　2025 年 4 月　　　　　　　　月末在产品：100 件

摘　要	成本项目			合　计
	半成品	直接人工	制造费用	
月初在产品成本/元	28 000	4 550	2 800	35 350
本月发生费用/元	167 000	35 700	29 400	232 100

摘 要	成本项目			合 计
	半成品	直接人工	制造费用	
生产费用合计/元	195 000	40 250	32 200	267 450
月末在产品数量/件	100	100	100	
在产品约当产量/件	100	50	50	
本月完工产品数量/件	1 200	1 200	1 200	
约当总产量/件	1 300	1 250	1 250	
分配率/单位成本	150	32.2	25.76	207.96
月末在产品成本/元	15 000	1 610	1 288	17 898
完工产品总成本/元	180 000	38 640	30 912	249 552

注：

直接材料项目分配率：195 000÷(1 200＋100×100％)＝150(元/件)

完工半成品(1 200件)分配的直接材料费用：1 200×150＝180 000(元)

月末在产品(100件)分配的直接材料费用：100×100％×150＝15 000(元)

直接人工项目分配率：40 250÷(1 200＋100×50％)＝32.2(元/件)

完工半成品(1 200件)分配的人工费用：1 200×32.2＝38 640(元)

月末在产品(100件)分配的人工费用：100×50％×32.2＝1 610(元)

制造费用项目分配率：32 200÷(1 200＋100×50％)＝25.76(元/件)

完工半成品(1 200件)分配的制造费用：1 200×25.76＝30 912(元)

月末在产品(100件)分配的制造费用：100×50％×25.76＝1 288(元)

完工半成品成本(1 200件)：180 000＋38 640＋30 912＝249 552(元)

编制结转半成品成本的会计分录：

借：基本生产成本——第三步骤甲产成品　　　　　　　　　　249 552

　　贷：基本生产成本——第二步骤丙半成品　　　　　　　　　　249 552

表 3－3－5　产品成本计算单

生产步骤：第三步骤　　　　　　　　　　　　　　　　　　本月完工：1 000 件

产品名称：甲产成品　　　　　　2025 年 4 月　　　　　月末在产品：400 件

摘 要	成本项目			合 计
	半成品	直接人工	制造费用	
月初在产品成本/元	16 448	6 300	4 700	27 448
本月发生费用/元	249 552	36 000	28 000	313 552
生产费用合计/元	266 000	42 300	32 700	341 000
月末在产品数量/件	400	400	400	
在产品约当产量/件	400	200	200	
本月完工产品数量/件	1 000	1 000	1 000	

摘　要	成本项目			合　计
	半成品	直接人工	制造费用	
约当总产量/件	1 400	1 200	1 200	
分配率/单位成本	190	35.25	27.25	252.5
月末在产品成本/元	76 000	7 050	5 450	88 500
完工产品总成本/元	190 000	35 250	27 250	252 500

注：

直接材料项目分配率：266 000÷(1 000+400×100%)=190(元/件)

完工半成品(1 000件)分配的直接材料费用：1 000×190=190 000(元)

月末在产品(400件)分配的直接材料费用：400×100%×190=76 000(元)

直接人工项目分配率：42 300÷(1 000+400×50%)=35.25(元/件)

完工半成品(1 000件)分配的人工费用：1 000×35.25=35 250(元)

月末在产品(400件)分配的人工费用：400×50%×35.25=7 050(元)

制造费用项目分配率：32 700÷(1 000+400×50%)=27.25(元/件)

完工半成品(1 000件)分配的制造费用：1 000×27.25=27 250(元)

月末在产品(400件)分配的制造费用：400×50%×27.25=5 450(元)

表 3-3-6　产品成本计算单

产品名称：甲产品　　　　　　　2025 年 4 月　　　　　　　产量：1 000 件

成本项目	总成本/元	单位成本/(元/件)
半成品	190 000	190
直接人工	35 250	35.25
制造费用	27 250	27.25
合　计	252 500	252.5

月末，根据计算结果，结转完工产品成本，编制会计分录如下：

借：库存商品——甲产品　　　　　　　　　　　　　　　　252 500

贷：基本生产成本——第三步骤甲产成品　　　　　　　252 500

半成品按实际成本综合结转的优点在于半成品成本计算较为准确。缺点在于没有将半成品的实际成本与其计划成本对比分析，不利于对成本的管理及明确各成本部门的责任；同时，后面生产步骤的成本核算必须等到前面步骤半成品成本计算完成后才能进行，影响成本计算的及时性。

② 半成品按计划成本结转。

为了简化及加速成本核算工作，半成品也可以按其计划成本综合结转。

半成品按计划成本结转，是指半成品日常收发的明细核算均按计划成本计价，月末在半成品实际成本计算出来后，再计算半成品差异率及差异额，将所耗半成品的计划成本调整为实际成本。

按计划成本结转半成品一般要通过仓库收发，此时，"自制半成品"明细账登记半成品收发和结存数量以及计划成本。实际成本与计划成本的差异登记在"半成品成本差异"账户，该账户借方登记入库半成品实际成本大于计划成本的超支差异以及发出半成品承担的节约差异，贷方登记实际成本小于计划成本的节约差异，以及发出半成品承担的超支差异。

各生产步骤领用半成品时，先按计划成本借记"基本生产成本"账户，贷记"自制半成品"账户；在月末计算出半成品实际成本时，根据验收入库半成品的数量，按计划成本借记"自制半成品"账户，按实际成本贷记"基本生产成本"账户，差额列入"半成品成本差异"账户；然后计算半成品成本差异率及已领用半成品应承担的成本差异，将其记入领用该半成品的生产步骤的"基本生产成本"明细账，将所耗用半成品的计划成本调整为实际成本。如果本月耗用的是以前月份生产的半成品，也可采用以前月份的成本差异率计算已耗用半成品应承担的差异，并将其计划成本调整为实际成本。相关计算如下：

$$某半成品的成本差异率 = \frac{月初结存半成品的成本差异 + 本月入库半成品的成本差异}{月初结存半成品的计划成本 + 本月入库半成品的计划成本} \times 100\%$$

$$已耗用半成品应承担的差异 = 该半成品的计划成本 \times 该半成品的成本差异率$$

$$已耗用半成品的实际成本 = 该半成品的计划成本 + 该半成品应承担的差异$$

【例 3 - 3 - 2】 某企业须通过两个连续的步骤生产甲产品，该企业采用逐步结转分步法计算产品成本，且半成品按其计划成本结转。原材料在生产开始时一次性投入，第二步骤所消耗的半成品在本步骤开始时一次性投入，其计划单位成本为 115 元/件，半成品通过半成品库收发。2025 年 9 月，半成品库月初有一号半成品 200 件，计划成本为 23 000 元，半成品成本差异为超支 600 元；12 日，生产完工并入库一号半成品 800 件，实际成本为 98 400 元；20 日，第二步骤领用一号半成品 850 件。

本月业务处理如下：

12 日，第一步骤一号半成品完工入库时编制如下会计分录，并登记自制半成品明细账，如表 3-3-7、表 3-3-8 所示。

借：自制半成品——一号半成品　　　　　　　　　　　　　　　92 000
　　半成品成本差异——一号半成品　　　　　　　　　　　　　6 400
　　贷：基本生产成本——一号半成品　　　　　　　　　　　　　　　98 400

表 3 - 3 - 7　自制半成品明细账

半成品名称：一号半成品　　　　　计量单位：件　　　　　存放地点：一号仓库

2025年		凭证		摘　要	收　入			发　出			结　存		
月	日	字	号		数量	单价	金额	数量	单价	金额	数量	单价	金额
9	1			期初余额	200	115	23 000				200	115	23 000
	12			入库	800	115	92 000				1 000	115	115 000

表 3 - 3 - 8　半成品成本差异明细账

半成品名称：一号半成品　　　　　　　计量单位：件　　　　　　　存放地点：一号仓库

2025 年		凭　证		摘　要	借　方	贷　方	借或贷	余　额
月	日	字	号					
9	1			期初余额			借	600
	12	略		入库	6 400		借	7 000
				……				

第一步骤基本生产成本明细账此处略。

第二步骤领用一号半成品时编制如下会计分录，并登记相应明细账，如表 3 - 3 - 9、表 3 - 3 - 10。

借：基本生产成本——甲产品　　　　　　　　　　　　　97 750

　　贷：自制半成品——一号半成品　　　　　　　　　　　　　97 750

表 3 - 3 - 9　自制半成品明细账

半成品名称：一号半成品　　　　　　　计量单位：件　　　　　　　存放地点：一号仓库

2025 年		凭　证		摘　要	收　入			发　出			结　存		
月	日	字	号		数量	单价	金额	数量	单价	金额	数量	单价	金额
9	1			期初余额	200	115	23 000				200	115	23 000
	12	略		入库	800	115	92 000				1 000	115	115 000
	20	略		第二步骤领用				850	115	97 750	150	115	17 250
	30			期末余额							150	115	17 250

表 3 - 3 - 10　基本生产成本明细账

生产车间：第二车间　　　　　　　产品名称：甲产品　　　　　　　单位：元

2025 年		凭　证		摘　要	产　量（台）	借　方				贷　方	余　额
月	日	字	号			半成品	直接人工	制造费用	合计		
9	1			期初在产品							0
9	20	略		第二步骤领用		97 750					
				……							
				本月生产费用							
				生产费用合计							
				完工转出							

月末计算一号半成品的成本差异率：

(600 ＋ 6 400) ÷ (23 000 ＋ 92 000) × 100% ＝ 6.09%

计算本月所耗半成品应承担的成本差异，并将其记入第二步骤甲产品成本明细账，见表 3 - 3 - 11、表 3 - 3 - 12。

97 750×6.09%＝5 953(元)

借:基本生产成本——甲产品   5 953

  贷:半成品成本差异——一号半成品   5 953

表 3－3－11 基本生产成本明细账

生产车间:第二车间   产品名称:甲产品   单位:元

| 2025年 | | 凭证 | | 摘要 | 产量(台) | 借方 | | | | 贷方 | 余额 |
月	日	字	号			半成品	直接人工	制造费用	合计		
9	1			期初在产品							0
9	20	略		第二步骤领用		97 750					
				……							
	30	略		结转差异		5 953					
				本月生产费用合计							
				生产费用累计							
				完工转出							

表 3－3－12 半成品成本差异明细账

半成品名称:一号半成品   计量单位:件   存放地点:一号仓库

| 2025年 | | 凭证 | | 摘要 | 借方 | 贷方 | 借或贷 | 余额 |
月	日	字	号					
9	1			期初余额			借	600
	12	略		入库	6 400		借	7 000
	30	略		结转差异		5 953	借	1 047
				期末余额			借	1 047

计算本月所耗半成品的实际成本:

97 750＋5 953＝103 703(元)

半成品按计划成本结转的优点在于可以简化和加速产品成本核算工作,而且便于各步骤进行成本的考核和分析,有利于明确各成本部门的责任。

综合结转分步法的优点在于:第一,结转半成品成本时较为简便;第二,可以提供各步骤产品所耗上一步骤半成品的综合费用指标以及本步骤加工费用的水平,从而有利于本步骤加强成本管理。缺点在于完工产品成本不能按原始成本项目反映,否则需要进行成本还原,从而加大了工作量。

(2) 分项结转分步法的应用举例。

如果企业要求产成品成本按原始成本项目反映,则可以采用分项结转分步法。

分项结转分步法是指将本步骤所耗上一步骤半成品成本按成本项目分项结转到本步骤产品成本明细账,并登记在相应的成本项目中的一种方法。如果半成品通过半成品库收发,自制半成品明细账也要分别按成本项目设置专栏并进行登记。分项结转分步法主要适用于要求按原始成本项目反映产品成本的企业。

【例3-3-3】 某企业生产甲产品,由两个车间连续生产,采用分项结转分步法计算产品成本。生产费用在完工产品和在产品之间分配时,采用在产品按定额成本计价法。原材料在生产开始时一次投入,第二步骤所耗一号半成品在本步骤生产开始时一次性投入,各步骤月末在产品加工程度为50%。2025年9月,相关产量资料和产品定额及生产费用资料如表3-3-13和表3-3-14所示。

表3-3-13 产量资料

项　目	一车间(台)	二车间(台)
期初在产品数量	80	60
本月投产数量	120	180
本月完工数量	180	200
月末在产品数量	20	40
月末在产品加工程度	50%	50%

表3-3-14 产品定额及生产费用资料

单位:元

项　目	单位完工产品定额成本		月初在产品定额成本		本月生产费用	
	一车间	二车间	一车间	二车间	一车间	二车间
直接材料	20	77.5	1 600	4 650	9 500	
燃料及动力	5	13.2	200	396	1 215	920
直接人工	10	19.6	400	588	3 494	1 300
制造费用	4.5	7	180	210	2 595	630
合　计	39.5	117.3	2 380	5 844	16 804	2 850

① 计算一车间月末在产品成本及完工产品成本(见表3-3-15)。

月末在产品成本:

直接材料:20×20=400(元)

燃料及动力:5×20×50%=50(元)

直接人工:10×20×50%=100(元)

制造费用:4.5×20×50%=45(元)

月末在产品总成本:400+50+100+45=595(元)

月末完工产品成本:

直接材料:1 600+9 500-400=10 700(元)

燃料及动力:200+1 215-50=1 365(元)

直接人工:400+3 494-100=3 794(元)

制造费用:180+2 595-45=2 730(元)

完工产品总成本:10 700+1 365+3 794+2 730=18 589(元)

表 3－3－15　产品成本计算单

车间：一车间　　　　　　　　　　　　　　　　　　　　　　　完工：180 台
产品名称：一号半成品　　　　　　　　　　　　　　　　　　　在产品：20 台

成本项目	月初在产品成本	本月生产费用	生产费用合计	在产品约当产量			成本定额	在产品成本	完工产品成本
				在产品数量	在产品完工率	在产品约当产量			
直接材料	1 600	9 500	11 100	20	100%	20	20	400	10 700
燃料及动力	200	1 215	1 415	20	50%	10	5	50	1 365
直接人工	400	3 494	3 894	20	50%	10	10	100	3 794
制造费用	180	2 595	2 775	20	50%	10	4.5	45	2 730
合　计	2 380	16 804	19 184	—	—	—	39.5	595	18 589

② 编制结转一号半成品成本的会计分录，并登记相关明细账（见表 3－3－16）。

借：基本生产成本——二车间（甲产品）　　　　　　　　　　　18 589
　　贷：基本生产成本——一车间（一号半成品）　　　　　　　　　　18 589

表 3－3－16　基本生产成本明细账

生产车间：第一车间　　　　　　产品名称：一号半成品　　　　　　单位：元

2025 年		凭证		摘要	产量（台）	借方					贷方	余额
月	日	字	号			直接材料	燃料及动力	直接人工	制造费用	合计		
9	1			期初在产品	80	1 600	200	400	180	2 380		2 380
		略	略	消耗材料		9 500				9 500		
		略	略	消耗燃料			1 215			1 215		
		略	略	消耗人工费				3 494		3 494		
		略	略	承担制造费用					2 595	2 595		
				本月生产费用	120	9 500	1 215	3 494	2 595	16 804		
				生产费用合计		11 100	1 415	3 894	2 775	19 184		
		略	略	完工转出	180	10 700	1 365	3 794	2 730	18 589		
				月末在产品成本	20	400	50	100	45	595		595

③ 计算二车间完工产品成本及月末在产品成本(见表3-3-17)。

月末在产品成本为：

直接材料：77.5×40＝3 100(元)

燃料及动力：13.2×40×50％＝264(元)

直接人工：19.6×40×50％＝392(元)

制造费用：7×40×50％＝140(元)

月末在产品成本：3 100＋264＋392＋140＝3 896(元)

计算完工产品成本：

直接材料：4 650＋10 700－3 100＝12 250(元)

燃料及动力：792＋920＋1 365－264＝2 417(元)

直接人工：1 176＋1 300＋3 794－392＝5 290(元)

制造费用：420＋630＋2 730－140＝3 430(元)

完工产品成本：12 250＋2 417＋5 290＋3 430＝23 387(元)

表3-3-17 产品成本计算单

车间：二车间 完工：200台

产品名称：甲产品 在产品：40台

成本项目	月初在产品成本	本月生产费用		生产费用合计	在产品约当产量			成本定额	在产品成本	完工产品成本
		半成品	加工费		在产品数量	在产品完工率	在产品约当产量			
直接材料	4 650	10 700		15 350	40	100％	40	77.5	3 100	12 250
燃料及动力	396	1 365	920	2 681	40	50％	20	13.2	264	2 417
直接人工	588	3 794	1 300	5 682	40	50％	20	19.6	392	5 290
制造费用	210	2 730	630	3 570	40	50％	20	7	140	3 430
合 计	5 844	18 589	2 850	27 283	—	—	—	117.3	3 896	23 387

④ 编制结转产成品成本的会计分录,并登记相关明细账(见表3-3-18)。

借:库存商品——甲产品 23 387

贷:基本生产成本——二车间(甲产品) 23 387

表3-3-18 基本生产成本明细账

生产车间：第二车间 产品名称：甲产品 单位：元

2025年		凭证		摘要	产量(台)	借方					贷方	余额
月	日	字	号			直接材料	燃料及动力	直接人工	制造费用	合计		
9	1			期初在产品	60	4 650	396	588	210	5 844		5 844
	略	略		消耗燃料			920			920		

续 表

| 2025年 | | 凭证 | | 摘 要 | 产 量（台） | 借 方 | | | | | 贷 方 | 余 额 |
月	日	字	号			直接材料	燃料及动力	直接人工	制造费用	合计		
	略	略		消耗人工费				1 300		1 300		
	略	略		承担制造费用					630	630		
	略	略		结转半成品成本	180	10 700	1 365	3 794	2 730	18 589		
				本月生产费用		10 700	2 285	5 094	3 360	21 439		
				生产费用合计		15 350	2 681	5 682	3 570	27 283		
	略	略		完工转出	200	12 250	2 417	5 290	3 430	23 387		
				月末在产品成本	40	3 100	264	392	140	3 896		3 896

注：库存商品明细账略。

分项结转分步法可以直接反映产品成本的原始成本构成，明确产品成本资料，不需要进行成本还原，但在生产步骤较多的企业，登账手续繁杂，工作量会很大。

（二）平行结转分步法

1. 平行结转分步法的含义

平行结转分步法是指只计算各步骤所发生的各项生产费用以及这些费用中应计入产成品成本的份额，然后，将各步骤应计入同一产成品成本的份额平行结转、汇总，进而计算出该产成品成本的方法。平行结转分步法也称为不计算半成品成本的分步法。

2. 平行结转分步法的一般程序

（1）按照产品的品种及其生产步骤设置成本明细账，按成本项目归集各步骤发生的生产费用，但不包含所耗上一步骤半成品的成本。

（2）将各步骤的生产费用在产成品与广义在产品之间分配，进而算出应计入产成品成本的份额。

（3）计算在产品成本：

$$\sum\left(各步骤生产费用总额 - 各步骤计入产成品成本的份额\right)$$

（4）平行汇总各步骤应计入产成品成本的份额，计算出产成品成本，具体流程如图3-3-3所示。

第一步骤成本明细账			
项目	直接材料	加工费用	合计
生产费用合计	6 200	2 600	8 800
月末在产品	1 200	800	2 000
计入产成品成本的份额	5 000	1 800	6 800

第二步骤成本明细账			
项目	直接材料	加工费用	合计
生产费用合计		5 600	5 600
月末在产品		1 900	1 900
计入产成品成本的份额		3 700	3 700

第三步骤成本明细账			
项目	直接材料	加工费用	合计
生产费用合计		3 400	3 400
月末在产品		700	700
计入产成品成本的份额		2 700	2 700

第一步骤份额6 800 元	第二步骤份额3 700 元	第三步骤份额2 700 元
产成品成本：6 800＋3 700＋2 700＝13 200 元		

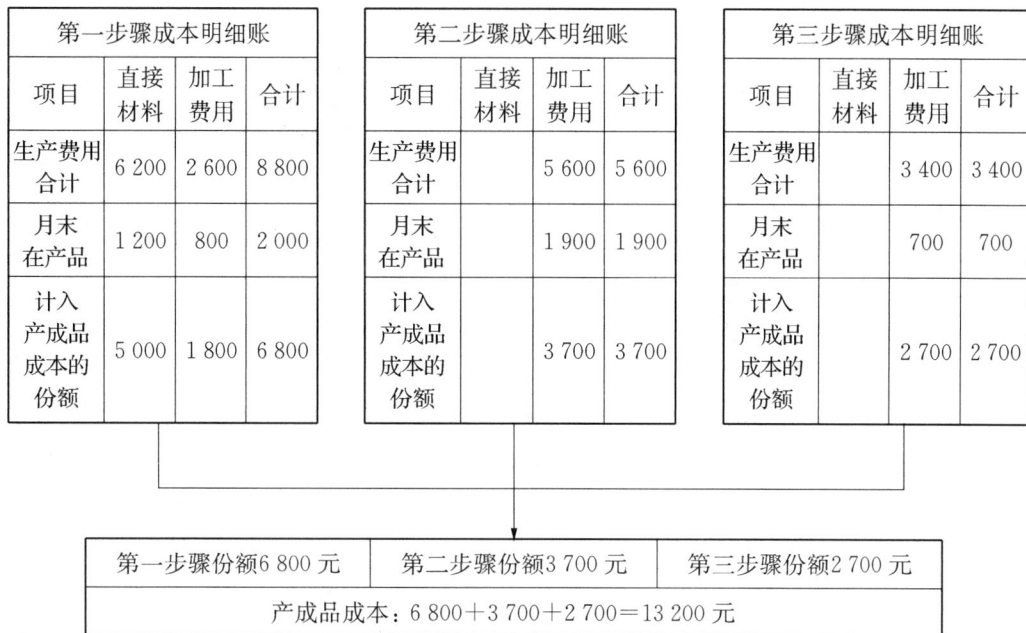

图 3 - 3 - 3 平行结转分步法的一般程序

3. 平行结转分步法的特点

（1）平行结转分步法以产成品及其各生产步骤的成本份额为成本计算对象，并按产品品种及生产步骤设置成本明细账。在该方法下，各生产步骤不计算半成品成本，只计算本步骤所发生的生产费用及应计入产成品成本的份额。

（2）每一生产步骤的生产费用要在产成品与该步骤月末广义在产品之间进行分配，产成品承担的生产费用即为该步骤计入产成品成本的费用份额。这里的在产品与逐步结转分步法下的在产品不同，它不仅包括正在生产步骤加工的在制品，还包括本步骤已完工，并转入下一步骤或半成品库，还需进一步加工的那些半成品。

（3）各步骤之间不结转半成品成本，只是在企业的产成品入库时，才将各步骤费用中应计入产成品成本的份额从各步骤的"基本生产成本"明细账转入"库存商品"账户。因此，采用这种方法，不论半成品在各生产步骤之间直接转移还是通过半成品库收发，都不通过"自制半成品"账户核算。

4. 平行结转分步法的优缺点

优点：各步骤可以同时计算产品成本，加速了成本计算工作；能直接提供按原始成本项目反映的产成品成本资料，无须成本还原。

缺点：不能提供各步骤半成品的成本资料；在产品的成本不随实物流转而转出，成本结转与实物流转脱节，不利于各生产步骤在产品的实物及其成本管理；各生产步骤的费用中不包括所耗上一步骤半成品的成本，不能全面反映各步骤产品的生产耗费水平（第一步骤除外），不能更好地满足各步骤成本管理的需要。

5. 平行结转分步法的适用范围

平行结转分步法主要适用于不需要计算半成品成本的大量大批连续多步骤生产企业。

6. 各步骤应计入产成品成本的份额的计算

计算各步骤应计入产成品成本的份额一般采用约当产量法。

(1) 计算各步骤产品的约当产量合计。

方法一：

$$约当产量合计 = 产成品所耗该步骤半成品数量 + 以后步骤月末在产品耗用该步骤半成品的数量 + 半成品库月末结存的该步骤半成品数量 + 该步骤月末在产品数量 \times 投料程度（或加工程度）$$

方法二：

$$约当产量合计 = 本步骤本月完工产品数量 + 以后步骤期初在产品耗用本步骤半成品的数量 + 半成品库月初结存该步骤半成品数量 + 该步骤月末在产品数量 \times 投料程度（或加工程度）$$

【例 3-3-4】 某企业生产甲产品，经过三个生产步骤制成。2025 年 9 月，各步骤生产情况如表 3-3-19 所示。假设一件产成品只消耗一件半成品，试分别用以上两种方法计算各步骤产品的约当产量（根据加工程度计算）。

表 3-3-19 产品生产情况表

产品名称：甲产品　　　　　　　　　　2025 年 9 月　　　　　　　　　　单位：件

项　目	一步骤	二步骤	三步骤
月初在产品产量	80	20	40
本月投产量	400	440	400
完工产品产量	440	400	420
月末在产品产量	40	60	20
月末在产品加工程度	50%	50%	50%

方法一：

第一步骤：$420+20+60+40 \times 50\% = 520$（件）

第二步骤：$420+20+60 \times 50\% = 470$（件）

第三步骤：$420+20 \times 50\% = 430$（件）

方法二：

第一步骤：$440+20+40+40 \times 50\% = 520$（件）

第二步骤：$400+40+60 \times 50\% = 470$（件）

第三步骤：$420+20 \times 50\% = 430$（件）

(2) 计算各步骤各成本项目的费用分配率。

$$某步骤某成本项目费用分配率 = \frac{该步骤该成本项目月初余额 + 该步骤该成本项目本月费用}{该步骤约当产量}$$

（3）计算各步骤生产费用中应计入产成品成本的份额。

$$某步骤某成本项目应计入\atop 产成品成本的份额 = 产成品消耗该步骤\atop 半成品的数量 \times 该步骤该成本项目的\atop 费用分配率$$

7. 约当产量分配法的应用举例

【例 3-3-5】　ABC 企业的甲产品经由三个步骤,分别经三个基本生产车间加工,第一车间生产出 A 半成品转入第二车间加工为 B 半成品,B 半成品再转入第三车间继续加工为最终的产成品。原材料在生产一开始就全部投入,各步骤月末在产品的完工程度均为 50%。假定一件产成品耗用两件 A 半成品和一件 B 半成品。试用约当产量分配法计算产成品成本。该企业 2025 年 10 月份的有关资料如表 3-3-20、表 3-3-21 所示。

表 3-3-20　ABC 企业生产费用资料

产品名称:甲产品　　　　　　　　　　　　2025 年 10 月　　　　　　　　　　　　单位:元

项　目	月初在产品成本			本月本步骤发生费用		
	直接材料	直接人工	制造费用	直接材料	直接人工	制造费用
第一车间	5 800	6 000	8 000	12 800	18 000	22 000
第二车间		5 300	5 850		10 000	12 000
第三车间		2 800	5 400		10 000	9 000

表 3-3-21　ABC 企业生产数量记录资料

产品名称:甲产品　　　　　　　　　　　　2025 年 10 月　　　　　　　　　　　　单位:件

项　目	第一车间	第二车间	第三车间
月初在产品	10	50	40
本月投入或上步转入	230	200	180
本月完工	200	180	100
月末在产品	40	70	120

要求:采用平行结转分步法计算该企业当月所产甲产品的成本。

（1）根据各车间的产量资料,计算月末在产品的约当产量,计算结果如表 3-3-22 所示。

表 3-3-22　各车间（步骤）生产总量计算表

2025 年 10 月　　　　　　　　　　　　单位:件

项　目		第一车间	第二车间	第三车间
产成品耗用半成品数量		100×2=200	100×1=100	100×1=100
月末广义在产品约当产量	直接材料	70×2+120×2+40×100%=420	—	—
	加工费用	40×50%+70×2+120×2=400	120+70×50%=155	120×50%=60
各车间约当产量合计	直接材料	200+420=620	—	—
	加工费用	200+400=600	100+155=255	100+60=160

（2）按成本项目分别计算各步骤（车间）生产的半成品的单位成本，据此计算应计入最终产成品的"份额"转入产品成本计算汇总表，如表 3-3-23 至表 3-3-25 所示。

表 3-3-23　成本计算单

车间：一车间　　　　　　　　　　　　　　　　　　　　　　　　完工数量：件
产品：A 半成品　　　　　　　　　　　2025 年 10 月　　　　　　在产品数量：件

成本项目	月初在产品成本	本月生产费用	生产费用合计	约当产量合计	单位成本	计入产成品成本	月末在产品成本
直接材料	5 800	12 800	18 600	620	30	6 000	12 600
直接人工	6 000	18 000	24 000	600	40	8 000	16 000
制造费用	8 000	22 000	30 000	600	50	10 000	20 000
合　计	19 800	52 800	72 600	—	120	24 000	48 600

单位成本：　　　　　　　　　　　　　　　　　产成品应计入"份额"

直接材料：18 600÷620＝30（元）　　　　　　200×30＝6 000（元）

直接人工：24 000÷600＝40（元）　　　　　　200×40＝8 000（元）

制造费用：30 000÷600＝50（元）　　　　　　200×50＝10 000（元）

表 3-3-24　成本计算单

车间：二车间　　　　　　　　　　　　　　　　　　　　　　　　完工数量：件
产品：B 半成品　　　　　　　　　　　2025 年 10 月　　　　　　在产品数量：件

成本项目	月初在产品成本	本月生产成本	生产费用合计	约当产量合计	单位成本	计入产成品成本	月末在产品成本
直接材料	—	—	—	—	—	—	—
直接人工	5 300	10 000	15 300	255	60	6 000	9 300
制造费用	5 850	12 000	17 850	255	70	7 000	10 850
合　计	11 150	22 000	33 150	—	130	13 000	20 150

单位成本：　　　　　　　　　　　　　　　　　产成品应计入"份额"

直接人工：15 300÷255＝60（元）　　　　　　100×60＝6 000（元）

制造费用：17 850÷255＝70（元）　　　　　　100×70＝7 000（元）

表 3-3-25　成本计算单

车间：三车间　　　　　　　　　　　　　　　　　　　　　　　　完工产量：件
产品：甲产品　　　　　　　　　　　　2025 年 10 月　　　　　　在产品数量：件

成本项目	月初在产品成本	本月生产成本	生产费用合计	约当产量合计	单位成本	计入产成品成本	月末在产品成本
直接材料	—	—	—	—	—	—	—
直接人工	2 800	10 000	12 800	160	80	8 000	4 800
制造费用	5 400	9 000	14 400	160	90	9 000	5 400
合　计	8 200	19 000	27 200	—	170	17 000	10 200

单位成本：

直接人工：12 800÷160＝80(元)　　　　　　　产成品应计入"份额"

制造费用：14 400÷160＝90(元)　　　　　　　100×80＝8 000(元)

　　　　　　　　　　　　　　　　　　　　　100×90＝9 000(元)

（3）根据表 3－3－23 至表 3－3－25 相关数据，汇总计算最终产成品的总成本和单位成本，如表 3－3－26 所示。

表 3－3－26　产品成本计算汇总表

产品名称：甲产品　　　　　　　2025 年 10 月　　　　　　　单位：元

车　间	直接材料	直接人工	制造费用	合　计
第一车间	6 000	8 000	10 000	24 000
第二车间		6 000	7 000	13 000
第三车间		8 000	9 000	17 000
结转完工产品总成本	6 000	22 000	26 000	54 000
完工产品产量	100	100	100	—
完工产品单位成本	60	220	260	540

根据表 3－3－26，编制结转完工产品成本的会计分录如下：

借：库存商品——甲产品　　　　　　　　　　　　　　　54 000

　　贷：基本生产成本——第三车间　　　　　　　　　　　　17 000

　　　　　　　　　　——第二车间　　　　　　　　　　　　13 000

　　　　　　　　　　——第一车间　　　　　　　　　　　　24 000

专项技能训练

任务一　根据有关资料，采用分项结转分步法计算产品成本，并将计算结果直接填入表 3－3－29、表 3－3－30 中。

某企业生产甲产品，由两个车间连续生产，一车间生产的半成品直接转入二车间继续加工，最终生产出产成品。采用分项结转分步法计算产品成本，在产品按定额成本计算，原材料系在开始生产时一次投入。各车间月末在产品加工程度为 50%。产量资料和定额及生产费用资料如表3－3－27、表 3－3－28 所示。

表 3－3－27　产量资料

单位：件

项　目	一车间	二车间
月初在产品	80	60
本月投产	120	180
本月完工	180	200
月末在产品	20	40

表 3-3-28 生产费用资料

单位：元

项 目	单件完工产品定额成本		月初在产品成本（定额成本）		本月发生生产费用	
	一车间	二车间	一车间	二车间	一车间	二车间
直接材料	20	77.5	1 600	4 650	9 500	
燃料及动力	10	26.4	400	792	1 215	920
直接人工	20	39.20	800	1 176	3 494	1 300
制造费用	9	14	360	420	2 595	630
合 计	59	157.10	3 160	7 038	16 804	2 850

要求：根据上述资料，采用分项结转分步法计算产品成本，并将计算结果直接填入表3-3-29、表3-3-30中。

表 3-3-29 一车间产品成本计算单

单位：元

项 目	直接材料	燃料及动力	直接人工	制造费用	合 计
月初在产品成本（定额成本）					
本月发生费用					
合计					
完工半成品成本					
月末在产品成本（定额成本）					

表 3-3-30 二车间产品成本计算单

单位：元

项 目	直接材料	燃料及动力	直接人工	制造费用	合 计
月初在产品成本（定额成本）					
本月发生费用					
上车间转入					
合计					
完工产品成本					
月末在产品成本（定额成本）					

任务二 根据相关资料，采用综合结转分步法计算产品成本，并编制产品成本计算单（见表 3-3-33~表 3-3-35）。

某企业生产甲产品，生产过程分为三个步骤，上一步骤完工的半成品，不通过半成品库收发，直接转给下一步骤继续加工，各步骤的在产品采用约当产量法按实际成本计算，直接材料在第一步骤生产开始时一次投入，各步骤在产品的完工程度均为50%。

该企业2025年10月有关产量记录如表3-3-31所示。

表 3‐3‐31 产量记录

单位：件

项　目	第一步骤	第二步骤	第三步骤
月初在产品数量	100	30	110
本月投产（或上步交来）数量	80	120	130
本月完工数量	120	130	160
月末在产品数量	60	20	80

该企业 2025 年 10 月有关成本资料见表 3‐3‐32。

表 3‐3‐32 成本资料

单位：元

项　目		直接材料	直接人工	制造费用	合　计
第一步骤	月初在产品成本	7 000	2 000	1 000	10 000
	本月生产费用	11 000	4 000	2 000	17 000
第二步骤	月初在产品成本	4 800	1 500	1 200	7 500
	本月生产费用		5 500	5 100	10 600
第三步骤	月初在产品成本	6 630	2 500	1 300	10 430
	本月生产费用		3 500	2 500	6 000

表 3‐3‐33 第一步骤产品成本计算单

单位：元

成本项目	月初在产品成本	本月发生费用	费用合计	费用分配率	完工半成品成本	月末在产品成本
直接材料	7 000	11 000				
直接人工	2 000	4 000				
制造费用	1 000	2 000				
合　计	10 000	17 000				

表 3‐3‐34 第二步骤产品成本计算单

单位：元

成本项目	月初在产品成本	本月发生/转入费用	费用合计	费用分配率	完工半成品成本	月末在产品成本
半成品	4 800					
直接人工	1 500					
制造费用	1 200					
合　计	7 500					

表 3-3-35 第三步骤产品成本计算单

单位：元

成本项目	月初在产品成本	本月发生/转入费用	费用合计	费用分配率	产成品成本	月末在产品成本
半成品	6 630					
直接人工	2 500					
制造费用	1 300					
合　计	10 430					

任务三 根据相关资料，按平行结转分步法计算甲产品成本，并编制产品成本计算单（见表 3-3-38～表 3-3-40）和产品成本汇总表（见表 3-3-41）。

某企业生产甲产品，连续经过三个生产步骤进行加工，原材料是在第一个生产步骤一次投入。各生产步骤的半成品，直接为下一个生产步骤耗用。第三步骤单位在产品和产成品耗用第二步骤半成品 1 件，第二步骤单位在产品和半成品耗用第一步骤半成品 1 件。在产品完工率均为 50%，月末在产品成本按约当产量法计算，其他有关资料如表 3-3-36 和表 3-3-37 所示。

表 3-3-36 产品产量表

单位：件

项　目	第一步骤	第二步骤	第三步骤
月初在产品数量	20	50	40
本月投产数量	180	160	180
本月完工产品数量	160	180	200
月末在产品数量	40	30	20

表 3-3-37 产品费用资料

单位：元

	项　目	直接材料	直接人工	制造费用	合　计
第一步骤	月初在产品成本	1 000	60	100	1 160
	本月生产费用	18 400	2 200	2 400	23 000
第二步骤	月初在产品成本		200	120	320
	本月生产费用		3 200	4 800	8 000
第三步骤	月初在产品成本		180	160	340
	本月生产费用		3 450	2 550	6 000

表 3－3－38　第一步骤产品成本计算单

单位：元

项　目	直接材料	直接人工	制造费用	合　计
月初在产品成本	1 000	60	100	1 160
本月发生费用	18 400	2 200	2 400	23 000
合　计	19 400	2 260	2 500	24 160
约当产量				
单位成本				
计入产成品成本份额				
月末在产品成本				

表 3－3－39　第二步骤产品成本计算单

单位：元

项　目	直接材料	直接人工	制造费用	合　计
月初在产品成本		200	120	320
本月发生费用		3 200	4 800	8 000
合　计		3 400	4 920	8 320
约当产量				
单位成本				
计入产成品成本份额				
月末在产品成本				

表 3－3－40　第三步骤产品成本计算单

单位：元

项　目	直接材料	直接人工	制造费用	合　计
月初在产品成本		180	160	340
本月发生费用		3 450	2 550	6 000
合　计		3 630	2 710	6 340
约当产量				
单位成本				
计入产成品成本份额				
月末在产品成本				

表 3 - 3 - 41　产品成本汇总表

单位：元

步骤份额	直接材料	直接人工	制造费用	合　计
第一步骤				
第二步骤				
第三步骤				
合　计				
单位成本				

项目实训八　计算完工产品、在产品成本（见教材 278 页），要求计算金工车间与组装车间完工产品和在产品的成本。

章节练习题

项目四 运用作业成本法计算产品成本

知识目标

1. 了解作业成本法的产生背景;
2. 理解作业成本法的相关概念;
3. 掌握作业成本法的核算流程;
4. 理解作业成本法的优缺点及适用范围。

技能目标

1. 可以运用作业成本法计算产品成本;
2. 能根据作业成本法规划成本管理。

素质目标

1. 培养学生的群体意识,注重合作,具有集体荣誉感;
2. 培养学生追求工匠精神,精益求精。

相关知识

一、作业成本法产生的时代背景

作业成本法(Activity Based Costing, ABC)的基本思想最早在20世纪30年代末40年代初由美国会计学家埃里克·科勒(Eric Kohler)提出,他认为作业指的是一个组织单位对一项工程、一个大型建设项目、一个规划或重要经营事项的具体活动所做的贡献。科勒第一次把作业的观点引入会计和管理之中,认为所有的成本都是变动的,所有的成本都能够找出具体责任人,控制由责任人实施。这是作业成本法的萌芽。第二位研究作业成本法的是美国会计学家乔治·斯托布斯(George J.Staubus),其在1971年出版的《作业成本计算和投入产出会计》一书中首次在"作业"的基础上设计出了一套成本管理系统,对"作业""成本""作业会计""作业投入产出系统"等概念做了全面、系统的阐述,标志着作业成本法的萌芽和成型。尽管科勒和斯托布斯对作业成本进行了比较系统的研究,但直到20世纪80年代中期之前,作业成本法并未得到西方会计界的广泛关注。

直到1988年,库珀在《成本管理》杂志上发表了《一论作业成本法的兴起:什么是作业成本法系统》,他认为产品成本就是制造和运送产品所需全部作业的成本的总和,成本计算的最基本对象是作业。作业成本法所赖以存在的基础是作业消耗资源,产品消耗作业。接着,库珀又连续发表了《二论作业成本法的兴起:何时需要作业成本法系统》《三论作业成本法的兴起:需要多少成本动因并如何选择》和《四论作业成本法的兴起:作业成本法系统看起来到底像什么》。库珀还与卡普兰合作在《哈佛商业评论》上发表了《计量成本的正确性:制定正确的决策》。上述文章基本上对 ABC 的现实意义、运作程序、成本动因选择、成本库的建立等重要问题进行了全面深入的分析,指出了作业成本计算两阶段归集步骤,即作业消耗资源,产品消耗作业,并提出了"成本动因"理论。可以说,库珀和卡普兰的这些文献,标志着作业成本法的产生,基本奠定了作业成本法的理论研究基础。此后作业成本法开始在理论界和实务界广受推崇,并被视为当代管理会计的重大发展成就之一,也被视为新一代革命性的成本管理系统。

【你知道吗?】

科学的每一重大进步,都是由很多人的心血凝聚而成的,科研人员的群体意识和协作精神,是繁荣现代科学的重要条件。

我国完成第一颗原子弹试验,集中了 26 个部门、900 多家工厂、科研机构和大专院校的智慧。

标志着"中国植物学界终于站起来了"的《中国植物志》出版工作,前后 4 代科学家接力,由 80 多家单位、300 多位作者,历时近 50 年完成。

研发新冠病毒疫苗,我国走在世界前列,离不开工艺设计、保护性评价、动物模型、临床试验等多环节科研人员的紧密配合。

载人航天、探月工程、载人深潜、"中国天眼"工程等,无一不是团队联合攻关、群策群力的智慧结晶。

没有万众一心、众志成城的精神,我们就难以创造一个又一个科技发展的奇迹。

二、作业成本法的基本概念

作业成本法,是以作业为核心,以"作业消耗资源,产品消耗作业"为基本依据,确认和计量耗用企业资源的所有作业,将耗用的资源成本准确地计入作业,然后分析成本发生的动因,将所有作业成本分配给成本计算对象(产品或服务)的一种成本计算方法。要了解作业成本法,需要了解以下特有概念。

(一)资源

资源是企业生产耗费的原始形态,是成本产生的源泉。企业作业活动所涉及的人力、物力、财力都属于资源。作业成本法下,资源实质上是为了产出作业或产品而进行的各项费用支出总和,包括直接人工、直接材料、生产维持成本、间接制造费用以及生产过程以外的成本(如广告费)。

(二)作业

作业是企业在生产经营过程中所发生的各项具体活动。产品生产过程中的产品设计、原材料处理、产品加工、产品检验、订单处理、机器调试、采购、设备运行以及质量检验等都可以看作是作业。它是连接资源和产品的纽带,在消耗资源的同时生产出产品。为了便于作业分析,并进行作业成本计算,常见的作业可以分为以下四类。

1. 产量级作业

产量级作业又称单位作业,是使单个产品或服务受益的作业,该类作业的数量与产品(或服务)的数量成正比例变动,包括产品加工、检验等。

2. 批别级作业

批别级作业是指为一组(或一批)产品(或服务)实施的、使该组(或批)产品(或服务)受益的作业。该类作业的发生是由生产的批量数而不是单个产品(或服务)引起的,其数量与产品(或服务)的批量数成正比例变动。常见的批别级作业有成批采购、设备调试、生产准备、产品检验、订单处理等。

3. 品种级作业

品种级作业又称产品作业,是指为生产和销售某种产品(或服务)实施的、使该种产品(或服务)的每个单位都受益的作业。该类作业用于产品(或服务)的生产或销售,其数量与产品的产量或批量无关,而与品种的多少成正比例变动。包括新产品设计、现有产品质量与功能改进、生产流程监控、产品工艺设计、产品广告等。

4. 维持级作业

维持级作业是维持企业正常生产,而使所有产品都受益的作业,其数量与产品的种类和产量无相关关系。例如,厂房维修、财产保险、管理作业、针对企业整体的广告活动等。

(三)成本动因

成本动因,也称为成本驱动因素,是指诱导成本发生的原因,是成本对象与其直接关联的作业和最终关联的资源之间的中介。比如人工工时、机器工时、产品数量、收取订单数量、设备调整次数、检验次数、质量检查次数、用电度数等都属于产品成本的成本动因。一项成本可以有多重成本动因。比如,运输1个箱子的成本高低可能跟箱子的体积、重量、运的行程数、道路情况等有关,这些因素都属于该运输成本的成本动因。

按其在资源流动中所处的位置和作用,成本动因可分为以下几个。

1. 资源动因

资源动因是引起作业成本变动的驱动因素,反映作业与耗费之间的因果关系,用于计量各项作业对资源的耗用,是将资源成本分配给各有关作业的依据。例如,假定质量检验部门有一项资源消耗——100 000元的人工费用,该质量检验部门有"外购材料的检验""在产品的检验"和"产成品的检验"三项作业。会计部门依据参与每一作业的人数以及每人在该作业上所花费的时间将100 000元分配到这三项作业中去,那么人数和在作业上所花费的时间就属于质量检验作业成本的资源动因。如果该部门2/10的人员把他们50%的时间花费在对外购材料的检验上,那么10%的人工费用,也就是10 000元就应分配给"检验外购材料"的作业。资源动因作为一种分配基础,它反映了作业对资源的耗费情况,是将资源成本分配到作业的标准。

2. 作业动因

作业动因是引起产品成本变动的驱动因素,反映产品与作业成本之间的因果关系,用于计量各种产品对作业耗用的情况,是将作业成本分配给各种产品的基础,也是沟通资源消耗与最终产品的中介。例如,当"检验外购材料"被定义为一个作业时,则"检验小时"或"检验次数"就可成为它的作业动因。如果检验外购 A 材料所花的时间占总数的 30％，则"检验外购材料"作业成本的 30％就应分配给外购材料 A。

作业动因与前述的作业分类有关。如是产量级作业，则作业动因是产量；如是批别级作业，则作业动因是产品的批量。

3. 资源动因和作业动因的区别与联系

如前文所述，资源动因连接着资源和作业，而作业动因连接着作业和产品。把资源分配到作业用的动因是资源动因；把作业成本分配到产品用的动因是作业动因。比如说，工资是企业的一种资源，把工资分配到"质量检验"作业的依据是质量检验部门的员工数，这个员工数就是资源动因；把"质量检验"作业的全部成本按产品检验的次数分配到产品，则检验次数就是作业动因。作业动因和资源动因也有混同的情况。当作业和产品一致，这时的资源动因和作业动因就是一样的。它们之间的关系具体如图 3-4-1 所示：

图 3-4-1 资源动因与作业动因之间的关系

三、作业成本法的计算程序

（一）设立资源库，并归集资源库价值

企业在生产产品或提供劳务过程中会消耗各种资源，如货币资金、原材料、人力、动力、厂房设备等。企业首先应为各类资源设置相应的资源库，并对一定期间内耗费的各种资源价值进行计量，将计量结果归入各资源库中。

$$资源耗费分配率＝各资源库价值÷该资源库资源动因总量$$
$$某作业中心耗用的资源价值＝\sum\left(该作业中心耗用的资源动因量×资源耗费分配率\right)$$

（二）确认作业，划分作业中心，建立作业成本库

对企业生产经营过程进行详细的作业及其资源耗费分析，确认作业、主要作业和作业中心，按为每个作业中心建立作业成本库，归集费用，披露成本信息。

（三）将各类资源耗费按资源动因分配给各作业成本库

作业所消耗的每一种资源便成为该作业成本库中的一项成本要素。确立各类资源的资源动因，将资源分配到各作业，据此计算出作业中各成本要素的成本额，开列作业成本计算单，汇总各成本要素，得出作业成本库的成本总额。按照资源动因把资源耗费分配到各作业成本库中，这一步骤反映了"作业消耗资源"。

（四）将各作业成本库归集的成本按作业动因分配给产品

当各作业成本库建立好，作业动因确定好，便可将归集于作业成本库的成本依据作业动因分配到各项产品或服务，这一过程体现的是"产品消耗作业"。

$$作业成本分配率＝作业成本库总成本÷该作业成本库作业动因总量$$
$$某产品耗用的作业成本＝\sum\left(该产品耗用的作业动因量×作业成本分配率\right)$$

（五）计算产品成本

将各产品发生的直接成本和作业成本加以汇总,计算出各种产品的总成本;将各产品总成本除以各产品的数量即可得到各产品的单位成本。其计算公式为:

$$某产品当期发生成本 = 当期投入该产品的直接成本 + 当期该产品耗用的各项作业成本$$

$$直接成本 = 直接材料成本 + 直接人工成本$$

四、作业成本法的实际运用

【例3-4-1】　御龙公司是一家服装生产企业,该公司的服装生产车间生产3种款式的女士衬衣和2种款式的男士衬衣,男女式衬衣共用一条生产线加工。5款衬衣均按批组织生产,每批产量为1 000件。其他相关成本资料如表3-4-1、表3-4-2所示。

表3-4-1　产量与直接人工和直接材料资料

单位:元

产品型号	女士衬衣1	女士衬衣2	女士衬衣3	男士衬衣1	男士衬衣2	合　计
本月批次	8	10	6	4	2	30
每批产量(件)	1 000	1 000	1 000	1 000	1 000	1 000
总产量(件)	8 000	10 000	6 000	4 000	2 000	30 000
每批直接材料成本	62 000	63 000	64 000	70 000	80 000	
直接材料总成本	496 000	630 000	384 000	28 0000	160 000	1 950 000
每批直接人工成本	33 000	34 000	35 000	44 000	42 000	
直接人工总成本	264 000	340 000	210 000	176 000	84 000	1 074 000

表3-4-2　制造费用发生额

单位:元

费用项目	金　额
生产准备成本	420 000
机器能量成本	1 074 000
检验成本	420 000
房屋租金	72 000
生产管理成本	36 000
合　计	2 022 000

此外,进一步假设作业成本法下的成本动因资料如下:

(1) 每批次生产前需要重新做一次标准的生产准备工作;

(2) 女士衬衣1、女士衬衣2、女士衬衣3、男士衬衣1、男士衬衣2的单位机器工时比例为

1∶1∶1∶1∶1,即每件衬衫消耗的工时相同;

(3)每批次生产后需要做一次产品检验工作,每批次检验女士衬衣1、女士衬衣2、女士衬衣3、男士衬衣1、男士衬衣2分别为50、50、100、100、100件,每次需要对抽取的每件产品进行检验。

(一)按完全成本法计算成本

按完全成本法计算成本时,制造费用使用统一的分配率,假如制造费用按直接人工成本进行分配,具体成本计算如表3-4-3所示。

表3-4-3 完全成本法汇总计算成本计算单

单位:元

产品型号	女士 衬衣1	女士 衬衣2	女士 衬衣3	男士 衬衣1	男士 衬衣2	合 计
总产量(件)①	8 000	10 000	6 000	4 000	2 000	30 000
直接人工②	201 000	340 000	210 000	176 000	84 000	1 011 000
直接材料③	496 000	630 000	384 000	280 000	160 000	1 950 000
制造费用 分配率④	2 022 000÷1 011 000=2					—
制造费用 ⑤=②×④	402 000	680 000	420 000	352 000	168 000	2 022 000
总成本 ⑥=②+③+⑤	1 099 000	1 650 000	1 014 000	808 000	412 000	4 983 000
单位成本(元/件)⑦=⑥÷①	137.38	165.00	169.00	202.00	206.00	—

(二)按作业成本法计算成本

(1)确认作业,划分作业中心。根据企业实际情况,企业管理层可以把企业生产经营过程中的生产准备、机器加工、产品检验、房屋租金、生产管理分别确认为一项作业。

据前所述,机器加工为产量级作业(单位作业),生产准备、产品检验为批次级作业,房屋租金与生产管理属于维持级作业。

(2)将各类资源价值耗费按资源动因分配到各作业成本库。结合企业实际情况,企业管理层按照资源动因将资源的消耗分配到各作业成本库。

(3)将各作业成本库归集的成本按作业动因分配给最终产品。根据成本库归集的制造费用,按产量级作业、批别级作业、品种级作业、维持级作业四个层次分配制造费用如下:

① 产量级作业成本分配。

把机器能量成本按机器工时比率分派到产品生产线,计算如表3-4-4所示。

表3-4-4 机器能量成本分配表

产品型号	女士 衬衣1	女士 衬衣2	女士 衬衣3	男士 衬衣1	男士 衬衣2	合 计
产量(件)①	8 000	10 000	6 000	4 000	2 000	30 000

产品型号	女士衬衣1	女士衬衣2	女士衬衣3	男士衬衣1	男士衬衣2	合　计
单位工时比例②	1	1	1	1	1	—
作业动因合计③＝①×②	8 000	10 000	6 000	4 000	2 000	30 000
分配率④	1 074 000÷30 000＝35.8					
分配额(元)⑤＝③×④	286 400	358 000	214 800	143 200	71 600	1 074 000

② 批别级作业成本分配。

生产准备按准备次数分配,分配结果如表3－4－5所示。

表3－4－5　生产准备成本分配表

产品型号	女士衬衣1	女士衬衣2	女士衬衣3	男士衬衣1	男士衬衣2	合　计
本月批次①	8	10	6	4	2	30
每批准备次数②	1	1	1	1	1	—
作业动因合计(准备次数)③＝①×②	8	10	6	4	2	30
分配率(元/次)④	420 000÷30＝14 000					—
分配额(元)⑤＝③×④	112 000	140 000	84 000	56 000	28 000	420 000

检验成本按检验数量分配,分配结果如表3－4－6所示。

表3－4－6　检验成本分配表

产品型号	女士衬衣1	女士衬衣2	女士衬衣3	男士衬衣1	男士衬衣2	合　计
本月批次①	8	10	6	4	2	30
每批检验数(件)②	50	50	100	100	100	—
检验数合计(件)③＝①×②	400	500	600	400	200	2 100
分配率(元/件)④	420 000÷2 100＝200					—
分配额(元)⑤＝③×④	80 000	100 000	120 000	80 000	40 000	420 000

③ 品种级作业成本分配。

该题无品种级作业,因此不存在分配问题。

④ 维持级作业成本分配。

房屋租金和生产管理属于维持级作业,以直接成本(=直接材料+直接人工)为基础分配,分配结果如表 3-4-7 所示。

表 3-4-7　房屋租金和生产管理成本分配表

产品型号	女士衬衣 1	女士衬衣 2	女士衬衣 3	男士衬衣 1	男士衬衣 2	合　计
直接材料(元)①	496 000	630 000	384 000	280 000	160 000	1 950 000
直接人工(元)②	264 000	340 000	210 000	176 000	84 000	1 074 000
合计(元) ③=①+②	760 000	970 000	594 000	456 000	244 000	3 024 000
分配率④	108 000÷3 024 000≈0.035 7					—
分配额(元) ⑤=③×④	27 132	34 629	21 205.8	16 279.2	8 754 (倒挤)	108 000

(4)计算产品生产成本。综合上述计算结果,各种产品总成本和单位成本如表 3-4-8 所示。

表 3-4-8　作业成本分配汇总表

产品型号	女士衬衣 1	女士衬衣 2	女士衬衣 3	男士衬衣 1	男士衬衣 2	合　计
产量(件)	8 000	10 000	6 000	4 000	2 000	30 000
直接人工(元)	201 000	340 000	210 000	176 000	84 000	1 011 000
直接材料(元)	496 000	630 000	384 000	280 000	160 000	1 950 000
制造费用:						
产量级作业成本(元)	286 400	358 000	214 800	143 200	71 600	1 074 000
批别级作业成本(元)	192 000	240 000	204 000	136 000	68 000	840 000
维持级作业成本(元)	27 132	34 629	21 205.8	16 279.2	8754	108 000
作业成本合计(元)	505 532	632 629	440 005.8	295 479.2	148 354	2 022 000
总成本(元)	1 202 532	1 602 629	1 034 006	751 479.2	392 354	4 983 000
单位成本(元/件)	150.32	160.26	172.33	187.87	196.18	—

最后,通过比较完全成本法和作业成本法的计算结果,可以看到,作业成本法下女士衬衣 2、男士衬衣 1、男士衬衣 2 的单位成本比完全成本法下的单位成本低,女士衬衣 1、女士衬衣 3 作业成本法下单位成本比完全成本法下单位成本高。原因是制造费用的分配标准不一样,由于完全成本法下,直接人工费用是制造费用的唯一分配标准,单位产品人工费用高的产品其单位成本会被夸大,会偏离产品的实际成本。作业成本法下将不同性质的成本采用与该成本直接相关的成本动因进行分配,费用与分配标准之间更具有因果关系,分配结果更为准确。

五、作业成本法的优点、局限性以及适用条件

（一）作业成本法的优点

1. 扩宽了成本核算的范围

作业成本法将作业、作业中心、顾客和市场纳入了成本核算的范围,形成了以作业为核心的成本核算对象体系,不仅核算产品成本,而且核算作业成本和动因成本。这种成本核算体系,可以抓住资源向成本对象流动的关键,便于合理计算成本。

2. 能够提供更精确的成本信息

作业成本法是传统成本会计系统的一种替代方法。它将成本分配的重点放在间接成本上,不再使用单一的分配标准而是采用多元分配基准,从成本对象与资源消耗的因果关系着手,根据资源动因将间接费用分配到作业,再按照作业动因将作业计入成本对象,解决了传统成本计算方法扭曲成本信息的问题,从而为信息使用者提供更精确的成本信息。

【你知道吗?】

　　"精益求精"的工匠精神不仅是"中国制造"的精神内涵,也是会计工作的精神内涵。我们要不断研究更精确的成本计算方法,将智能化技术应用到成本核算工作中,为决策者提供更精确的成本信息,助力企业精细化管理,节能减耗,降低成本,提升企业竞争力。

---

3. 有助于改进成本控制

作业成本法提供了了解产品作业过程的途径,使管理人员知道成本是如何发生的。从成本动因上改进成本控制,包括改进产品设计和生产流程等,可以消除非增值作业、提高增值作业的效率,有助于持续降低成本和不断消除浪费。

4. 为企业战略决策提供信息支持

作业成本法提供的作业驱动成本的计量信息,有助于管理者做出更好的产品设计决策,以及改进产品定价决策,并为是否停产老产品、引进新产品和指导销售等提供准确的信息,使管理者能够利用相关成本进行经营决策。

5. 便于企业绩效考核

在作业成本观念下,按作业设立责任中心,使用更为合理的分配基础,易于区分责任,通过各作业层所提供的成本信息,能明确增值作业与非增值作业,高效作业与低效作业,以评价个人或作业中心的责任履行情况。

（二）作业成本法的局限性

1. 开发和维护费用较高

作业成本法的成本动因数量越多,开发和维护费用越高。

2. 不符合对外财务报告的需要

作业成本法计算出的产品成本既包含制造成本,也可能包含部分非制造成本。因此,采用作业成本法的企业,为了使对外财务报表符合会计准则的要求,需要重新调整成本数据。这种调整与变动成本法的调整相比,工作量大,而且技术难度大,有可能出现混乱。

3. 确定成本动因比较困难

间接成本并非都与特定的成本动因相关联。可能找不到成本动因、寻找成本高、成本动因相关程度都很低。

4. 不利于管理控制

作业成本系统的成本库与企业的组织结构不一致，不利于提供管理控制的信息。作业成本法改善了经营决策信息，牺牲了管理控制信息。

（三）适用条件

采用作业成本法的公司一般应具备以下条件：

1. 制造费用在产品成本中占有较大比重

从成本结构看，这些公司的制造费用在产品成本中占有较大比重。他们若使用单一的分配率，成本信息的扭曲会比较严重。

2. 产品多样性程度高

从产品品种看，这些公司的产品多样性程度高，包括产品产量的多样性，规模的多样性，产品制造或服务复杂程度的多样性，原材料的多样性和产品组装的多样性。产品的多样性是引起传统成本系统在计算产品成本时发生信息扭曲的原因之一。

3. 面临竞争激烈的外部环境

传统的成本计算方法是在竞争较弱、产品多样性较低的背景下设计的。当竞争变得激烈，产品的多样性增加时，传统成本计算方法的缺点被放大了，实施作业成本法变得有利。由于经济环境越来越动荡，竞争越来越激烈，相对于作业成本法而言，传统成本系统增加了决策失误引起的成本。

4. 公司的规模比较大

由于大公司拥有更为强大的信息沟通渠道和完善的信息管理基础设施，并且对信息的需求更为强烈，所以他们比小公司对作业成本法更感兴趣。

总之，在企业生产自动化程度较高、直接人工较少、制造费用比重较大、作业流程较清晰、相关业务数据完备且可获得、信息化基础工作较好、以产量为基础计算产品成本容易产生成本扭曲时，适宜采用作业成本法。企业可以根据自身经营管理的特点和条件，利用现代信息技术，采用作业成本法对不能直接归属于成本核算对象的成本进行归集和分配，通过作业成本法对产品的盈利能力、客户的获利能力、企业经营中的增值作业和非增值作业等进行分析，发挥更强大的管理作用。

专项技能训练

某企业生产 A、B 两种产品，其中 A 产品 900 件，B 产品 300 件，其作业及资源消耗情况相关数据如表 3-4-9 所示。

表3-4-9 作业及资源消耗情况

作业中心	资源耗用(元)	作业动因	作业动因数量		合 计
			A产品	B产品	
材料采购	25 000	订单数量(个)	350	150	500
机器使用	35 000	机器工时(小时)	1 200	800	2 000
质量控制	20 000	质检次数(次)	250	150	400
产品运输	16 000	运输次数(次)	50	30	80

要求:按作业成本法计算 A、B产品的成本,并填制表3-4-10。

表3-4-10 成本计算表

作业中心	作业成本库成本(元)	动因总量	分配率	产品成本(元)	
				A产品	B产品
材料采购	25 000	500			
机器使用	35 000	2 000			
质量控制	20 000	400			
产品运输	16 000	80			
总成本(元)	96 000	—			
单位成本(元/件)	—	—			

知识拓展

与助理会计师
点对点对接试题

项目五 运用分类法计算产品成本
项目六 运用定额法计算产品成本

模块四 编制并分析成本报表

案例导入

财务会计需要编制和分析财务报表,那么成本会计也需要编制、分析报表吗? 成本会计和财务会计编制的报表有什么区别呢?

内容框架

项目一 编制成本报表
项目二 分析成本报表

项目一 编制成本报表

案例导入

2025 年中华公司生产了甲、乙、丙三种产品,各产品的实际产量分别为 2 500 件、1 000 件、1 000 件。在这一年当中,公司发生了各种费用。为了能够更好地控制成本,实现成本会计的管理职能,管理层需要了解各项费用水平,以及产品成本等信息,并且对这些信息进行分析,进而寻求降低费用、成本的途径。于是公司管理层要求成本会计人员编制并分析各种成本报表与费用报表。那么,成本会计人员应该编制哪些报表呢? 这些报表应该如何编制呢?

知识目标

1. 了解成本报表的作用、种类及编制要求;
2. 掌握各种报表的编制方法。

技能目标

能够正确编制各种成本报表。

素质目标

具有诚实守信、客观公正的职业道德。

相关知识

一、成本报表的含义

成本报表是根据成本核算及其他有关资料编制,用以反映和监督企业一定时期产品成本水平和构成情况,以及各项费用支出情况的报告文件。正确、及时地编制成本报表是成本会计工作的一项重要内容,对于加强企业成本管理,提高经营管理水平有着重要的意义。

在市场经济环境下,企业的生产经营情况、资金耗费和产品成本水平等属于企业的一种商业秘密,因此,成本报表不宜对外报送,只是作为向企业经营管理者提供成本、费用信息,进行成本分析的一种内部报表。

二、成本报表的作用

(一) 成本报表是企业编制资产负债表和利润表的重要依据

成本报表提供的产品成本信息以及期间费用信息等为编制资产负债表和利润表提供了相应的数据依据。

(二) 考核和评价企业成本管理业绩

成本报表提供的相关信息是企业进行成本管理的重要依据。通过成本报表可以考核企业成本计划的执行情况,评价企业成本管理的成果。

(三) 为制定成本计划、费用预算提供依据

成本计划是在报告年度产品成本实际水平的基础上,结合报告年度成本计划执行情况,考虑计划年度中可能出现的有利因素和不利因素而编制的,所以报告年度成本报表所提供的资料,是制订计划年度成本计划的重要参考依据,各管理部门还可以根据成本报表的资料对未来时期的成本进行预测。同理,成本报表也为编制费用预算提供了依据。

三、成本报表的种类

成本报表是不对外报送的对内报表。因此,其种类、格式、项目和编制方法等,都由企业自行确定,具有很强的灵活性和多样性。而成本报表一般有如下几种分类。

(一) 成本报表按其反映的内容分类

成本报表按其反映的内容分为反映成本水平的报表、反映费用支出情况的报表和成本管理专题报表。

(1) 反映成本水平的报表。这类报表主要反映报告期内企业各种产品的实际成本水平。通过对本期实际成本与前期实际成本、本期计划成本进行对比分析,可以了解企业成本的变动趋势和成本计划的完成情况,并为挖掘降低成本的潜力提供资料。这类报表主要有全部产品

生产成本表、主要产品单位成本表等。

（2）反映费用支出情况的报表。这类报表主要反映企业在报告期内某些费用支出的总额及其构成情况。通过该类报表可以分析费用支出的合理程度及变化趋势，有利于企业制定费用预算，考核费用预算的完成情况。这类报表主要有制造费用明细表、管理费用明细表等。

（3）成本管理专题报表。这类报表主要反映企业在报告期内某些成本、费用发生的具体情况和成本管理中某些特定的信息。通过对这些信息的分析，可以有针对性地采取措施，从而加强成本管理。这类报表主要有质量成本表、责任成本表等。

（二）成本报表按其编制的时间分类

成本报表按其编制的时间分为定期报表和不定期报表。定期报表一般按月、季、半年、年度编制，如产品生产成本表、主要产品单位成本表、制造费用明细表等。但为了及时提供某些重要的成本、费用信息，定期报表也可采用旬报、周报、日报等形式。不定期报表是针对成本管理中出现的问题而随时按要求编制的成本报表，如质量成本表等。

（三）成本报表按其编制的范围分类

成本报表按其编制的范围分为全厂成本报表、车间成本报表、班组成本报表等。

四、成本报表的编制要求

为了充分发挥成本报表的作用，企业应按规定定期编制成本报表。成本报表的编制应满足以下要求：

（1）数字准确。报表所填列的数字必须真实、如实反映情况，不能弄虚作假、篡改数字。

（2）内容完整。编制的各种成本报表必须齐全，报表的内容必须全面，不得有所隐瞒。

（3）编报及时。成本信息和一般的信息一样，具有时效性。因此，为了更好地实现成本信息的价值，企业应按规定期限编制并报送成本报表。

【谨记朱镕基总理的话】

在第十六届世界会计师大会上，新中国第五任总理朱镕基讲道："会计人员必须做到'诚信为本，操守为重，坚持准则，不做假账'，不屈从和迎合任何压力和不合理要求，不以职务之便谋取一己私利，不提供虚假会计信息。"我们要将这句话落实到我们的会计工作中去，做一名客观公正、诚实守信的会计人。

五、全部产品生产成本表的编制

全部产品生产成本表是反映企业在报告期内生产的全部产品（包括可比产品和不可比产品）的总成本以及各种主要产品的单位成本和总成本的报表。全部产品生产成本表可以定期、总括地考核和分析企业全部生产费用和全部产品总成本的计划完成情况，对企业成本工作从总体上进行评价。

全部产品生产成本表可以从两个角度进行编制：一是按产品种类编制，反映企业在报告期所生产的全部产品的总成本和各主要产品单位成本及总成本；二是按成本项目编制，汇总反映企业在报告期发生的全部生产费用和全部产品总成本。

(一) 按产品种类反映的全部产品生产成本表的编制

按产品种类反映的全部产品生产成本表分为正表和补充资料两部分。正表项目栏的纵栏中首先分为可比产品与不可比产品两部分。可比产品是指上一年正式生产过,有上年较完备的成本资料的产品。由于可比产品需要同上年度实际成本进行比较,因此,表中不仅要反映本期的计划成本和实际成本,还要反映按上年实际平均单位成本计算的总成本。不可比产品是指上年没有正式生产过、没有上年度成本资料的产品,所以只反映本年度的计划成本和实际成本。将可比产品成本与不可比产品成本加总,可以求得全部产品的生产成本。

正表的横栏,分别反映各种产品的实际产量、单位成本、本月总成本和本年累计总成本,分别以上年实际平均单位成本、本年计划单位成本和本月实际单位成本为标准计算的实际产量总成本,以便将本年实际与上年实际和本年计划进行比较,正确评价企业成本工作的业绩。补充资料则是按年填报可比产品成本降低额、降低率、产值成本率的累计实际数与计划数,以现行价格计算的产品产值等。

按产品品种反映的全部产品生产成本表如表 4-1-1 所示。

表 4-1-1　按产品品种反映的全部产品生产成本表

公司名称:中华公司　　　　　　　　　　2025 年 12 月　　　　　　　　　　单位:元

产品名称	规格	计量单位	实际产量		单位成本				本月总成本			本年累计总成本		
			本月	本年累计	上年实际平均	本年计划	本月实际	本年累计实际平均	按上年实际平均单位成本计算	按本年计划单位成本计算	本月实际	按上年实际平均单位成本计算	按本年计划单位成本计算	本年实际
			(1)	(2)	(3)	(4)	(5)=(9)÷(1)	(6)=(12)÷(2)	(7)=(1)×(3)	(8)=(1)×(4)	(9)	(10)=(2)×(3)	(11)=(2)×(4)	(12)
可比产品合计									22 400	21 120	22 480	280 000	264 000	278 000
甲产品	台		32	400	325	310	315	305	10 400	9 920	10 080	130 000	124 000	122 000
乙产品	台		16	200	750	700	775	780	12 000	11 200	12 400	150 000	140 000	156 000
不可比产品合计									4 200	4 320		52 500	53 000	
丙产品	件		8	100		525	540	530	4 200	4 320		52 500	53 000	
全部产品生产成本									25 320	26 800		316 500	331 000	

按产品品种反映的全部产品生产成本表的编制方法如下:

(1) 实际产量栏。分为本月数和本年累计数两栏。应根据成本计算单或产品成本明细账的记录计算填列。

(2) 单位成本栏。按上年度本报表资料、本期成本计划资料、本期实际成本资料和本年累计成本资料分别计算填列。

(3) 本月总成本栏。包括本月实际总成本、按上年实际平均单位成本计算的总成本和按本年计划单位成本计算的总成本三项内容。其中,本月实际总成本按本月产品成本计算单的有关数字填列;后两项内容分别根据上年实际平均单位成本和本年计划单位成本乘以本月实际产量所得积数填列。

（4）本年累计总成本栏。包括按上年实际平均单位成本计算、按本年计划单位成本计算和本年实际总成本三栏。应按自年初至本月末止的本年累计产量分别乘以上年实际平均单位成本、本年计划单位成本和本年累计实际平均单位成本的积填列。

（5）补充资料部分。补充资料部分主要列示可比产品成本降低额与成本降低率两项指标。

（二）按成本项目反映的全部产品生产成本表的编制

按成本项目反映的全部产品生产成本表分为生产费用和产品成本两部分。生产费用部分按成本项目反映情况；产品成本部分是在生产费用合计基础上，加减期初、期末在产品和自制半成品余额计算的产品成本合计数。生产费用和产品成本可以按本年计划数、本月实际数和本年累计实际数分栏反映情况，以便于分析利用。如果可比产品单列，还可以增设上年实际数栏。

按成本项目反映的全部产品生产成本表如表 4-1-2 所示。

表 4-1-2　按成本项目反映的全部产品生产成本表

单位名称：中华公司　　　　　　　　　2025 年 12 月　　　　　　　　　单位：元

项　目	本年计划	本年实际
直接材料	211 190	237 970
直接人工	61 480	53 150
制造费用	41 150	37 080
生产费用合计	313 820	328 200
加：在产品、自制半成品期初余额	16 000	21 800
减：在产品、自制半成品期末余额	13 320	19 000
产品成本合计	316 500	331 000

六、主要产品单位成本表的编制

主要产品单位成本表是反映企业在一定时期内生产的各种主要产品单位成本的构成情况，以及每种产品生产的有关技术经济指标的会计报表。该表通常按月编制。主要产品单位成本表按主要产品分别编制，是对全部产品生产成本表的有关单位成本做进一步补充说明的报表。利用主要产品单位成本表，可以具体了解各种主要产品单位成本的构成情况和水平，并按成本项目考核和分析各种主要产品单位成本计划完成情况，分析单位成本构成变化及趋势。

主要产品单位成本表的结构分为基本部分和补充资料两部分：① 基本部分，是分别按每一种主要产品进行编制的，表中除反映产品名称、规格、计量单位、产量、售价之外，主要是按成本项目反映单位成本的构成和水平及各项主要技术经济指标；② 补充资料部分，反映上年和本年的几项经济指标，为分析、考核提供资料。

主要产品单位成本表的格式如表 4-1-3 所示。

表 4-1-3　主要产品单位成本表

单位名称：中华公司　　　　　　　　　　2025 年 12 月　　　　　　　　　　单位：元

产品名称：甲产品　　　　　　　　　　　　　　　　　　　　　　本月计划产量：12

产品规格：　　　　　　　　　　　　　　　　　　　　　　　　　本月实际产量：16

计量单位：件　　　　　　　　　　　　　　　　　　　　　　本年累计计划产量：160

产品销售单价：1 750 元　　　　　　　　　　　　　　　　　本年累计实际产量：200

成本项目	历史先进水平	上年实际	本年计划	本月实际	本年累计实际
直接材料	490	540	500	605	600
直接人工	100	120	125	100	115
制造费用	60	90	75	70	65
生产成本	650	750	700	775	780
主要技术经济指标：	用量	用量	用量	用量	用量
主要材料(千克)	20	21.6	20	22	21.5
生产工时(小时)	16	18	17	16	16.4

补充资料：

项　目	上年实际	本年实际
成本利润率		
产值成本率		
净产值率		
流动资金周转次数		
年末职工人数		
……		

主要产品单位成本表的编制方法如下：

本月计划产量和本年累计计划产量,根据本月和本年产品产量计划资料填列;本月实际产量和本年累计实际产量项目,根据统计提供的产品产量资料,或产品入库单填列;主要技术经济指标,反映主要产品单位产量所消耗的主要原材料、工时等,应根据产品领料单等凭证以及统计资料整理填列;历史先进水平,根据本企业历史上该种产品成本最低年度的成本资料填列;上年实际平均,根据上年度本表的本年累计实际平均单位成本和单位用量的资料填列;本年计划,根据年度成本计划中的资料填列;本月实际,根据本月完工的该种产品成本明细账上的有关数字计算后填列;累计实际平均,根据年初至本月末止已完工产品成本计算单等有关资料,采用加权平均计算后填列;补充资料有关指标需要计算填列。

七、各种费用报表的编制

制造费用明细表、管理费用明细表、财务费用明细表以及销售费用明细表,是分别按其费用明细项目反映企业在一定时期内发生的制造费用、管理费用、财务费用、销售费用总额及其详细构成情况的成本报表。

　　费用报表的结构基本相同,都是按费用明细项目设置专栏。每一明细项目都应填列本年计划数、上年同期实际数、本月实际数以及本年累计实际数。各费用明细表的编制方法类似,其中,"本年计划数"应根据相关费用预算中的有关项目数字填列;"上年同期实际数"应根据上年同期对应费用明细表的本月实际数填列;"本月实际数"应根据对应的本月发生数填列;"本年累计实际数"各项数字,填列自年初起至编报当月止的累计实际数,应根据对应费用明细账的记录计算填列,或根据本月实际数加上期本表的本年累计实际数填列。

　　制造费用明细表、管理费用明细表、财务费用明细表以及销售费用明细表分别如表4-1-4~表4-1-7所示。

表 4-1-4　制造费用明细表

单位名称:中华公司　　　　　　　　　　2025 年 12 月　　　　　　　　　　单位:元

项　目	本年计划	上年同期实际	本月实际	本年累计实际
间接材料				
间接人工				
折旧费				
办公费				
水电费				
差旅费				
运输费				
保险费				
租赁费				
设计制图费				
试验检验费				
在产品盘亏、毁损				
停工损失				
其他				
合　计				

表 4-1-5　管理费用明细表

单位名称:中华公司　　　　　　　　　　2025 年 12 月　　　　　　　　　　单位:元

项　目	本年计划	上年同期实际	本月实际	本年累计实际
材料费				
人工费				
折旧费				
办公费				
水电费				
差旅费				

续　表

项　目	本年计划	上年同期实际	本月实际	本年累计实际
运输费				
保险费				
租赁费				
低值易耗品摊销费				
产品质量保证费				
其他				
合　计				

表 4-1-6　财务费用明细表

单位名称：中华公司　　　　　　　　　2025 年 12 月　　　　　　　　　　单位：元

项　目	本年计划	上年同期实际	本月实际	本年累计实际
利息支出(减利息收入)				
汇兑损失(减汇兑收益)				
调剂外汇手续费				
金融机构手续费				
其他				
合　计				

表 4-1-7　销售费用明细表

单位名称：中华公司　　　　　　　　　2025 年 12 月　　　　　　　　　　单位：元

项　目	本年计划	上年同期实际	本月实际	本年累计实际
材料费				
人工费				
折旧费				
办公费				
水电费				
差旅费				
运输费				
广告费				
展览费				
其他				
合　计				

专项技能训练

根据下列资料，编制各种产品的生产成本报表。

表4-1-8 产量及单位成本表

编制单位：　　　　　　　　　　　年　月　日　　　　　　　　　　　单位：元

产品名称	产量				单位成本			
	上年实际	本年计划	本月实际	本年累计	上年实际	本年计划	本月实际	本年累计
烘干机	500	400	50	450	1 400	1 360	1 400	1 300
搅拌机	650	700	80	680	1 800	1 700	1 800	1 750
钻孔机		100	20	120		820	900	800

项目实训九　编制成本报表（见教材286页）

章节练习题

项目二　分析成本报表

案 例 导 入

中华公司 2025 年生产甲、乙、丙 3 种产品,本年的实际产量分别为 2 500 件、1 000 件、1 000 件,实际平均单位成本分别为 579 元、491 元和 530 元。本年计划单位成本分别为582 元、491 元和 530 元。甲、乙产品上年实际单位成本分别为 600 元和 500 元,丙产品为本年新产品。

现产品经理需要了解各产品成本计划的完成情况,以及产品成本变动的原因。你能为产品经理提供相关的数据信息吗?

知 识 目 标

熟悉比较分析法等成本分析方法。

技 能 目 标

1. 能够运用各种方法,对成本报表进行分析;
2. 能够通过分析,为企业提出改进成本管理的措施。

素 质 目 标

1. 具有追根溯源的精神;
2. 能够正视问题,积极面对问题、解决问题。

相关知识

【积极面对问题,解决问题】
发现问题不可怕,遇到问题不回避,不轻易放弃,积极分析问题,追根溯源,找到症结,有的放矢,解决问题。社会总在解决问题的过程中进步,人们总在解决问题的过程中成长。

一、成本分析的定义

成本分析,是指利用成本核算资料及成本计划等其他有关资料,运用一系列专门方法,揭示企业费用预算和成本计划的完成情况,查明成本升降原因,寻求降低成本的途径,充分挖掘企业降低成本潜力的一项工作。

二、成本分析的方法

成本分析的方法有很多,具体采用哪一种方法,取决于企业成本分析的目的、成本管理要求、费用和成本形成的特点以及成本分析所依据的资料性质等。

(一)比较分析法

比较分析法,也叫对比分析法,是将两个或两个以上相关的数据进行对比,从数量上确定差异的一种分析方法。比较分析法是经济分析中广泛应用的一种分析方法。进行对比分析的基数由于成本分析的目的不同而有所不同。实际工作中通常有三种形式:

(1)以成本的计划指标为基数进行对比。该方法可以找出分析期成本或费用与计划成本或费用之间的差异,揭示成本、费用计划的完成情况。实际数与计划数之间差异的产生,除了成本管理水平的原因外,还可能是由计划太保守或不切实际造成的。所以,在分析时就要检查计划本身是否既先进又切实可行。

(2)以前期(上月、上季、上年、上年同期、历史先进水平)的实际成本指标为基数进行对比。该方法可以反映企业成本、费用指标的变动情况及变动趋势,了解企业生产经营工作的改进情况。在有关成本、费用计划资料不全或计划制定质量不高时,这种方法显得格外重要。

(3)以国内外同行业先进水平为基数进行对比。该方法可在更大的范围内发现与先进水平的差距,从而学习先进,推动企业改进经营管理,赶上和超越先进。

比较分析法只适用于同质指标的对比。因此,在采用该方法时,应注意对比指标的可比性。进行对比的各项指标,在经济内容、计算方法、计算期和影响指标形成的客观条件等方面,应当具有共同的基础。

(二)比率分析法

比率分析法是指通过计算和对比经济指标的比率,进行数量分析的一种方法。

比率分析法主要有以下三种:

(1)相关比率分析。它是以某个项目和其有关但不相同的项目进行对比,求出比率进行的比较分析,以便分析有关因素之间的变动影响。成本分析中通常将成本指标与反映生产等生产经营成果的产值、销售收入、利润指标对比,求出产值成本率、销售成本率和成本利润率指标,据以分析和比较生产耗费的经济效益。

(2)构成比率分析。它确定某一指标各个组成部分占总体的比重,观察其构成内容及变化情况,以便更具体深入分析指标变动的原因。在成本分析中,常见的构成比率分析包括构成产品成本的各成本项目占总成本的比重分析、各费用项目占费用总额的比重分析。

(3)趋势比率分析。它是将几个时期的同类指标数值进行对比,求出比率,考察该指标的变动趋势,以便分析企业生产经营活动和成本变动的方向。例如,将本期实际成本与上期实际成本进行对比,算出比率,可以分析成本的变动趋势。

(三)因素分析法

因素分析法是将综合经济技术指标分解成各个原始因素,然后确定各个因素变动对该项经济指标的影响程度。

1. 连环替代法

因素分析法一般采用连环替代法。连环替代法的操作程序如下:

第一,分解指标体系,确定分析对象。

第二,确定替换原始因素的顺序。替代的顺序不同,计算出的各因素对指标的影响结果就不同。在实际工作中,确定替换顺序应遵循以下原则:先数量指标,后质量指标;先实物量指标,后货币量指标;先主要指标,后次要指标。

第三,按顺序连环替代各原始因素,计算替代结果。以基数指标体系为基础,用实际指标体系中每项因素的实际数顺序替代其对应的基数,每次替代后,实际数就被保留下来,有几个因素就替代几次,每次替代后计算出由于该因素变动的新结果。

第四,比较替代结果,确定影响程度。将每次替换计算的结果,与这一因素被替换前的结果进行比较,两者的差额就是这一因素变化对经济指标的影响程度。

第五,加总影响数字,验算分析结果。将各个因素的影响值相加,其代数和同经济指标的实际数与基数的总差异数相等。

连环替代法的基本原理如下:

设某一分析指标 R 是由相互联系的 A、B、C 三个因素相乘得到,报告期(实际)指标为:

$$R_1 = A_1 \times B_1 \times C_1$$

计划指标为:

$$R_0 = A_0 \times B_0 \times C_0$$

该指标实际脱离计划的差异为:

$$D = R_1 - R_0$$

在测定各因素变动对指标 R 的影响程度时,按顺序进行,假如确定的替换顺序为 A、B、C。

计划指标:

$$R_0 = A_0 \times B_0 \times C_0 \tag{1}$$

第一次替代:　　　　$$R_A = A_1 \times B_0 \times C_0 \tag{2}$$

第二次替代:　　　　$$R_B = A_1 \times B_1 \times C_0 \tag{3}$$

第三次替代:　　　　$$R_1 = A_1 \times B_1 \times C_1 \tag{4}$$

(2)-(1):$R_A - R_0 = D_A$　　——A 变动对 R 的影响金额

(3)-(2):$R_B - R_A = D_B$　　——B 变动对 R 的影响金额

(4)-(3):$R_1 - R_B = D_C$　　——C 变动对 R 的影响金额

各因素的影响结果:

$$D_A + D_B + D_C = D$$

2.差额分析法

差额分析法是连环替代法的一种简化形式。它是利用各个因素的实际数与基数之间的差额直接计算各个因素对指标影响结果的一种分析方法。差额分析法和连环替代法得出的结论是一致的。其计算程序如下。

第一,确定各因素的实际数与基数的差额:

第二,以各因素的差额乘以计算公式中该因素前面各因素的实际数,以及列在该因素后面的其余因素的基数,即可计算出该因素对指标的影响值。

将各因素的影响值相加,其代数和应与该指标的实际数与基数的差额相等。

差额法的计算原理如下(沿用前例):

$$(A_1-A_0)\times B_0\times C_0=D_A \quad\text{——}A\ \text{变动对}\ R\ \text{的影响}$$
$$A_1\times(B_1-B_0)\times C_0=D_B \quad\text{——}B\ \text{变动对}\ R\ \text{的影响}$$
$$A_1\times B_1\times(C_1-C_0)=D_C \quad\text{——}C\ \text{变动对}\ R\ \text{的影响}$$

各因素的影响结果：

$$D_A+D_B+D_C=D$$

三、产品成本分析

（一）全部产品成本计划完成情况分析

成本计划完成情况的分析是一种综合分析，通过分析可以总体地考核成本计划指标的完成情况，查明全部产品总成本中各个成本项目的成本计划完成情况，找出成本超支或降低幅度较大的产品或成本项目，为进一步分析指明方向。

1. 按产品种类进行的成本计划完成情况分析

工业企业的产品分为可比产品和不可比产品。这两类产品的分析方法不同。

对于可比产品，不仅要将其实际成本与计划成本进行比较，考核成本计划的完成情况，还要与上年的实际成本进行比较，以考核报告期实际成本较上年成本降低的幅度，用以检查企业在报告期内生产组织等的改进情况。

不可比产品由于以前年度并未正式生产过，没有历史数据，所以只能将其实际成本与计划成本进行比较。而全部产品成本包含了不可比产品的成本，因此，它只能以实际总成本与计划总成本进行比较，以确定其实际成本降低额及降低率。

$$\text{成本降低额}=\text{计划总成本}-\text{实际总成本}$$

$$\text{计划总成本}=\sum\Big(\text{各产品实际产量}\times\text{各该产品计划单位成本}\Big)$$

$$\text{成本降低率}=\frac{\text{成本降低额}}{\text{全部产品计划总成本}}\times100\%$$

【例 4-2-1】 以表 4-1-1 所示的中华公司 2025 年 12 月份全部产品生产成本表为例，分析该公司全部产品计划完成情况，并编制全部产品成本计划完成情况表（见表 4-2-1）。

成本降低额：$316\,500-331\,000=-14\,500$（元）

成本降低率：$(-14\,500)\div316\,500\times100\%=-4.58\%$

甲产品的成本降低额：$124\,000-122\,000=2\,000$（元）

成本降低率：$2\,000\div124\,000\times100\%=1.61\%$

乙产品的成本降低额：$140\,000-156\,000=-16\,000$（元）

成本降低率：$(-16\,000)\div140\,000\times100\%=-11.43\%$

可比产品成本降低额：$264\,000-278\,000=-14\,000$（元）

可比产品成本降低率：$(-14\,000)\div264\,000\times100\%=-5.30\%$

丙产品的成本降低额：$52\,500-53\,000=-500$（元）

成本降低率：$(-500)\div52\,500\times100\%=-0.95\%$

表4-2-1　全部产品成本计划完成情况表（按产品类别）

产　品	计划总成本	实际总成本	计划降低额	计划降低率
1. 可比产品	264 000	278 000	−14 000	−5.30%
其中：甲产品	124 000	122 000	2 000	1.61%
乙产品	140 000	156 000	−16 000	−11.43%
2. 不可比产品	52 500	53 000	−500	−0.95%
丙产品	52 500	53 000	−500	−0.95%
合　计	316 500	331 000	−14 500	−4.58%

从以上分析可以看出，该企业全部产品的实际成本总额比计划成本超支14 500元，成本降低率为−4.58%。其中，可比产品总成本超支14 000元，降低率为−5.30%，不可比产品成本超支500元，降低率为−0.95%。在可比产品成本中，乙产品成本超支了16 000元，甲产品成本降低了2 000元。显然，对产品成本进行进一步分析的重点，应当查明乙产品超支的原因。

2. 按成本项目进行的成本计划完成情况分析

计入产品成本的生产费用是多种多样的，这些费用的节约与超支必然影响产品的成本水平。为了充分了解成本变动的原因，挖掘降低成本的潜力，还应对构成产品成本的各个成本项目的变动情况及其对总成本的影响程度进行分析。例如，分析直接材料成本项目的计划完成情况等。其计算与总成本计划完成情况的相关计算类似。

（二）可比产品成本降低任务完成情况分析

1. 可比产品成本降低任务的完成情况分析

可比产品的实际成本还应与实际产量按上年实际平均单位成本计算的总成本进行比较，以确定可比产品实际成本较上年实际成本的降低额和降低率，及与成本计划中所确定的计划降低额和降低率，进而考察可比产品成本降低任务的完成情况。

计划降低额＝计划产量×（上年实际平均单位成本－本年计划单位成本）

计划降低率＝计划降低额÷（计划产量×上年实际平均单位成本）×100%

实际降低额＝实际产量×（上年实际平均单位成本－本年实际单位成本）

实际降低率＝实际降低额÷（实际产量×上年实际平均单位成本）×100%

【例4-2-2】承表4-1-1资料，中华公司生产甲、乙两种可比产品，该公司确定的可比产品成本降低计划如表4-2-2所示。分析其成本降低任务完成情况，编制可比产品成本降低任务完成情况分析表如表4-2-3。

表4-2-2　可比产品成本降低任务计划表

2025年12月

可比产品	计划产量	单位成本		总成本		计划成本降低任务	
		上年	计划	上年	计划	降低额	降低率
甲产品	360	325	310	117 000	111 600	5 400	4.615%

可比产品	计划产量	单位成本		总成本		计划成本降低任务	
		上年	计划	上年	计划	降低额	降低率
乙产品	200	750	700	150 000	140 000	10 000	−6.667%
合　计				267 000	251 600	15 400	5.768%

表 4 - 2 - 3　可比产品成本降低任务完成情况分析表

2025 年 12 月

可比产品	实际产量	单位成本			总成本			降低情况	
		上年	计划	实际	上年	计划	实际	降低额	降低率
甲产品	400	325	310	305	130 000	124 000	122 000	8 000	6.154%
乙产品	200	750	700	780	150 000	140 000	156 000	−6 000	−4%
合　计					280 000	264 000	278 000	2 000	0.714%

甲产品实际成本降低额：130 000 − 122 000 = 8 000(元)

甲产品实际成本降低率：8 000 ÷ 130 000 × 100% = 6.154%

乙产品实际成本降低额：150 000 − 156 000 = −6 000(元)

乙产品实际成本降低率：(−6 000) ÷ 150 000 × 100% = 4%

甲产品计划成本降低额为 5 400 元,实际成本降低额为 8 000 元;计划成本降低率为 4.615%,实际成本降低率为 6.154%,成本降低额和降低率计划出色完成。而乙产品的成本非但没有降低,反而还上升,因此,成本降低任务没有完成。

可比产品实际脱离计划的差异为：

降低额：2 000 − 15 400 = −13 400(元)

降低率：0.714% − 5.768% = −5.054%

结论：该公司可比产品的成本降低任务未能完成。

2. 影响可比产品成本降低任务完成情况的因素分析

(1) 产品产量。

可比产品成本计划降低任务是根据各种产品计划产量制定的,而实际成本降低额和降低率是根据各种产品的实际产量计算的。因此,在产品品种结构和单位成本不变时,产品产量的增减,只会引起成本降低额发生同比例的增减,而不会影响成本降低率的变化。

(2) 产品品种结构。

产品品种结构,是指各产品数量在全部产品数量总和中所占的比重。由于各产品的实物量不能简单相加,而可比产品降低任务是以上年单位成本为基础计算的,所以在分析时,一般是以上年单位成本为基础来计算可比产品的品种结构,某种产品的品种结构为：

$$\text{某产品品种结构} = \text{该产品实物量} \times \text{该产品上年单位成本} \div \sum\left(\text{各种产品实物量} \times \text{各种产品上年单位成本}\right)$$

可比产品成本降低率的变动除了受各种产品成本降低率的影响外,还受产品品种构成的影响。如果成本降低率较大的产品占全部可比产品的比重提高,全部可比产品成本降低率、降低额会相应提高;反之,成本降低率、降低额就会降低,成本降低任务完成不佳。

(3)产品单位成本。

成本降低计划中的降低额与降低率是以本年计划单位成本和上年实际单位成本相比而制定的,而实际降低额与降低率则是根据本年实际单位成本和上年实际单位成本相比计算出来的,因此,本期可比产品的实际单位成本与计划单位成本有差异时,就会影响可比产品成本降低任务完成情况。当其他条件不变时,单位成本与成本降低额、降低率成反比。如果产品单位成本的实际数比计划数低,其实际降低额、降低率比计划降低额、降低率高;反之,则低。

综上所述,影响成本降低额的因素有产品产量、产品品种结构、产品单位成本三个;影响成本降低率的只有产品品种结构、产品单位成本两个。

影响可比产品成本降低任务完成情况的因素分析可以采用连环替代法。现举例说明。

【例 4 - 2 - 3】 承例 4 - 2 - 2,可以计算该企业全部可比产品成本降低计划的执行结果如下:

可比产品成本降低额计划执行结果:$2\,000 - 15\,400 = -13\,400$(元)

可比产品成本降低率计划执行结果:$0.714\% - 5.768\% = -5.054\%$

在分析时应先列出基数,然后分别按产品产量、产品品种结构、产品单位成本的顺序进行替换。

按计划产量、计划品种结构、计划单位成本计算的成本降低额:

$267\,000 - 251\,600 = 15\,400$(元) ①

或者:$267\,000 \times 5.768\% = 15\,400$(元)

按实际产量、计划品种结构、计划单位成本计算的成本降低额:

$280\,000 \times 5.768\% = 16\,150.4$(元) ②

按实际产量、实际品种结构、计划单位成本计算的降低额:

$280\,000 - 264\,000 = 16\,000$(元) ③

按实际产量、实际品种结构、实际单位成本计算的降低额:

$280\,000 - 278\,000 = 2\,000$(元) ④

A. 产品产量变动对降低额的影响程度(②-①):

$16\,150.4 - 15\,400 = 750.4$(元)

B. 产品品种结构变动对降低额的影响程度(③-②):

$16\,000 - 16\,150.4 = -150.4$(元)

对成本降低率的影响程度:

$(-150.4) \div 280\,000 \times 100\% = -0.054\%$

C. 单位成本变动对降低额的影响程度(④-③):

$2\,000 - 16\,000 = -14\,000$(元)

对成本降低率的影响程度:

$(-14\,000) \div 280\,000 \times 100\% = -5.0\%$

各因素对降低额影响程度的合计：

$750.4 - 150.4 - 14\,000 = -13\,400$（元）

各因素对降低率影响程度的合计：

$-0.054\% - 5.0\% = -5.054\%$

从以上分析可以看出，造成实际成本超支的根本原因是乙产品实际单位成本较计划单位成本高出了 80 元之多，单项超支 16 000 元。此外，甲产品多生产了 40 件，其产量变动使产品成本多降低了 750.4 元，但甲产品单位产品计划降低率相对较低，因此，产品品种结构变动使产品成本超支了 150.4 元。总体而言，该企业需要对乙产品单位成本超标这一问题进一步查明原因。

（三）主要产品单位成本分析

通过对产品单位成本进行分析，可以确定该种产品的设计、生产工艺和消耗定额等因素的变化对产品成本的影响。同时，也才能确切了解产品成本脱离计划的具体原因，从而正确地评价企业的成本管理工作，具体地制定出进一步降低产品成本的措施。为了遵循成本效益原则，一般只对主要产品的单位成本进行分析。

1. 产品单位成本的比较分析

在对产品单位成本进行分析时，首先应从总的方面研究单位成本的实际数与上期数、计划数相比的升降情况；然后着重对某些产品进一步按成本项目对比研究其成本变动情况，查明造成单位成本升降的具体原因。

【例 4-2-4】 承表 4-1-3 的资料，中华公司的主要产品乙产品的单位成本分析如表 4-2-4 所示。

表 4-2-4 乙产品单位成本分析表

单位名称：中华公司　　　　　　　　　　2025 年 12 月　　　　　　　　　　单位：元

成本项目	历史先进水平	上年实际平均	本年计划	本年累计实际平均	本月实际	差异			
						比历史先进水平	比上年实际平均	比计划	比本年平均
直接材料	490	540	500	600	605	115	65	105	5
直接人工	100	120	125	115	100	0	-20	-25	-15
制造费用	60	90	75	65	70	10	-20	-5	5
生产成本	650	750	700	780	775	125	25	75	-5

从表 4-2-4 可以看出，乙产品本月实际单位成本比历史先进水平、上年实际平均、本年计划都升高了，但与本年累计实际平均相比，单位成本还是有所降低。从成本项目对比中可以看出，产品单位成本的升高主要是直接材料成本超支所致，直接人工与制造费用比计划均有所降低。从降低额对单位成本的影响看，由于材料成本的上升，使乙产品的单位成本有大幅增加，直接人工费用与制造费用的降低相对减缓了乙产品单位成本上升的速度。这说明企业在加强生产管理和提高劳动生产率方面取得了较好的成绩，但材料费用上升速度过快，需要查明原因。

2. 产品单位成本主要项目分析

产品单位成本的高低，与企业的生产技术、生产组织的状况和经营管理水平等紧密相连。因此，紧密结合企业技术经济资料，查明成本升降的具体原因，是进行产品单位成本各成本项目分析的特点。

（1）直接材料项目的分析。

单位材料费用受材料消耗数量和材料价格两个因素的影响，其计算公式如下：

$$单位产品材料费用 = 单位产品材料消耗量 \times 材料单价$$

各因素变动对材料费用影响的计算公式如下：

$$材料耗用量变动的影响 = \sum \left[\left(实际单位耗用量 - 基准单位耗用量 \right) \times 基准价格 \right]$$

$$材料单价变动的影响 = \sum \left[\left(实际单价 - 基准单价 \right) \times 实际耗用量 \right]$$

上式中的"基准数"指的是计划数、定额数、上年实际平均、历史或行业先进水平等数值。

【例4-2-5】　假如A产品材料消耗量与材料单价的计划和实际资料如表4-2-5所示。分析材料费用变动的原因。

表4-2-5　A产品单位成本分析表

单位名称：中华公司　　　　　　　　　　2025年12月

项　目	材料消耗量/千克	材料单价/元	直接材料费用/元
计划数	100	2.52	252
实际数	110	2.5	275
差异			23

该表可以看出：本月A产品单位成本中的直接材料费用实际比计划超支23元。其超支的原因是材料消耗量与材料单价变动对材料费用的影响。即：

材料消耗量变动对单位材料费用的影响：$(110-100) \times 2.52 = 25.2$（元）

材料单价变动对单位材料费用的影响：$(2.5-2.52) \times 110 = -2.2$（元）

两因素影响程度合计：$25.2 - 2.2 = 23$（元）

通过上述计算可知，A产品直接材料费用超支较大的主要原因在于，材料消耗量超支了10千克，使材料费用超支了25.2元；材料价格下降了0.02元，使材料费用节约了2.2元，最后导致净超支23元。由此可见，中华公司应加强对A产品材料消耗的控制，寻求降低材料消耗的途径。

（2）工资费用项目的分析。

对单位产品成本中工资费用影响的因素，是单位产品工时消耗量和小时工资额。它们对工资费用升降的影响可用下列计算公式：

$$\begin{matrix}工时消耗量\\变动的影响\end{matrix} = \sum \left[\left(\begin{matrix}实际单位\\工时消耗量\end{matrix} - \begin{matrix}基准单位\\工时消耗量\end{matrix} \right) \times \begin{matrix}基准小时\\工资额\end{matrix} \right]$$

$$\begin{array}{l}\text{小时工资额}\\\text{变动的影响}\end{array} = \sum\left[\left(\begin{array}{l}\text{实际小时}\\\text{工资额}\end{array} - \begin{array}{l}\text{基准单位}\\\text{工资额}\end{array}\right) \times \begin{array}{l}\text{实际单位}\\\text{工时消耗量}\end{array}\right]$$

【例 4-2-6】 A 产品单位工时和小时工资率的计划和实际资料如表 4-2-6 所示。分析工资费用变动的原因。

表 4-2-6 A 产品单位成本分析表

单位名称：中华公司　　　　　　　　　　　　　　　　　2025 年 12 月

项　　目	单位产品所耗工时/小时	小时工资费用率/元	工资费用/元
计划数	10	6.3	63
实际数	8	6	48
差异			−15

从该表可以看出,本月 A 产品单位成本中的工资费用实际比计划节约 15 元。其原因是单位产品所耗费工时与小时工资费用率发生了变动。

单位产品所耗工时变动对工资费用的影响：$(8-10)\times 6.3 = -12.6$(元)

小时工资费用率变动对工资费用的影响：$(6-6.3)\times 8 = -2.4$(元)

两因素影响合计：$-12.6-2.4 = -15$(元)

通过上述计算可知,A 产品工资费用节约的主要原因在于单位产品工时消耗节约了 2 小时,使工资费用节约了 12.6 元;小时工资费用率下降了 0.3 元,使工资费用节约了 2.4 元,最后导致净节约 15 元。

（3）制造费用项目的分析。

对产品成本中制造费用影响的基本因素,是单位产品工时消耗量(或其他分配标准)和小时费用分配率(或其他分配率)。其分析的计算公式为:

$$\begin{array}{l}\text{工时消耗量}\\\text{变动的影响}\end{array} = \sum\left[\left(\begin{array}{l}\text{实际单位}\\\text{工时消耗量}\end{array} - \begin{array}{l}\text{基准单位}\\\text{工时消耗量}\end{array}\right) \times \begin{array}{l}\text{基准小时制造}\\\text{费用分配率}\end{array}\right]$$

$$\begin{array}{l}\text{小时制造费用分配率}\\\text{变动的影响}\end{array} = \sum\left[\left(\begin{array}{l}\text{实际小时制造}\\\text{费用分配率}\end{array} - \begin{array}{l}\text{基准小时制造}\\\text{费用分配率}\end{array}\right) \times \begin{array}{l}\text{实际单位}\\\text{工时消耗量}\end{array}\right]$$

【例 4-2-7】 A 产品单位产品工时与小时制造费用率的计划和实际资料如表 4-2-7 所示。分析制造费用变动的原因。

表 4-2-7 A 产品单位成本分析表

单位名称：中华公司　　　　　　　　　　　　　　　　　2025 年 12 月

项　　目	单位产品所耗工时/小时	小时制造费用率/元	制造费用/元
计划数	10	10.5	105
实际数	8	12.75	102
差异			−3

从该表可以看出,本月 A 产品单位成本中的制造费用实际比计划节约 3 元。其原因是单位产品所耗费工时与小时制造费用率发生了变动。

单位产品所耗工时变动对制造费用的影响:$(8-10) \times 10.5 = -21$(元)

小时工资费用率变动对制造费用的影响:$(12.75-10.5) \times 8 = 18$(元)

两因素影响合计:$-21+18 = -3$(元)

通过上述计算可知,A 产品制造费用节约的主要原因在于,工时消耗节约了 2 小时,使工资费用节约了 21 元,小时制造费用率上升了 2.25 元,使制造费用超支了 18 元,最后导致净节约 3 元。由此可见,企业应对制造费用总额加以控制,或者提高产品生产效率,从而降低小时制造费用率。

(四)制造费用及各项期间费用的分析

制造费用、管理费用、销售费用、财务费用的节约与浪费,往往与公司的行政管理部门和生产车间工作的质量及相关责任制度的贯彻执行情况相关。因此,分析这些费用的支出情况,不仅是促进节约各项费用支出和增加盈利的途径,而且是推动企业改进生产经营管理工作、提高工作效率的重要措施。

对上述费用的分析,首先应根据各费用明细表中的资料以本年实际与本年计划相比较,确定实际脱离计划的差异,然后分析差异的原因。而且在确定费用实际支出脱离计划差异时,应按各费用项目分别进行,这是因为各种费用所包括的费用项目具有不同的经济性质和用途,各项费用又分别受不同因素的影响。

此外,为了动态上分析各项费用的变动趋势,还应将本月实际与上年同期实际进行对比,以了解企业工作改进情况,并将这一分析与推行经济责任制结合,以推动企业改进经营管理,降低各项费用支出。

四、成本效益分析

成本费用与企业的经济效益紧密联系。节约劳动耗费,降低产品成本是提高企业经济效益的重要途径。因此,要全面评价企业的成本管理工作,就不能局限于成本费用指标的变动分析,还应将成本费用指标与反映企业经济效益方面的指标联系起来,以全面分析、评价企业劳动耗费的经济效益,即要进行成本效益分析。

反映企业成本效益的指标通常有产值成本率、成本费用利润率等指标。

(一)产值成本率

产值成本率是企业全部产品生产成本与产品产值的比率,其计算公式如下:

$$产值成本率 = \frac{全部产品生产成本}{产品产值} \times 100\%$$

产值成本率是一个反指标,产值成本率越低,说明产品劳动耗费的经济效益越高;反之,经济效益越低。

(二)成本费用利润率

成本费用利润率是企业一定期间的利润总额与成本、费用总额的比率。其计算公式如下:

$$成本费用利润率 = \frac{利润总额}{成本费用总额} \times 100\%$$

成本费用利润率是一个正指标,其反映一元成本费用所创造的利润,该指标越高,说明企业经济效益越好;反之,则说明企业经济效益差。

专项技能训练

任务一 根据下列资料,计算本年度可比产品成本计划降低额与降低率,以及本年度可比产品成本实际降低额与降低率(见表4-2-8)。

某企业生产甲、乙两种可比产品。2025年度甲产品的计划产量为5 000台,上年度实际产量为4 500台,本年度实际产量为5 500台;上年度实际平均单位成本1 000元,本年度计划单位成本980元,本年度实际平均单位成本950元。本年度乙产品的计划产量1 000台,上年度实际产量1 200台,本年度实际产量1 050台;上年度实际平均单位成本500元,本年度计划单位成本为495元,本年度实际平均单位成本490元。

表4-2-8 产品成本计划完成情况分析表

编制单位: 　　　　　　　　　　年　月　日　　　　　　　　　　单位:元

产品名称	产量			单位成本			降低额		降低率	
	上年实际	本年计划	本年实际	上年实际	本年计划	本年实际	计划降低额	实际降低额	计划降低率	实际降低率
甲产品										
乙产品										
合　计										

任务二 企业生产的甲产品单位成本构成情况如表4-2-9所示。根据资料计算甲产品实际单位成本与计划单位成本的差额(见表4-2-10),并分析各个因素所造成的影响。具体要求如下:

(1) 材料消耗量变动的影响;材料单价变动的影响;

(2) 直接人工工时消耗量变动的影响;小时工资率变动的影响。

(3) 制造费用工时消耗量变动的影响;小时制造费用率变动的影响。

表4-2-9 主要产品单位成本表

产品名称:甲产品　　　　　　　　　　　　　　　　　　　　　计划产量:210

计量单位:件　　　　　　　　　　　　　　　　　　　　　　实际产量:160

成本项目	本年计划		本年实际	
直接材料	518		486	
直接人工	154		168	
制造费用	77		70	
合　计	749		724	
主要经济技术指标	用量	价格	用量	价格
A材料	32	10	34	9
B材料	18	11	16	11.25
工时	308		280	

成本项目	本年计划	本年实际
人工	0.5	0.6
制造费用	0.25	0.25

表 4－2－10　产品单位成本分析表

产品名称：甲产品　　　　　　　　　　　　　　　　　　　　　　单位：元

成本项目	单位成本		成本升降额
	本年实际	本年计划	
直接材料	486	518	
直接人工	168	154	
制造费用	70	77	
合　计	724	749	

项目实训十　分析成本报表（见教材 289 页）

章节练习题

模块五　项目实训

情境设计

公司概况

　　兴业重型机床制造有限公司是一家集生产、销售、服务于一体的重型铣、镗床专业性民营企业。为了更好地与国际接轨，进一步提高产品品质，把产品推向国际市场，兴业重机在同行业中率先通过了 ISO9001:2000 质量管理体系认证。

　　兴业重机始建于 2000 年，占地面积 130 多亩，注册资金 1 050 万元，拥有固定资产 360 多万，职工 132 人，其中生产工人 99 人，车间管理人员 14 人，行政人员 9 人，销售人员 10 人。该公司设有铸造、金工、组装三个基本生产车间，供汽和供电两个辅助生产车间。供汽车间为该公司内各个部门供汽，以满足各部门对动力和采暖的需要；供电车间为该公司内各个部门供电，以满足各部门对电力的需要。

　　兴业重型机床制造有限公司主要生产铣床和镗床两种机床，其生产工艺流程如下：铸造车间生产铁铸件和铝铸件，经检验合格后交自制半成品库；金工车间从自制半成品库领用各种铸件，经加工后，直接交组装车间；组装车间将金工车间加工的各种部件及外购件装配成机床，经检验合格后交产成品仓库。

公司的产品成本核算制度

一、产品成本项目

　　(1) 直接材料。直接材料是指直接参与产品生产，构成产品实体的原料及主要材料、外购半成品，以及有助于产品形成的辅助材料等。

　　(2) 直接人工。直接人工是指直接参与产品生产的生产工人的各种薪酬。

　　(3) 制造费用。指应计入产品成本，但没有专设成本项目的各项费用以及月末分配转入的制造费用。

　　(4) 废品损失。废品损失是指本期生产的废品所带来的损失。

　　(5) 燃料及动力。用于登记产品所消耗的汽、电费。

二、不得列入产品成本的支出

　　下列支出不得列入产品成本：公司及各行政管理部门为组织和管理生产经营活动所发生

的管理费用;公司因筹集生产经营所需资金而发生的财务费用;因订立合同而发生的有关费用;各项罚款、赞助、捐赠支出;国家规定不得列入成本、费用的其他支出。

三、成本核算的基本程序

兴业重型机床制造有限公司采用逐步结转分步法核算产品成本,分生产步骤及产品品种提供成本信息。

1. 确定成本计算对象

铸造车间以铁铸件和铝铸件为成本计算对象,各种铸件的成本按综合成本结转,不进行成本还原。完工的各种铸件入半成品库(先入库后领用)。

金工车间和组装车间以产品铣床、镗床为成本计算对象,金工车间生产的自制半成品采用分项逐步结转分步法转入组装车间各成本项目(直接移交式)。

2. 设置各种成本和费用明细账

(1)基本生产成本明细账与辅助生产明细账,按成本计算对象和成本项目核算产品、劳务成本。

(2)制造费用明细账,按生产部门和明细项目分别核算发生的制造费用,并按规定进行分配核算,月终不保留余额。

(3)产成品、自制半成品明细账。

(4)主营业务成本明细账,根据销售清单及出库单结转产品销售成本。

3. 核算材料费、人工费、办公费、折旧费等要素费用

将各项要素费用分配计入各成本、费用账户。

4. 核算辅助生产费用

将归集起来的辅助生产费用在各受益对象之间进行分配。

5. 核算基本生产车间的制造费用

将各车间归集起来的制造费用在该车间产品之间进行分配。

6. 按照确定的成本计算对象,编制成本计算单

根据归集的全部生产费用和成本核算资料,按成本项目计算各种产品的在产品成本、完工产品成本和单位成本。

7. 结转产品销售成本

四、材料费的核算

1. 财务部设"原材料""周转材料"明细账

原材料按材料类别设置二级明细账,周转材料采用一次摊销法摊入费用。库房按材料品种和规格设置三级明细账;按低值易耗品类别、品种、规格设置辅助账簿,以控制其数量,掌握使用状况。材料三级明细账根据采购验收单和领料单逐笔登记。

2. 公司对材料、自制半成品、产成品等存货均采用实际成本计价法计价,具体采用先进先出法

五、人工费的归集与分配

工资总额包括计时工资、计件工资以及属于国家规定工资总额范围内的津贴、补贴、奖金等，都应当根据手续完备的原始凭证进行计算、支付、汇总、分配，计入不同的成本费用科目。

公司应为职工缴纳医疗保险费、养老保险费、失业保险费、工伤保险费、生育保险费和住房公积金。由于本公司个人上月平均工资低于最低标准，职工个人及企业的缴费基数为本市上年月平均工资 5 000 元的 60%，即 3 000 元。

六、辅助生产费用的归集与分配

供电车间为公司内部各个部门供电，供电车间应将每月发生的生产费用按月在各受益对象之间进行分配，计入各受益对象的成本、费用中。

供汽车间为公司内部各个部门供汽，供汽车间应将每月发生的生产费用按月在各受益对象之间进行分配，计入各受益对象的成本、费用中。

辅助生产车间费用分配采用一次交互分配法，辅助生产车间为单品种车间，不设置制造费用账户，所有生产费用直接计入"辅助生产成本"账户。

七、制造费用的归集与分配

制造费用发生时，先在"制造费用"账户归集，月末进行汇总并按一定标准进行分配，计入各成本计算对象生产成本中。其分配的计算公式如下：

$$制造费用分配率 = \frac{本月发生的制造费用}{各成本计算对象生产工时之和}$$

$$各产品承担的制造费用 = 该产品生产工时 \times 制造费用分配率$$

八、损失性费用的核算

公司重视对废品损失的控制，要求单独核算废品损失；停工损失较少，不单独核算停工损失。

九、完工产品实际成本的确定

为了分期确定损益，在有未完工产品的情况下，需要将按照成本计算对象归集的生产成本，在完工产品和在产品之间进行分配。其计算公式为：

$$完工产品实际成本 = 月初在产品成本 + 本月发生全部生产成本 - 月末在产品实际成本$$

期末未完工产品实际成本的确定采用约当产量法。约当产量法是指将月末在产品按其完工程度折算为完工产品产量，并按在产品约当产量与完工产品产量的比例分配在产品与完工产品成本的一种方法（原材料不折算）（为简化计算，暂采用 50% 作为综合折率计算月末在产品约当产量）。其计算公式为：

$$月末在产品约当产量＝月末在产品数量×完工程度$$

$$本月完工产品(约当)单位成本＝\frac{月初在产品成本＋本月发生的生产成本}{本月实际完工数量＋月末在产品约当产量}$$

$$\begin{matrix}月末在产品\\实际成本\end{matrix}＝\begin{matrix}直接\\材料费\end{matrix}＋\begin{matrix}月末在产品\\约当产量\end{matrix}×\begin{matrix}本月完工产品\\(约当)单位成本\end{matrix}$$

成本会计人员的工作职责

一、设置成本核算账户

二、建立、健全原始记录

三、严格材料物资计量、收发和盘点制度

四、核算各项要素费用及综合费用

五、结合公司的生产特点和管理要求,采用适当的成本计算方法计算产品成本

其他情境设计

一、成本核算期间

在项目实训中,成本会计人员核算山东兴业重型机床制造有限公司 2025 年 12 月份的成本、费用。

二、基本资料

公司开户银行为中国××银行××分行,账号为 6223××××××××××9876,纳税登记号为 3701××××8455。

项目实训一　设置成本核算账户

实训目的

1. 掌握成本核算账户设置的原则、要求及方法；

2. 能够独立、准确地设置相关成本核算账户。

实训资料

期初在产品成本见表5-1-1。

表5-1-1　期初在产品成本

单位：元

车间 产品	成本项目	直接材料	直接人工	制造费用	燃料及动力	合　计
金工车间	铣床	23 760	1 730	1 210	1 000	27 700
	镗床	42 290	2 450	2 550	2 000	49 290
	小计	66 050	4 180	3 760	3 000	76 990
组装车间	铣床	78 820	2 360	2 620	2 000	85 800
	镗床	119 240	5 980	5 770	4 000	134 990
	小计	198 060	8 390	8 390	6 000	220 790
合　计		264 110	12 150	12 150	9 000	297 780

工作任务

任务一　根据成本计算对象设置"基本生产成本明细账"（见表5-1-2至表5-1-7）。

任务二　根据辅助生产车间及成本核算要求，设置"辅助生产成本明细账"（见表5-1-8至表5-1-9）。

任务三　根据产品成本核算要求，设置"制造费用明细账"，费用项目包括间接材料、间接人工、报刊费、保险费、办公费、折旧费、汽费、电费（见表5-1-10至表5-1-12）。

任务四　设置"废品损失明细账"（见表5-1-13至表5-1-14）。

任务五　根据表5-1-1登记相关账户的期初余额。

注：本实训主要进行产品成本核算，实训过程中不设置与产品成本核算无关的明细账。

表 5 - 1 - 2　基本生产成本明细账

车间：　　　　　　　产品：　　　　　　　　　　　　　　　　　　　　　　　　　　　　　　　　　单位：元

年		凭证字号	摘　要	借　　　方				合计	贷方	余额
月	日									

表 5 - 1 - 3　基本生产成本明细账

车间：　　　　　　　　产品：　　　　　　　　　　　　　　　　　　　　　　　单位：元

年		凭证字号	摘　要	借　　　方					贷方	余额
月	日							合计		

表 5 - 1 - 4 基本生产成本明细账

车间： 产品： 单位:元

年		凭证字号	摘要	借 方					合计	贷方	余额
月	日										

表 5 - 1 - 5　基本生产成本明细账

车间：　　　　　　　　　　　产品：　　　　　　　　　　　　　　　　　　　　　　　　　　　　　　　单位：元

年		凭证字号	摘　要	借　　　　　方				合计	贷方	余额
月	日									

车间：

表 5 - 1 - 6 基本生产成本明细账

产品：

单位：元

年		凭证字号	摘 要	借 方				合计	贷方	余额
月	日									

表 5 - 1 - 7　基本生产成本明细账

车间：　　　　　　　　　　　产品：　　　　　　　　　　　　　　　　　　　　　　　单位：元

年		凭证字号	摘要	借　　方				贷方	余额
月	日						合计		

表 5 - 1 - 8 辅助生产成本明细账

车间：

单位：元

年		凭证字号	摘要	借 方					贷方	余额
月	日							合计		

表 5 - 1 - 9 辅助生产成本明细账

单位:元

车间:

年		凭证字号	摘要	借					方		贷方	余额
月	日								合计			

表 5－1－10　制造费用明细账

车间：　　　　　　　　　　　　　　　　　　　　　　　　　　　　　　　　　　　　单位：元

年		凭证字号	摘要	借　　　方								合计	贷方	余额
月	日													

表 5－1－11　制造费用明细账

车间：　　　　　　　　　　　　　　　　　　　　　　　　　　　　　　　　　　单位:元

年		凭证字号	摘要	借方				贷方	余额
月	日						合计		

表 5 - 1 - 12　制造费用明细账

车间：　　　　　　　　　　　　　　　　　　　　　　　　　　　　　　　　　单位：元

年		凭证字号	摘　要	借　方							贷方	余额
月	日									合计		

表 5 – 1 – 13　废品损失明细账

车间：　　　　　　　　　　　产品：　　　　　　　　　　　　　　　　　　　　　　　　单位：元

年		凭证字号	摘　要	借　　　方			合计	贷方	余额
月	日								

表5－1－14 废品损失明细账

车间：　　　　　　产品：　　　　　　　　　　　　　　单位:元

年		凭证字号	摘要	借方				合计	贷方	余额
月	日									

项目实训二　核算材料费用

实训目的

1. 掌握发出材料的计价方法；

2. 掌握材料费用的归集方法；

3. 掌握材料费用的分配方法；

4. 能够正确归集、分配材料费用,并进行账务处理。

实训资料

一、山东兴业重型机床制造有限公司材料的编号、类别及名称、单位见表 5－2－1。

表 5－2－1　材料信息

材料类别	编　号	名　　称	单　位
原料及 主要材料	101 102	生铁 铝锭	吨 吨
辅助 材料	201 202	润滑油 油漆	千克 千克
外 购 件	301 302 303 304 305	电动机 轴承 电子元件 标准件 包装箱	台 套 套 套 只
燃 料	401 402 403	煤 焦炭 煤油	吨 吨 千克
自制半成品	501 502	铁铸件 铝铸件	吨 吨
周转材料	601 602 603	耐热手套 专用工具 量具	副 把 套

二、标准件的库存情况见表 5－2－2。

表 5－2－2　标准件的库存情况

购买日期	数量(套)	单价(元/套)	金额(元)
2025 年 10 月 28 日	10	900	9 000
2025 年 11 月 20 日	90	930	83 700
2025 年 11 月 25 日	60	940	56 400
2025 年 11 月 29 日	100	900	90 000
合　计	260		239 100

三、本月材料的领用情况

各用料单位填制一式四联领料单,据以从材料仓库领用材料,月末财会部门材料核算员进行金额汇总,编制"发出材料及自制半成品汇总表"。本月材料领料单如表 5-2-3 至 5-2-25 所示。

表 5-2-3 兴业重机领料单

领料部门:组装车间 　　　　2025 年 12 月 2 日 　　　　编号:　　仓库:

材料编号	材料类别	材料名称	计量单位	数量	单价	金额(元)	用途
302	外购件	轴承	套	60	150	9 000	制造产品

供应单位: 　　　　保管员:李小明 　　　　领料人:刘凤

表 5-2-4 兴业重机领料单

领料部门:铸造车间 　　　　2025 年 12 月 3 日 　　　　编号:　　仓库:

材料编号	材料类别	材料名称	计量单位	数量	单价	金额(元)	用途
101	原料及主要材料	生铁	吨	100	2 100	210 000	铁铸件

供应单位: 　　　　保管员:李小明 　　　　领料人:张松

表 5-2-5 兴业重机领料单

领料部门:厂部 　　　　2025 年 12 月 3 日 　　　　编号:　　仓库:

材料编号	材料类别	材料名称	计量单位	数量	单价	金额(元)	用途
202	辅助材料	油漆	千克	17	20	340	办公室

供应单位: 　　　　保管员:李小明 　　　　领料人:张杰

表 5-2-6 兴业重机领料单

领料部门:铸造车间 　　　　2025 年 12 月 3 日 　　　　编号:　　仓库:

材料编号	材料类别	材料名称	计量单位	数量	单价	金额(元)	用途
401	燃料	煤	吨	32	475	15 200	制造产品
401	燃料	煤	吨	5	681	3 405	制造产品
401	燃料	煤	吨	5	659	3 295	制造产品

供应单位: 　　　　保管员:李小明 　　　　领料人:张大明

表 5 - 2 - 7 兴业重机领料单

领料部门：组装车间　　　　　　2025 年 12 月 5 日　　　　　　编号：
　　　　　　　　　　　　　　　　　　　　　　　　　　　　　　　仓库：

材料编号	材料类别	材料名称	计量单位	数量	单价	金额(元)	用途
304	外购件	标准件	套	10			制造产品
304	外购件	标准件	套	20			制造产品
304	外购件	标准件	套	25			制造产品

供应单位：　　　　　　　　　　保管员：李小明　　　　　　　　领料人：刘凤

表 5 - 2 - 8 兴业重机领料单

领料部门：金工车间　　　　　　2025 年 12 月 5 日　　　　　　编号：
　　　　　　　　　　　　　　　　　　　　　　　　　　　　　　　仓库：

材料编号	材料类别	材料名称	计量单位	数量	单价	金额(元)	用途
501	自制半成品	铁铸件	吨	40	6 000	240 000	两种产品各消耗50%
202	辅助材料	油漆	千克	50	40	2 000	两种产品各消耗50%

供应单位：　　　　　　　　　　保管员：李小明　　　　　　　　领料人：李刚

表 5 - 2 - 9 兴业重机领料单

领料部门：供汽车间　　　　　　2025 年 12 月 5 日　　　　　　编号：
　　　　　　　　　　　　　　　　　　　　　　　　　　　　　　　仓库：

材料编号	材料类别	材料名称	计量单位	数量	单价	金额(元)	用途
202	辅助材料	油漆	千克	250	4.50	1 125	车间用
402	燃料	焦炭	吨	2	2 600	5 200	车间用

供应单位：　　　　　　　　　　保管员：李小明　　　　　　　　领料人：王一

表 5 - 2 - 10 兴业重机领料单

领料部门：组装车间　　　　　　2025 年 12 月 6 日　　　　　　编号：
　　　　　　　　　　　　　　　　　　　　　　　　　　　　　　　仓库：

材料编号	材料类别	材料名称	计量单位	数量	单价	金额(元)	用途
303	外购件	电子元件	套	100	456	45 600	制造产品

供应单位：　　　　　　　　　　保管员：李小明　　　　　　　　领料人：刘凤

表 5－2－11 兴业重机领料单

编号：

领料部门：供电车间 　　　2025 年 12 月 7 日 　　　仓库：

材料编号	材料类别	材料名称	计量单位	数量	单价	金额（元）	用途
202	辅助材料	油漆	千克	152	38	5 776	设备用
201	辅助材料	润滑油	千克	130	48	6 240	设备用

供应单位： 　　　保管员：李小明 　　　领料人：王一

表 5－2－12 兴业重机领料单

编号：

领料部门：金工车间 　　　2025 年 12 月 7 日 　　　仓库：

材料编号	材料类别	材料名称	计量单位	数量	单价	金额（元）	用途
501	自制半成品	铝铸件	吨	1	16 000	16 000	镗床
501	自制半成品	铝铸件	吨	0.6	16 000	9 600	铣床

供应单位： 　　　保管员：李小明 　　　领料人：李刚

表 5－2－13 兴业重机领料单

编号：

领料部门：铸造车间 　　　2025 年 12 月 7 日 　　　仓库：

材料编号	材料类别	材料名称	计量单位	数量	单价	金额（元）	用途
102	原料及主要材料	铝锭	吨	13	1 000	13 000	铝铸件

供应单位： 　　　保管员：李小明 　　　领料人：张雷

表 5－2－14 兴业重机领料单

编号：

领料部门：组装车间 　　　2025 年 12 月 8 日 　　　仓库：

材料编号	材料类别	材料名称	计量单位	数量	单价	金额（元）	用途
304	外购件	标准件	套	45			制造产品
304	外购件	标准件	套	27			制造产品

供应单位： 　　　保管员：李小明 　　　领料人：刘凤

表 5 - 2 - 15 兴业重机领料单

编号：

领料部门：金工车间　　　　　　　2025 年 12 月 8 日　　　　　　　仓库：

材料编号	材料类别	材料名称	计量单位	数量	单价	金额（元）	用途
501	自制半成品	铁铸件	吨	10	5 000	50 000	铣床
501	自制半成品	铁铸件	吨	20	5 000	100 000	镗床

供应单位：　　　　　　　保管员：李小明　　　　　　　领料人：张大明

表 5 - 2 - 16 兴业重机领料单

编号：

领料部门：铸造车间　　　　　　　2025 年 12 月 9 日　　　　　　　仓库：

材料编号	材料类别	材料名称	计量单位	数量	单价	金额（元）	用途
402	燃料	焦炭	吨	2	2 600	5 200	铝铸件

供应单位：　　　　　　　保管员：李小明　　　　　　　领料人：张雷

表 5 - 2 - 17 兴业重机领料单

编号：

领料部门：组装车间　　　　　　　2025 年 12 月 10 日　　　　　　　仓库：

材料编号	材料类别	材料名称	计量单位	数量	单价	金额（元）	用途
304	外购件	标准件	套	22			制造产品
304	外购件	标准件	套	10			制造产品

供应单位：　　　　　　　保管员：李小明　　　　　　　领料人：刘凤

表 5 - 2 - 18 兴业重机领料单

编号：

领料部门：组装车间　　　　　　　2025 年 12 月 11 日　　　　　　　仓库：

材料编号	材料类别	材料名称	计量单位	数量	单价	金额（元）	用途
202	辅助材料	油漆	千克	80	13	1 040	铣床
201	辅助材料	润滑油	千克	20	52	1 040	一般消耗
202	辅助材料	油漆	千克	80	13	1 040	镗床

供应单位：　　　　　　　保管员：李小明　　　　　　　领料人：刘凤

表 5－2－19　兴业重机领料单

编号：

领料部门：组装车间　　　　　　　　2025 年 12 月 11 日　　　　　　仓库：

材料编号	材料类别	材料名称	计量单位	数量	单价	金额(元)	用途
305	外购件	包装箱	只	48	45	2 160	铣床
305	外购件	包装箱	只	62	45	2 790	镗床

供应单位：　　　　　　　　保管员:李小明　　　　　　　　领料人:刘凤

表 5－2－20　兴业重机领料单

编号：

领料部门：供汽车间　　　　　　　　2025 年 12 月 17 日　　　　　　仓库：

材料编号	材料类别	材料名称	计量单位	数量	单价	金额(元)	用途
401	燃料	煤	吨	20	650	13 000	锅炉用
401	燃料	煤	吨	10	600	6 000	锅炉用

供应单位：　　　　　　　　保管员:李小明　　　　　　　　领料人:梁浩

表 5－2－21　兴业重机领料单

编号：

领料部门：组装车间　　　　　　　　2025 年 12 月 19 日　　　　　　仓库：

材料编号	材料类别	材料名称	计量单位	数量	单价	金额(元)	用途
304	外购件	标准件	套	1			制造产品
304	外购件	标准件	套	26			制造产品

供应单位：　　　　　　　　保管员:李小明　　　　　　　　领料人:刘凤

表 5－2－22　兴业重机领料单

编号：

领料部门：组装车间　　　　　　　　2025 年 12 月 19 日　　　　　　仓库：

材料编号	材料类别	材料名称	计量单位	数量	单价	金额(元)	用途
301	外购件	电动机	台	80	808	64 640	制造产品

供应单位：　　　　　　　　保管员:李小明　　　　　　　　领料人:刘凤

表 5-2-23　兴业重机领料单

编号：

领料部门：铸造车间　　　　　　2025 年 12 月 25 日　　　　　仓库：

材料编号	材料类别	材料名称	计量单位	数量	单价	金额（元）	用途
601	周转材料	耐热手套	副	10	7	70	一般消耗
602	周转材料	专用工具	把	120	47	5 640	一般消耗

供应单位：　　　　　　　　保管员：陈光月　　　　　　　领料人：陈竹

表 5-2-24　兴业重机领料单

编号：

领料部门：金工车间　　　　　　2025 年 12 月 25 日　　　　　仓库：

材料编号	材料类别	材料名称	计量单位	数量	单价	金额（元）	用途
603	周转材料	量具	套	6	60	360	一般消耗

供应单位：　　　　　　　　保管员：陈光月　　　　　　　领料人：陈竹

表 5-2-25　兴业重机领料单

编号：

领料部门：组装车间　　　　　　2025 年 12 月 25 日　　　　　仓库：

材料编号	材料类别	材料名称	计量单位	数量	单价	金额（元）	用途
602	周转材料	专用工具	把	10	50	500	一般消耗

供应单位：　　　　　　　　保管员：陈光月　　　　　　　领料人：吴圆圆

要点提示

一、先进先出法

先进先出法是以先入库的存货应先发出（销售或耗用）这样一种假设为前提，对发出存货进行计价。采用这种方法，先购入的存货成本在后购入存货成本之前转出，据此确定发出存货和期末存货的成本。

二、费用分配的一般步骤及公式

（1）选择适当的分配标准。
（2）计算费用分配率。

$$费用分配率 = \frac{待分配费用总额}{各受益对象分配标准之和}$$

（3）计算各受益对象分摊的费用。

$$各受益对象所承担的费用 = 该受益对象的分配标准 \times 费用分配率$$

三、分配率保留两位小数

工作任务

任务一　公司的产品成本核算制度规定材料的计价采用实际成本法,具体采用先进先出法。分别确定每次发出标准件的单价及金额。完成表5-2-7、表5-2-14、表5-2-17、表5-2-21。

要求:写出计算过程。

任务二　本月铸造车间生产铁铸件70吨、铝铸件3吨;采用产品重量比例法分配铸造车间两种产品共同耗用的煤。编制"材料费用分配表"(见表5-2-26)。

要求:写出计算过程。

表 5-2-26 材料费用分配表

车间:铸造车间　　　　　　　　　　　　　2025 年 12 月　　　　　　　　　　　　　单位:元

产品名称	材料类别	材料编号	材料名称	产品重量（吨）	分配计入	
					分配率	应分配材料费用
铁铸件						
铝铸件						
合　计						

任务三　两种产品共同消耗标准件,采用定额消耗量分配法对标准件进行分配。编制"材料费用分配表"见表 5-2-27。本月组装车间生产铣床 26 台,其消耗定额为 5 套每台;镗床 30 台,其消耗定额为 4 套每台。

要求:写出计算过程。

表 5-2-27 材料费用分配表

车间:组装车间　　　　　　　　　　　　　2025 年 12 月　　　　　　　　　　　　　单位:元

产品名称	材料类别	材料编号	材料名称	产量(台)	共同耗用材料费用总额			
					单位消耗定额(套)	定额耗用量	分配率	应分配材料费用
铣床								
镗床								
合　计								

任务四　组装车间两种产品共同耗用的其余外购件,采用产品产量比例分配法进行分配,编制"材料费用分配表"(见表 5-2-28)。

要求:写出计算过程。

表 5－2－28 材料费用分配表

车间:组装车间   2025 年 12 月   单位:元

产品名称	材料类别	材料编号	产品产量(台)	共同耗用材料费用总额	
				分配率	应分配费用
铣床					
镗床					
合　计					

任务五 根据领料单及表 5－2－26 至表 5－2－28,编制"发出材料及自制半成品汇总表"(见表 5－2－29)。

表 5 - 2 - 29 发出材料及自制半成品汇总表

编制单位：兴业重机

2025 年 12 月

单位：元

领料部门		原料及主要材料	自制半成品	辅助材料	外购件	燃 料	周转材料	合 计
铸造车间	铁铸件							
	铝铸件							
金工车间	铣床							
	镗床							
组装车间	铣床							
	镗床							
供汽车间								
供电车间								
铸造车间								
金工车间								
组装车间								
厂 部								
合 计								

合计主管：　　　　复核：　　　　记账：　　　　制单：

任务六 根据"发出材料及自制半成品汇总表"编制"材料费用分配汇总表",见表5-2-30,编制材料费用分配的会计凭证(见表5-2-31、表5-2-32)。

表5-2-30 材料费用分配汇总表

兴业重机: 2025年12月 单位:元

应借科目			成本(费用)项目	分配材料费用
总账账户	二级账户	明细账户		
基本生产成本	铸造车间	铁铸件	直接材料	
		铝铸件	直接材料	
		小 计		
	金工车间	铣 床	直接材料	
		镗 床	直接材料	
		小 计		
	组装车间	铣 床	直接材料	
		镗 床	直接材料	
		小 计		
辅助生产成本	供汽车间		材料费	
	供电车间		材料费	
	小 计			
制造费用	铸造车间		间接材料	
制造费用	金工车间		间接材料	
制造费用	组装车间		间接材料	
管理费用	材料费		材料费	
合 计				

表5-2-31 记账凭证

年 月 日 凭证编号:

摘 要	总账科目	二级科目	明细科目	借方金额										贷方金额										√
				亿	千	百	十	万	千	百	十	元	角	分	亿	千	百	十	万	千	百	十	元	角	分	
附件 张		合 计																								

会计主管: 记账: 审核: 制单:

表 5 - 2 - 32　记账凭证

年　月　日　　　　　　　　　　　　　　　凭证编号：

摘　要	总账科目	二级科目	明细科目	借方金额											贷方金额											√
				亿	千	百	十	万	千	百	十	元	角	分	亿	千	百	十	万	千	百	十	元	角	分	
附件　　张		合　　计																								

会计主管：　　　　　　记账：　　　　　　审核：　　　　　　制单：

任务七　根据记账凭证登记项目实训一所设置的相关会计账簿。

项目实训三　核算人工费用

实训目的

1. 掌握计时工资及计件工资的计算方法;
2. 掌握应付工资及实付工资的计算;
3. 掌握工资费用的分配方法及账务处理;
4. 掌握职工福利费的计提及账务处理;
5. 掌握购买社会保险费及住房公积金的账务处理;
6. 能够独立、准确地核算公司的人工费用。

实训资料

一、工资制度

铸造车间共有 17 个生产工人,其中,铁铸件工作班有刘明等 10 人,专门从事铁铸件的生产;铝铸件工作班有张南等 5 人,专门从事铝铸件的生产;基础班有张强和罗云两人。铁铸件及铝铸件生产工人采用计件工资制度;基础班采用计时工资制度,按 21 天计算日工资标准。

二、福利制度

公司为职工缴纳四险一金。由于本公司个人上年月平均工资低于最低标准,职工个人及企业的缴费基数为本市上年月平均工资 5 000 元的 60%,即 3 000 元。

假定缴费比例分别为基本养老保险费(16%)、基本医疗保险费(8.5%)、工伤保险费(0.3%)、失业保险费(0.5%)、大病医疗互助保险(1.5%);职工个人需缴纳基本养老保险费(8%)、基本医疗保险费(2%)、失业保险费(0.5%)、大病医疗互助保险(5 元/月);住房公积金缴费比例为 12%。

三、工资费用分配方法

铸造车间基础班工人的工资费用以及金工车间、组装车间生产工人的工资费用作为间接计入生产费用,以各产品的生产工时为分配标准分配计入各产品成本。

四、工资发放

公司代扣各种款项后,于次月 12 日发放本月工资,并于次月 15 日缴纳各种保险费及住房公积金。

五、2025 年 12 月份计算工资的相关资料见表 5 - 3 - 1 至表 5 - 3 - 9。

表 5 - 3 - 1　兴业重机有关工资结算费用标准

2025 年 12 月　　　　　　　　　　　　　　　　单位:元

项　　目	单　　位	金　　额	项　　目	单　　位	金　　额
夜班津贴	1 班次	100	物价补贴	每人	200

表 5-3-2 考勤统计表

车间:铸造车间　　　　　　　　　　2025 年 12 月　　　　　　　　　　单位:天

姓名	出勤分类				缺勤分类		备 注
	出勤	加班	中班	夜班	病假	事假	
张强	19			3	2		按月基本工资的 10% 扣发病假工资
罗云	18			3		3	

表 5-3-3 基础班工资、奖金通知单

车间:铸造车间　　　　　　　　　　2025 年 12 月　　　　　　　　　　单位:元

姓名	基本工资	经常性奖金
张强	4 200	600
罗云	4 200	700

表 5-3-4 生产工时统计表

2025 年 12 月　　　　　　　　　　单位:小时

铸造车间		金工车间		组装车间	
铁铸件	铝铸件	铣床	镗床	铣床	镗床
1 340	664	2 000	2 100	2 507	2 090

表 5-3-5 铁铸件工作班产量记录

车间:铸造车间　　　　　　　　　　2025 年 12 月　　　　　　　　　　单位:元

产品名称	检验情况				合格品工资		
	交验数	合格数	工废数	料废数	计件单价	产量(吨)	合 计
铁铸件	70	67	3		800	67	53 600

表 5-3-6 铁铸件工作班工时记录

车间:铸造车间　　　　　　　　　　2025 年 12 月　　　　　　　　　　单位:小时

姓名	刘明	陈云	李成	李冰	刘勇	李勇	罗彬	李志	李超	田辉	合计
工时	140	150	145	145	128	142	130	120	120	120	1 340

表 5-3-7 铝铸件工作班产量记录

车间:铸造车间　　　　　　　　　　2025 年 12 月　　　　　　　　　　单位:元

产品名称	检验情况				合格品工资		
	交验数	合格数	工废数	料废数	计件单价	产量(吨)	合 计
铝铸件	3	3			9 600	3	28 800

表 5－3－8　铝铸件工作班工资等级及工时记录

车间:铸造车间　　　　　　　　2025 年 12 月　　　　　　　　单位:小时

姓名	小时工资率	实际工作小时数
张南	32	140
杨坤	16	154
陈岩	19.2	120
李刚	16	130
柯东	25.6	120
合　计		664

表 5－3－9　兴业重机职工代扣款项通知单

车间或部门:铸造车间　　　　　　2025 年 12 月　　　　　　　单位:元

扣款项目 / 姓名	养老保险费(8%)	医疗保险费(2%)	失业保险费(0.5%)	大病医疗互助保险(5元/月)	住房公积金(12%)	合　计
刘明	240	60	15	5	360	680
陈云	240	60	15	5	360	680
李成	240	60	15	5	360	680
李冰	240	60	15	5	360	680
刘勇	240	60	15	5	360	680
李勇	240	60	15	5	360	680
罗彬	240	60	15	5	360	680
李志	240	60	15	5	360	680
李超	240	60	15	5	360	680
田辉	240	60	15	5	360	680
张南	240	60	15	5	360	680
杨坤	240	60	15	5	360	680
陈岩	240	60	15	5	360	680
李刚	240	60	15	5	360	680
柯东	240	60	15	5	360	680
张强	240	60	15	5	360	680
罗云	240	60	15	5	360	680
合计	4 080	1 020	255	85	6 120	11 560

要点提示

一、计时工资的计算方法

1. 缺勤法的计算公式

$$\begin{array}{l}\text{应付月} \\ \text{计时工资}\end{array} = \begin{array}{l}\text{月工资} \\ \text{标准}\end{array} - \begin{array}{l}\text{事假、旷工} \\ \text{天数}\end{array} \times \begin{array}{l}\text{日工资} \\ \text{标准}\end{array} - \begin{array}{l}\text{病假} \\ \text{天数}\end{array} \times \begin{array}{l}\text{日工资} \\ \text{标准}\end{array} \times \begin{array}{l}\text{病假} \\ \text{扣款率}\end{array}$$

2. 出勤法的计算公式

应付月计时工资＝出勤天数×日工资标准＋病假天数×日工资标准×(1－病假扣款率)

二、日工资标准的计算方法

1. 每月按 30 天计算

$$\text{日工资标准} = \frac{\text{月工资标准}}{30}$$

2. 每月按 21 天计算

在该方法下,每年 365 天,52 个双休日为 104 天,有 11 个国定假日。

$$\text{平均每月工作天数} = (365 - 104 - 11) \div 12 = 20.83 \approx 21 \text{ 天}$$

$$\text{日工资标准} = \frac{\text{月工资标准}}{21}$$

3. 每月按实际工作日计算

$$\text{日工资标准} = \frac{\text{月工资标准}}{\text{本月实际应工作天数}}$$

三、集体计件工资按工人的计时工资分配

其计算公式及步骤如下。

第一步,计算各成员应得计时工资。

各成员应得计时工资＝该成员实际工作时间×小时工资标准

第二步,计算集体计件工资分配率。

$$\text{集体计件工资分配率} = \frac{\text{集体计件工资}}{\text{各成员应得计时工资之和}}$$

第三步,计算各成员应得计件工资。

各成员应得计件工资＝各成员应得计时工资×集体计件工资分配率

四、工资总额的计算

工资总额也就是企业的应付工资,其计算公式为:

$$应付工资=应付计时工资+应付计件工资+奖金+津贴补贴+加班加点工资+特殊情况下支付的工资$$

$$实发工资=应付工资-代扣、代垫款项$$

五、生产工人工资在各产品之间的分配

其计算公式如下:

$$工资费用分配率=\frac{某车间生产工人计时工资总额}{该车间各产品生产工时(实际或定额)之和}$$

$$某产品应分担的工资费用=该产品生产工时(实际或定额)×工资费用分配率$$

六、分配率保留两位小数

工作任务

任务一 根据表5-3-1至表5-3-3,用缺勤法计算张强和罗云本月的应得工资。

任务二 根据表5-3-5和表5-3-6计算铁铸件工作班每个工人的计件工资,填制表5-3-10。

表5-3-10 铁铸件工作班集体工资分配表

车间:铸造车间 2025年12月 单位:元

工人姓名	实际工作小时	分配率	计件工资
刘明			
陈云			
李成			
李冰			
刘勇			
李勇			
罗彬			
李志			

工人姓名	实际工作小时	分配率	计件工资
李超			
田辉			
合　计			

任务三　根据表 5-3-7 和表 5-3-8 计算铝铸件工作班每个工人的计件工资,填制表 5-3-11。

表 5-3-11　铝铸件工作班集体工资分配表

车间:铸造车间　　　　　　　　　　2025 年 12 月　　　　　　　　　　　　单位:元

工人姓名	实际工作时数	小时工资率	计时工资	分配率	计件工资
张南					
杨坤					
陈岩					
李刚					
柯东					
合　计					

任务四　根据前面几项任务,计算铸造车间每个工人的应付工资及实发金额,填制表 5-3-12"工资结算单"。

任务五　结合任务四,计算各部门的应付工资及实发金额,完成表 5-3-13"工资结算汇总表",并编制公司代扣保险费和住房公积金的记账凭证(见表 5-3-18 至表 5-3-28)。

任务六　根据前面的计算数据,结合表 5-3-4 及表 5-3-13,分配工资费用,完成表 5-3-14,编制相应记账凭证(见表 5-3-18 至表 5-3-28)。

任务七　根据公司的福利制度,计提四险一金,完成表 5-3-15,并分配保险费及住房公积金,完成表 5-3-16,编制计提四险一金的记账凭证(见表 5-3-18 至表 5-3-28)。

任务八　按工资的 2% 计提工会经费,并按工资的 1.5% 计提职工教育经费,完成表 5-3-17,编制相应记账凭证(见表 5-3-18 至表 5-3-28)。

任务九　登记相应会计账簿,见项目实训一。

表5-3-12 工资结算单

2025年12月

部门：铸造车间　　　　　　　　　　　　　　　　　　　　　　　　　　　　　　　　　单位：元

生产班组	姓名	基础工资	奖金	加班工资	津贴		应扣工资		应付工资	代扣款项						实发金额
					物价	夜班	病假	事假		养老保险	医疗保险	失业保险	大病医疗互助保险	住房公积金	小计	
铁铸件工作班	刘明															
	陈云															
	李成															
	李冰															
	刘勇															
	李勇															
	罗彬															
	李志															
	李超															
	田辉															
	小计															
铝铸件工作班	张南															
	杨坤															
	陈岩															
	李刚															
	柯东															
	小计															
基础班	张强															
	罗云															
	小计															
	合计															

成本会计项目化教程

表5-3-13 工资结算汇总表

2025年12月

编制单位:兴业重机　　　　　　　　　　　　　　　　　　　　　　　　　单位:元

部门/人员		职工人数	基础工资	奖金	加班工资	津贴		应扣工资		应付工资	代扣款项						实发金额
						物价	夜班	病假	事假		养老保险	医疗保险	失业保险	大病医疗互助保险	住房公积金	小计	
铸造车间	铁铸件工作班	10															
	铝铸件工作班	5															
	基础班	2															
	管理人员	3	6 470	1 360	150	600											
金工车间	生产工人	32	103 800	3 892		6 400	3 500	378	294								
	管理人员	6	15 180	820		1 200	600										
组装车间	生产工人	28	96 658	9 060		5 600	3 000	483	835								
	管理人工	5	19 608	2 532		1 000	300										
供汽车间		12	41 080	4 762		2 400	600	400	442								
供电车间		10	37 580	3 956	1 260	2 000	550	260	286								
行政人员		9	37 280	1 100		1 800		380									
销售人员		10	38 320	1 360		2 000											
合　计		132															

表 5 - 3 - 14　工资费用分配表

编制单位：兴业重机

单位：元

部门		直接计入	应付工资				合计
			分配计入				
			生产工时	分配率	金额		
铸造车间	铁铸件						
	铝铸件						
	小计						
金工车间	铣床						
	镗床						
	小计						
组装车间	铣床						
	镗床						
	小计						
铸造车间							
金工车间							
组装车间							
供汽车间							
供电车间							
管理部门							
销售部门							
合　计							

表5-3-15 社会保险费及公积金计提表

2025年

编制单位：兴业重机

单位：元

部门		职工人数	缴费基数	养老保险(16%)	医疗保险(8.5%)	失业保险(0.5%)	工伤保险(0.3%)	大病医疗互助保险(1.5%)	住房公积金(12%)	合计
铸造车间	铁铸件	10								
	铝铸件	5								
	基础班	2								
	管理人员	3								
	小 计	20								
金工车间	生产工人	32								
	管理人员	6								
	小 计	38								
组装车间	生产工人	28								
	管理人员	5								
	小 计	33								
供汽车间		12								
供电车间		10								
管理部门		9								
销售部门		10								
合 计		132								

表 5 - 3 - 16 保险费及公积金分配表

编制单位：兴业重机

2025 年 12 月

单位：元

部门		直接计入	分配计入			合计
			生产工时	分配率	金额	
铸造车间	铁铸件					
	铝铸件					
	小计					
金工车间	铣床					
	镗床					
	小计					
组装车间	铣床					
	镗床					
	小计					
铸造车间						
金工车间						
组装车间						
供汽车间						
供电车间						
管理部门						
销售部门						
合计						

表5-3-17　工会经费及职工教育经费计提表

编制单位:兴业重机　　　　　　　　　2025年12月　　　　　　　　　单位:元

部　门		应付工资	工会经费(2%)	职工教育经费(1.5%)	合计
铸造车间	铁铸件				
	铝铸件				
	小　计				
金工车间	铣　床				
	镗　床				
	小　计				
组装车间	铣　床				
	镗　床				
	小　计				
铸造车间					
金工车间					
组装车间					
供汽车间					
供电车间					
管理部门					
销售部门					
合　　计					

表5-3-18　记账凭证

年　月　日　　　　　　　　　凭证编号:

摘　要	总账科目	二级科目	明细科目	借方金额										贷方金额										√
				亿	千	百	十	万	千	百	十	元	角	分	亿	千	百	十	万	千	百	十	元	角	分	
附件　　张		合　　计																								

会计主管:　　　　　　记账:　　　　　　审核:　　　　　　制单:

表 5 - 3 - 19 记账凭证

年 月 日　　　　　　　　　　　凭证编号：

摘　要	总账科目	二级科目	明细科目	借方金额										贷方金额										√
				亿	千	百	十	万	千	百	十	元	角	分	亿	千	百	十	万	千	百	十	元	角	分	
附件　　张		合　　计																							

会计主管：　　　　　　记账：　　　　　审核：　　　　　　　制单：

表 5 - 3 - 20　记账凭证

年　月　日　　　　　　　　　　　凭证编号：

摘　要	总账科目	二级科目	明细科目	借方金额											贷方金额											√
				亿	千	百	十	万	千	百	十	元	角	分	亿	千	百	十	万	千	百	十	元	角	分	
附件　　张		合　　计																									

会计主管：　　　　　　记账：　　　　　　审核：　　　　　　制单：

表 5-3-21 记账凭证

年 月 日 凭证编号：

摘 要	总账科目	二级科目	明细科目	借方金额										贷方金额										√
				亿	千	百	十	万	千	百	十	元	角	分	亿	千	百	十	万	千	百	十	元	角	分	
附件 张		合 计																								

会计主管： 记账： 审核： 制单：

项目实训四　核算其他要素费用

实训目的

1. 掌握折旧费、财产保险费、周转材料消耗等其他要素费用的核算。
2. 掌握缴纳社会保险费及住房公积金的账务处理。

实训资料

一、折旧方法

根据公司的成本核算制度,公司的固定资产采用年限平均法计提折旧。

二、报刊费及财产保险费在各受益部门间均摊

三、本月发生的其他要素费用

(1) 本月报刊费、保险费见表 5-4-1 至表 5-4-5。

表 5-4-1　××银行转账支票存根

```
        支票号码 002322
    附加信息_____
    _____
    _____
    签发日期 2025 年 12 月 31 日
  ┌─────────────────────────┐
  │ 收款人:保险公司           │
  ├─────────────────────────┤
  │ 金　额:6 000.00          │
  ├─────────────────────────┤
  │ 用　途:财产保险费         │
  └─────────────────────────┘
    单位主管        会计:田丽华
```

表 5-4-2　××银行转账支票存根

```
        支票号码 002323
    附加信息_____
    _____
    _____
    签发日期 2025 年 12 月 31 日
  ┌─────────────────────────┐
  │ 收款人:市邮电局           │
  ├─────────────────────────┤
  │ 金　额:600.00            │
  ├─────────────────────────┤
  │ 用　途:报纸杂志费         │
  └─────────────────────────┘
    单位主管     会计:田丽华
```

表 5 - 4 - 3　××保险公司收据

2025 年 12 月 31 日　　　　　　NO.002101

兹收到:山东兴业重型机床制造有限公司	
金额:人民币陆仟元整	￥6 000.00
系:财产保险费	
收款单位盖章　章(略)	收款人:陈阳

表 5 - 4 - 4　××邮电局

发票联　　　　　　NO.002217

2025 年 12 月 31 日

兹收到:山东兴业重型机床制造有限公司	
金额:人民币陆佰元整	￥600.00
系:报纸杂志费	
收款单位盖章　章(略)	收款人:周瑞

表 5 - 4 - 5　保险、报刊费用分配表

2025 年 12 月　　　　　　　　　　　　　　　　　单位:元

部门　　　　　　项目	财产保险费	报纸杂志费	合　计
铸造车间			
金工车间			
组装车间			
供汽车间			
供电车间			
管理部门			
合　计			

(2)本月从办公用品批发店购办公用品,款项以现金支付。见表5 - 4 - 6、表 5 - 4 - 7。

表 5 - 4 - 6　商业零售发票　　　　　　　　　　NO.0047707

购货单位:山东兴业重型机床制造有限公司　发票联　　　　　2025 年 12 月 26 日

商品编码	商品名称	单　位	单价(元)	数　量	金额(元)
	A4 打印纸	箱	450.00	10	4 500
	打印机墨水	瓶	4.00	200	800
合计金额(大写):伍仟叁佰元整			￥5 300.00		

企业(盖章有效)	收款:	开票:

表5-4-7 办公用品分配表

2025年12月 单位:元

部门	用品名称	金额	领取人
铸造车间	打印机墨水、纸	600	陈竹
金工车间	打印机墨水、纸	800	李成
组装车间	打印机墨水、纸	900	吴圆圆
供汽车间	A4打印纸	500	陈浩
供电车间	A4打印纸	500	廖涛
管理部门	A4打印纸	2 000	张杰
合　计		5 300	

（3）本月固定资产折旧计提情况见表5-4-8。

表5-4-8 固定资产折旧提取计算表

2025年12月30日 单位:元

部门	类别	固定资产原值	折旧率（%）	折旧额
铸造车间	房屋及建筑物	235 000	0.3	
	机器设备	560 000	0.5	
	小　计	795 000		
金工车间	房屋及建筑物	250 000	0.3	
	机器设备	592 000	0.5	
	小　计	842 000		
组装车间	房屋及建筑物	180 500	0.3	
	机器设备	263 000	0.5	
	小　计	443 500		
供汽车间	房屋及建筑物	152 100	0.3	
	机器设备	361 700	0.5	
	小　计	513 800		
供电车间	房屋及建筑物	142 200	0.3	
	机器设备	161 160	0.5	
	小　计	303 360		
厂部	房屋及建筑物	627 100	0.3	
	机器设备	145 200	0.7	
	小　计	772 300		
销售部门	房屋及建筑物	152 100	0.3	
合　计		3 822 060		

要点提示

一、周转材料的一次摊销法

一次摊销是指各部门在领用周转材料时,将其价值一次计入当期的成本或费用。

二、固定资产折旧的方法

在年限平均法下,应计折旧额＝固定资产原值×折旧率。

工作任务

任务一　根据以上资料核算各项要素费用,并编制相应记账凭证(见表 5 - 4 - 9 至表 5 - 4 - 14)。

任务二　登记相关账簿。

表 5 - 4 - 9　记账凭证

年　月　日　　　　　　　　　　　　　　凭证编号：

摘　要	总账科目	二级科目	明细科目	借方金额											贷方金额											√
				亿	千	百	十	万	千	百	十	元	角	分	亿	千	百	十	万	千	百	十	元	角	分	
附件　　张		合　　计																								

会计主管：　　　　　记账：　　　　　审核：　　　　　制单：

表 5 - 4 - 10　记账凭证

年　月　日　　　　　　　　　　　　　　凭证编号：

摘　要	总账科目	二级科目	明细科目	借方金额											贷方金额											√
				亿	千	百	十	万	千	百	十	元	角	分	亿	千	百	十	万	千	百	十	元	角	分	
附件　　张		合　　计																								

会计主管：　　　　　记账：　　　　　审核：　　　　　制单：

表 5-4-11 记账凭证

年 月 日　　　　　　　　　　凭证编号：

摘 要	总账科目	二级科目	明细科目	借方金额											贷方金额											√
				亿	千	百	十	万	千	百	十	元	角	分	亿	千	百	十	万	千	百	十	元	角	分	
附件　张		合　计																								

会计主管：　　　　记账：　　　　审核：　　　　制单：

表 5-4-12 记账凭证

年 月 日　　　　　　　　　　凭证编号：

摘 要	总账科目	二级科目	明细科目	借方金额											贷方金额											√
				亿	千	百	十	万	千	百	十	元	角	分	亿	千	百	十	万	千	百	十	元	角	分	
附件　张		合　计																								

会计主管：　　　　记账：　　　　审核：　　　　制单：

表 5－4－13　记账凭证
年　月　日　　　　　　　　　　凭证编号：

摘　要	总账科目	二级科目	明细科目	借方金额											贷方金额											√
				亿	千	百	十	万	千	百	十	元	角	分	亿	千	百	十	万	千	百	十	元	角	分	
附件　　张		合　计																								

会计主管：　　　　记账：　　　　审核：　　　　制单：

表 5－4－14　记账凭证
年　月　日　　　　　　　　　　凭证编号：

摘　要	总账科目	二级科目	明细科目	借方金额											贷方金额											√
				亿	千	百	十	万	千	百	十	元	角	分	亿	千	百	十	万	千	百	十	元	角	分	
附件　　张		合　计																								

会计主管：　　　　记账：　　　　审核：　　　　制单：

项目实训五　核算辅助生产费用

实训目的

1. 掌握辅助生产费用的分配方法；
2. 掌握辅助生产费用分配的账务处理。

实训资料

一、辅助生产费用的分配方法

根据公司的成本核算制度,公司采用交互分配法分配辅助生产费用。

二、各辅助生产车间劳务供应情况(见表 5－5－1)

表 5－5－1　辅助生产车间供应劳务受益情况汇兑表

2025 年 12 月

受益对象	辅助生产车间	供汽车间（立方米）	供电车间（度）
供汽车间			2 000
供电车间		1 350	
铸造车间	铁铸件	2 130	4 500
	铝铸件		4 500
	一般消耗	470	500
金工车间	铣床	1 115	25 149
	镗床	1 000	20 000
	一般消耗		400
组装车间	铣床	1 755	8 000
	镗床	1 000	7 000
	一般消耗	400	368
企业管理部门			100.4
销售部门			234
合　计		9 220	72 751.4

要点提示

交互分配法

交互分配法需分两次进行。第一次交互分配又称为对内分配，是指辅助生产车间相互之间的分配。

$$某辅助生产车间费用交互分配率 = \frac{该车间本月生产费用合计}{该车间提供的产品总量}$$

$$\begin{array}{c}其他辅助生产车间承担的 \\ 辅助生产费用\end{array} = \begin{array}{c}其他辅助生产车间消耗该车间的 \\ 产品数量\end{array} \times \begin{array}{c}该车间辅助生产费用 \\ 交互分配率\end{array}$$

第二次对外分配即将交互分配后的费用分配给辅助生产车间以外的受益对象。

$$\begin{array}{c}某辅助生产车间 \\ 交互分配后的费用\end{array} = \begin{array}{c}该车间交互 \\ 分配前的费用\end{array} + \begin{array}{c}交互分配转入的 \\ 辅助生产费用\end{array} - \begin{array}{c}交互分配转出的 \\ 辅助生产费用\end{array}$$

$$某辅助生产车间费用对外分配率 = \frac{该车间交互分配后的费用}{该车间提供的产品总量 - 其他辅助生产车间消耗的产品数量}$$

$$\begin{array}{c}某受益对象承担的 \\ 某车间辅助生产费用\end{array} = \begin{array}{c}该受益对象消耗的 \\ 产品或劳务量\end{array} \times \begin{array}{c}该车间辅助生产费用 \\ 对外分配率\end{array}$$

工作任务

任务一 分成本项目计算供汽车间、供电车间本月生产费用总额(在其明细账中完成,费用总额抄到以下空白处)。

任务二 采用交互分配法分配供汽车间及供电车间的生产费用(见表5-5-2),并编制相关记账凭证(见表5-5-3至表5-5-6)(分配率保留四位小数,金额保留两位小数)。

表5-5-2 辅助生产费用分配表

2025年12月

部 门		成本或费用项目	供汽车间(方)			供电车间(度)		
			数量	分配率	金额	数量	分配率	金额
本月费用总额								
交互分配:								
供汽车间								
供电车间								
交互分配后的费用								
对外分配:								
铸造	铁铸件	燃料及动力						
	铝铸件	燃料及动力						
	一般消耗	汽费、电费						
金工	铣 床	燃料及动力						
	镗 床	燃料及动力						
	一般消耗	汽费、电费						
组装	铣 床	燃料及动力						
	镗 床	燃料及动力						
	一般消耗	汽费、电费						
管理部门		汽费、电费						
销售部门		汽费、电费						
合 计								

表 5-5-3 记账凭证

年　月　日　　　　　　　　　凭证编号：

摘　要	总账科目	二级科目	明细科目	借方金额											贷方金额											√
				亿	千	百	十	万	千	百	十	元	角	分	亿	千	百	十	万	千	百	十	元	角	分	
附件　　张		合　　计																									

会计主管：　　　　记账：　　　　审核：　　　　制单：

表 5-5-4 记账凭证

年　月　日　　　　　　　　　凭证编号：

摘　要	总账科目	二级科目	明细科目	借方金额											贷方金额											√
				亿	千	百	十	万	千	百	十	元	角	分	亿	千	百	十	万	千	百	十	元	角	分	
附件　　张		合　　计																									

会计主管：　　　　记账：　　　　审核：　　　　制单：

表 5－5－5　记账凭证
年　月　日　　　　　　　　　　凭证编号：

摘　要	总账科目	二级科目	明细科目	借方金额 亿千百十万千百十元角分	贷方金额 亿千百十万千百十元角分	√
附件　张		合　计				

会计主管：　　　　　记账：　　　　　审核：　　　　　制单：

表 5－5－6　记账凭证
年　月　日　　　　　　　　　　凭证编号：

摘　要	总账科目	二级科目	明细科目	借方金额 亿千百十万千百十元角分	贷方金额 亿千百十万千百十元角分	√
附件　张		合　计				

会计主管：　　　　　记账：　　　　　审核：　　　　　制单：

任务三　登记相关账簿，交互分配中，供汽、供电车间的借方金额用红笔登记在其明细账的贷方。

项目实训六　核算基本生产车间的制造费用

实训目的

1. 掌握制造费用的分配方法；
2. 掌握制造费用分配的账务处理。

实训资料

制造费用的分配方法：根据公司的成本核算制度，公司采用生产工时比例法分配铸造车间和金工车间的制造费用，而组装车间的制造费用采用生产工人工资比例分配法分配。生产工时见表5-3-4。

要点提示

费用分配的一般步骤及公式如下。

（1）选择适当的分配标准。

（2）计算费用分配率。

$$费用分配率=\frac{待分配费用总额}{各受益对象分配标准之和}$$

（3）计算各受益对象分摊的费用。

$$各受益对象所承担的费用＝该受益对象的分配标准×费用分配率$$

工作任务

任务一　计算各基本生产车间制造费用的合计数，确定各基本生产车间本月制造费用总额。

任务二　将各车间的制造费用按产品的生产工时和生产工人工资进行分配，计入各产品成本，见表5-6-1至表5-6-3（分配率保留四位小数，金额保留两位小数）。

任务三　编制分配制造费用的记账凭证（见表5-6-4至表5-6-6）。

任务四　登记相关账簿。

表5-6-1　制造费用分配表

铸造车间　　　　　　　　　2025年12月　　　　　　　　　单位:元

产品＼项目	生产工时	分配率	分配金额
铁铸件			
铝铸件			
合　计			

表 5-6-2　制造费用分配表

金工车间　　　　　　　　　　　　　2025 年 12 月　　　　　　　　　　　　单位:元

产品 ＼ 项目	生产工时	分配率	分配金额
铣床			
镗床			
合　计			

表 5-6-3　制造费用分配表

组装车间　　　　　　　　　　　　　2025 年 12 月　　　　　　　　　　　　单位:元

产品 ＼ 项目	生产工人工资	分配率	分配金额
铣床			
镗床			
合　计			

表 5-6-4　记账凭证

年　月　日　　　　　　　　　　　凭证编号:

摘　要	总账科目	二级科目	明细科目	借方金额											贷方金额											√
				亿	千	百	十	万	千	百	十	元	角	分	亿	千	百	十	万	千	百	十	元	角	分	
附件　张		合　计																								

会计主管:　　　　　　记账:　　　　　　审核:　　　　　　制单:

表 5‑6‑5 记账凭证

年 月 日   凭证编号：

摘　要	总账科目	二级科目	明细科目	借方金额											贷方金额											√
				亿	千	百	十	万	千	百	十	元	角	分	亿	千	百	十	万	千	百	十	元	角	分	
附件　张		合　计																								

会计主管：　　　　记账：　　　　审核：　　　　制单：

表 5‑6‑6 记账凭证

年 月 日   凭证编号：

摘　要	总账科目	二级科目	明细科目	借方金额											贷方金额											√
				亿	千	百	十	万	千	百	十	元	角	分	亿	千	百	十	万	千	百	十	元	角	分	
附件　张		合　计																								

会计主管：　　　　记账：　　　　审核：　　　　制单：

项目实训七　核算生产损失

实训目的

1. 掌握不可修复废品损失的核算；
2. 掌握可修复废品损失的核算。

实训资料

一、不可修复废品成本的计算方法

生产费用在合格品与废品之间分配时,不同成本项目应该采用不同的方法。直接材料成本项目按产品数量分配,加工费用按生产工时分配。

二、废品净损失的处理

废品净损失由本期同种完工合格产品承担。

三、本月可修复废品和不可修复废品情况(见表5-7-1至表5-7-7)

表5-7-1　废品通知单

组装车间　　　　　　　　　　　　　　　　2025年12月

产品名称	计量单位	单位完工产品工时定额	加工程度	废品数量	备　注
镗床	台	20	50%	5	可修复废品

表5-7-2　废品通知单

铸造车间铁铸件工作班　　　　　　　　　2025年12月

产品名称	计量单位	单位完工产品工时定额	加工程度	废品数量	备　注
铁铸件	吨	40	50%	3	不可修复废品;属于工废品

表5-7-3　废品损失赔偿通知单

产品名称:铁铸件　　　　　　　　　2025年12月　　　　　　　　　单位:元

责任人	赔偿金额	备　注
刘明	150	经查刘明、李成为主要责任人,属责任赔偿
李成	150	

表5-7-4　工资通知单

财务处:　　　　　　　　　　　　　　2025年12月　　　　　　　　　单位:元

部门	产品名称	产品数量	计件单价	合　计	备　注
组装车间	镗床	5	160	800	修复废品

表 5-7-5　兴业重机入库单

仓库：　　　　　　　　　　　　　2025 年 12 月 20 日　　　　　　　　　　编号：

材料编号	材料类别	材料名称	计量单位	数量	单价（元）	金额（元）
5011	残料	残料	吨	0.5	1 200	600

供应单位：铁铸件工作班　　　　　保管员：李小明　　　　　　　　收料人：李小明

表 5-7-6　兴业重机领料单

　　　　　　　　　　　　　　　　　　　　　　　　　　　　　　　　　编号：
领料部门：组装车间—镗床　　　2025 年 12 月 20 日　　　　　　　仓库：

材料编号	材料类别	材料名称	计量单位	数量	单价	金额	用途
302	外购件	轴承	套	5	150	750	修复废品

供应单位：　　　　　　　　　　保管员：李小明　　　　　　　　领料人：刘凤

表 5-7-7　兴业重机领料单

　　　　　　　　　　　　　　　　　　　　　　　　　　　　　　　　　编号：
领料部门：组装车间—镗床　　　2025 年 12 月 20 日　　　　　　　仓库：

材料编号	材料类别	材料名称	计量单位	数量	单价	金额	用途
303	外购件	电器元件	套	1	456	456	修复废品

供应单位：　　　　　　　　　　保管员：李小明　　　　　　　　领料人：刘凤

要点提示

一、废品净损失的计算

不可修复废品净损失＝废品所耗生产成本－残料价值－赔偿金额

可修复废品净损失＝修复费用－残料价值－赔偿金额

二、分配率保留两位小数，金额保留两位小数。

工作任务

任务一 计算不可修复废品损失,见表 5－7－8,并编制相关记账凭证(见表 5－7－9 至表 5－7－13)。

任务二 计算可修复废品损失,并编制相关记账凭证(见表 5－7－9 至表 5－7－13)。

任务三 登记相关账簿。

表 5－7－8 废品损失计算表

铸造车间——铁铸件 　　　　　　　　　　　　2025 年 12 月 　　　　　　　　　　　　单位:元

项　　目	数量(吨)	直接材料	生产工时(小时)	燃料及动力	直接人工	制造费用	合　计
总额(总量)							
分配率							
废品成本(数量)							
减:残料							
减:赔款							
废品损失							

表 5－7－9 记账凭证

　　　　　　　　　　年　月　日 　　　　　　　　　　　　凭证编号:

摘　　要	总账科目	二级科目	明细科目	借方金额											贷方金额											√
				亿	千	百	十	万	千	百	十	元	角	分	亿	千	百	十	万	千	百	十	元	角	分	
附件　　张		合　　　计																								

会计主管: 　　　　记账: 　　　　审核: 　　　　制单:

表 5 - 7 - 10　记账凭证

年　月　日　　　　　　　　　凭证编号：

摘　要	总账科目	二级科目	明细科目	借方金额											贷方金额											√
				亿	千	百	十	万	千	百	十	元	角	分	亿	千	百	十	万	千	百	十	元	角	分	
附件　　张		合　　计																								

会计主管：　　　　记账：　　　　审核：　　　　制单：

表 5 - 7 - 11　记账凭证

年　月　日　　　　　　　　　凭证编号：

摘　要	总账科目	二级科目	明细科目	借方金额											贷方金额											√
				亿	千	百	十	万	千	百	十	元	角	分	亿	千	百	十	万	千	百	十	元	角	分	
附件　　张		合　　计																								

会计主管：　　　　记账：　　　　审核：　　　　制单：

表 5－7－12 记账凭证

年 月 日 凭证编号：

摘　要	总账科目	二级科目	明细科目	借方金额											贷方金额											√
				亿	千	百	十	万	千	百	十	元	角	分	亿	千	百	十	万	千	百	十	元	角	分	
附件 张		合　计																								

会计主管： 记账： 审核： 制单：

表 5－7－13 记账凭证

年 月 日 凭证编号：

摘　要	总账科目	二级科目	明细科目	借方金额											贷方金额											√
				亿	千	百	十	万	千	百	十	元	角	分	亿	千	百	十	万	千	百	十	元	角	分	
附件 张		合　计																								

会计主管： 记账： 审核： 制单：

项目实训八　计算完工产品、在产品成本

实训目的

1. 能够用约当产量法计算完工产品和在产品成本；
2. 掌握逐步综合结转分步法及分项结转分步法的运用。

实训资料

一、完工产品、在产品成本计算方法

公司采用约当产量法计算完工产品和在产品成本。

二、产品完工情况

本月铁铸件和铝铸件全部完工；金工车间铣床完工 30 台，月末在产品 6 台，镗床完工 36 台，月末在产品 4 台；组装车间铣床完工 26 台，月末在产品 4 台，镗床完工 30 台，月末在产品 4 台。

三、半成品成本结转方法

根据产品成本核算制度，铸造车间铁铸件、铝铸件完工后应转入到自制半成品库；金工车间生产完工的铣床和镗床的成本按分项结转分步法转入到组装车间成本明细账。

要点提示

一、约当产量比例法的计算过程

1. 分配直接材料费用

(1) 计算投料程度及在产品约当产量。

$$投料程度 = \frac{单位在产品已经投入的材料定额}{单位完工产品应该投入的材料总定额} \times 100\%$$

$$在产品约当产量 = 在产品产量 \times 在产品的投料程度$$

(2) 计算直接材料费用分配率。

$$直接材料费用分配率 = \frac{直接材料费用总额}{完工产品产量 + 在产品约当产量}$$

$$完工产品承担的直接材料费 = 完工产品产量 \times 直接材料费用分配率$$

$$在产品承担的直接材料费 = 在产品约当产量 \times 直接材料费用分配率$$

或　　　　　　　　　　$$= 直接材料费用总额 - 完工产品承担的直接材料费$$

2. 分配加工费用

加工费用一般包括人工费用、制造费用、燃料及动力。

（1）计算加工程度及在产品约当产量。

$$加工程度 = \frac{单位在产品已经消耗的工时定额}{单位完工产品应该消耗的工时总定额} \times 100\%$$

$$在产品约当产量 = 在产品产量 \times 在产品的加工程度$$

（2）计算加工费用分配率，加工费用通常包括直接人工、制造费用、燃料及动力等。

$$直接人工费用分配率 = \frac{直接人工费用总额}{完工产品产量 + 在产品约当产量}$$

$$完工产品承担的直接人工费用 = 完工产品产量 \times 直接人工费用分配率$$

$$在产品承担的加工费 = 在产品约当产量 \times 加工费用分配率$$

或　　　　　　　　　　　　$$= 人工费用总额 - 完工产品承担的人工费用$$

制造费用与燃料及动力费用的分配与直接人工费用相同。

3. 计算完工产品与在产品成本

$$完工产品成本 = 完工产品承担的直接材料费 + 完工产品承担的各项加工费$$

$$在产品成本 = 在产品承担的直接材料费 + 在产品承担的各项加工费$$

约当产量比例法主要适用于月末在产品数量较大而且各月在产品数量变化也较大，原材料费用和加工费用占产品成本的比重相差不多的产品成本的计算。

二、分配率保留两位小数，金额保留两位小数。

工作任务

任务一 计算铁铸件与铝铸件的生产成本,并编制结转完工产品成本的记账凭证(单位成本保留两位小数),见表5-8-1至表5-8-3。

表5-8-1 自制半成品成本计算单 完工产品:67吨

车间:铸造车间——铁铸件　　　　　2025年12月　　　　　单位:元

成本项目	总成本	单位成本
直接材料		
直接人工		
制造费用		
废品损失		
燃料及动力		
合　计		

表5-8-2 自制半成品成本计算单 完工产品:3吨

车间:铸造车间——铝铸件　　　　　2025年12月　　　　　单位:元

成本项目	总成本	单位成本
直接材料		
直接人工		
制造费用		
废品损失		
燃料及动力		
合　计		

表 5 - 8 - 3　记账凭证

年　月　日　　　　　　　　　　　　　　凭证编号：

摘　要	总账科目	二级科目	明细科目	借方金额											贷方金额											√
				亿	千	百	十	万	千	百	十	元	角	分	亿	千	百	十	万	千	百	十	元	角	分	
附件　　张		合　　计																								

会计主管：　　　　　记账：　　　　　审核：　　　　　制单：

任务二　计算金工车间完工产品和月末在产品的生产成本，并编制结转完工产品成本的记账凭证（单位成本保留两位小数，尾数由在产品承担），见表 5 - 8 - 4 至表 5 - 8 - 6。

表 5 - 8 - 4 产品成本计算单

车间:金工车间——铣床

2025 年 12 月

完工产品:30
在产品:6
单位:元

成本项目			生产量(台)						
项 目	月初在产品成本	本月生产费用	合 计	完工产品数量	在产品			单位产品成本	在产品成本	完工产品成本
					数量	完工程度	约当产量	合 计			
直接材料											
直接人工											
制造费用											
废品损失											
燃料及动力											
合 计											

表 5 - 8 - 5 产品成本计算单

车间:金工车间——镗床

2025 年 12 月

完工产品:36
在产品:4
单位:元

成本项目			生产量(台)						
项 目	月初在产品成本	本月生产费用	合 计	完工产品数量	在产品			单位产品成本	在产品成本	完工产品成本
					数量	完工程度	约当产量	合 计			
直接材料											
直接人工											
制造费用											
废品损失											
燃料及动力											
合 计											

表 5 - 8 - 6 记账凭证

年 月 日 　　　　　　　　凭证编号：

摘 要	总账科目	二级科目	明细科目	借方金额											贷方金额											√
				亿	千	百	十	万	千	百	十	元	角	分	亿	千	百	十	万	千	百	十	元	角	分	
附件　　张		合　　计																								

会计主管： 　　记账： 　　审核： 　　制单：

任务三 计算组装车间完工产品和月末在产品的生产成本,并编制结转完工产品成本的记账凭证(单位成本保留两位小数,尾数由在产品承担),见表 5 - 8 - 7 和表 5 - 8 - 9。

车间:组装车间——铣床

表 5-8-7 产品成本计算单

2025 年 12 月

完工产品:26
在产品:4
单位:元

项目	月初在产品成本	上步骤转来半成品	本月生产费用	合计	完工产品数量	在产品 数量	在产品 完工程度	在产品 约当产量	合计	单位产品成本	在产品成本	完工产品成本
直接材料												
直接人工												
制造费用												
废品损失												
燃料及动力												
合 计												

车间:组装车间——镗床

表 5-8-8 产品成本计算单

2025 年 12 月

完工产品:30
在产品:4
单位:元

项目	月初在产品成本	上步骤转来半成品	本月生产费用	合计	完工产品数量	在产品 数量	在产品 完工程度	在产品 约当产量	合计	单位产品成本	在产品成本	完工产品成本
直接材料												
直接人工												
制造费用												
废品损失												
燃料及动力												
合 计												

表 5 - 8 - 9　记账凭证

年　　月　　日　　　　　　　　　　　凭证编号：

摘　要	总账科目	二级科目	明细科目	借方金额										贷方金额										√
				亿	千	百	十	万	千	百	十	元	角	分	亿	千	百	十	万	千	百	十	元	角	分	
附件　　张		合　　计																								

会计主管：　　　　　记账：　　　　　审核：　　　　　制单：

任务四　登记相关账簿,见项目实训一。

项目实训九　编制成本报表

实训目的

1. 了解成本报表的编制依据；

2. 了解成本报表的编制程序；

3. 掌握各种成本报表的编制方法；

4. 能够编制各种成本报表。

实训资料

一、组装车间铣床与镗床的单位成本资料见表 5－9－1。

表 5－9－1　产品单位成本资料

单位:元

成本项目	历史先进水平		上年实际		本年计划		1—11月累计实际平均	
	铣床	镗床	铣床	镗床	铣床	镗床	铣床	镗床
直接材料	13 000	15 000	13 010	15 400	13 000	15 000	13 100	15 400
直接人工	5 000	4 500	5 210	4 900	5 000	4 500	5 050	4 400
制造费用	1 000	1 200	1 100	1 300	1 000	1 200	1 050	1 250
燃料及动力	2 300	1 500	2 350	1 700	2 300	1 500	2 250	1 700
废品损失	0	0	0	0	0	0	0	66.87
合计	21 300	22 200	21 670	23 300	21 300	22 200	21 450	22 816.87

二、铸造车间制造费用资料见表 5－9－2。

表 5－9－2　制造费用资料

车间:铸造车间　　　　　　　　　　　　　　　　　　　　　　　　　　单位:元

项　目	本年各月计划数	上年同期实际	1—11月累计实际
间接材料	5 500	5 800	55 000
间接人工	11 000	11 500	138 791.4
报刊保险费	1 100	1 100	12 100
办公费	600	690	6 600
折旧费	3 000	3 488	38 555
汽费	4 700	4 800	51 700
电费	550	598	6 050
租赁费	2 000	2 100	15 000

项　目	本年各月计划数	上年同期实际	1—11 月累计实际
设计制图费	2 000	1 980	
试验检验费	3 000	3 000	9 000
其他	500	500	4 800
合计	33 950	35 556	337 596.4

工作任务

任务一　假设 1—11 月组装车间铣床累计实际产量为 280 台,镗床累计实际产量为 320 台。根据表 5-9-1 产品单位成本资料,以及前面各项目实训提供的数据,编制组装车间铣床和镗床的主要产品单位成本表,见表 5-9-3、表 5-9-4。

表 5-9-3　主要产品单位成本表

单位名称:　　　　　　　　　　　2025 年 12 月

产品名称:铣床　　　　　　　　　　　　　　　　　　本月计划产量:24

产品规格:　　　　　　　　　　　　　　　　　　　　本月实际产量:26

计量单位:台　　　　　　　　　　　　　　　　　　本年累计计划产量:288

产品销售单价:　　　　　　　　　　　　　　　　　　本年累计实际产量:

单位:元

成本项目	历史先进水平	上年实际	本年计划	本月实际	本年累计实际平均
直接材料					
直接人工					
制造费用					
燃料及动力					
废品损失					
生产成本					

表 5-9-4　主要产品单位成本表

单位名称:　　　　　　　　　　　2025 年 12 月

产品名称:镗床　　　　　　　　　　　　　　　　　　本月计划产量:30

产品规格:　　　　　　　　　　　　　　　　　　　　本月实际产量:30

计量单位:台　　　　　　　　　　　　　　　　　　本年累计计划产量:360

产品销售单价:　　　　　　　　　　　　　　　　　　本年累计实际产量:

单位:元

成本项目	历史先进水平	上年实际	本年计划	本月实际	本年累计实际平均
直接材料					
直接人工					
制造费用					
废品损失					

成本项目	历史先进水平	上年实际	本年计划	本月实际	本年累计实际平均
燃料及动力					
生产成本					

任务二　根据表5-9-2制造费用资料，以及前面各项目实训提供的数据，编制铸造车间制造费用明细表，见表5-9-5。

表5-9-5　制造费用明细表

单位名称：　　　　　　　　　　　　2025年12月　　　　　　　　　　　　单位：元

项　目	本年各月计划	上年同期实际	本月实际	本年累计实际
间接材料				
间接人工				
报刊保险费				
办公费				
折旧费				
汽　费				
电　费				
租赁费				
设计制图费				
试验检验费				
其　他				
合　计				

项目实训十　分析成本报表

实训目的

1. 掌握比较分析法、比率分析法等各种成本分析方法；
2. 能够用各种成本分析方法对成本进行分析，为管理者提供决策依据。

实训资料

组装车间各产品本年计划产量及实际产量见项目实训九表 5-9-3、表 5-9-4"主要产品单位成本表"。

组装车间各产品单位成本见项目实训九表 5-9-1"产品单位成本资料"。

铸造车间制造费用相关资料见项目实训九表 5-9-2"制造费用资料"及表 5-9-5"制造费用明细表"。

要点提示

一、成本计划完成情况分析

成本计划完成情况分析是指以实际总成本与计划总成本进行比较，以确定其实际成本降低额及降低率。

$$成本降低额 = 计划总成本 - 实际总成本$$

$$计划总成本 = \sum \left(各产品实际产量 \times 该产品的计划单位成本 \right)$$

$$成本降低率 = \frac{成本降低额}{全部产品计划总成本} \times 100\%$$

二、可比产品成本降低任务的完成情况分析

可比产品的实际成本还应与实际产量按上年实际平均单位成本计算的总成本进行比较，以确定可比产品实际成本较上年实际成本的降低额和降低率，且与成本计划中所确定的计划降低额和降低率比较，进而考察可比产品成本降低任务的完成情况。

$$计划降低额 = 计划产量 \times (上年实际平均单位成本 - 本年计划单位成本)$$
$$计划降低率 = 计划降低额 \div (计划产量 \times 上年实际平均单位成本) \times 100\%$$
$$实际降低额 = 实际产量 \times (上年实际平均单位成本 - 本年实际单位成本)$$
$$实际降低率 = 实际降低额 \div (实际产量 \times 上年实际平均单位成本) \times 100\%$$

工作任务

任务一　采用比较分析法分析本年组装车间铣床的成本计划完成情况。

任务二　采用比较分析法分析本年组装车间镗床的成本降低计划完成情况。

任务三　采用比率分析法分析本月铸造车间制造费用的构成情况，及其与上年同期相比的变动情况。

任务四　写一份简短的分析报告，不要求固定格式。

模块六　综合实训

实训目的

1. 巩固成本会计理论知识；
2. 能够利用品种法计算产品成本。

实训资料

华中公司为大量大批单步骤生产型企业，该公司生产甲、乙两种产品，公司设有一个基本生产车间和供电、锅炉两个辅助生产车间。

公司设置"燃料及动力"成本项目，用以登记汽、电费。

2025 年 9 月相关成本资料见表 6-1-1 至表 6-1-8。

表 6-1-1　月初在产品成本
2025 年 9 月 1 日

单位:元

产品名称	直接材料	燃料及动力	直接人工	制造费用	合　计
甲产品	5 900	1 800	1 512	1 607.40	10 819.40
乙产品	3 600	1 100	808	421.60	5 929.60

表 6-1-2　产量及工时消耗资料
2025 年 9 月

单位:件

产品名称	月初在产品数量	完工产品数量	月末在产品数量	消耗工时（小时）
甲产品	120	800	200	6 000
乙产品	60	500	100	4 000
合　计	180	1 300		10 000

表 6-1-3　辅助生产车间劳务数量通知单
2025 年 9 月 1 日

耗用部门	基本生产车间产品	基本生产车间	管理部门	供电车间	锅炉车间	合　计
供电车间（度）	200 000	25 200	60 000		14 800	300 000
锅炉车间（立方米）		10 000	1 912	1 588		13 500

表 6-1-4 发出材料汇总表

名称:原材料　　　　　　　　　　　2025 年 9 月　　　　　　　　　　　单位:元

耗用部门	直接耗用	共同耗用	合计
产品生产耗用	250 000	56 000	306 000
其中:甲产品	200 000		200 000
乙产品	50 000		50 000
生产车间一般耗用	5 000		5 000
供电车间耗用	60 000		60 000
锅炉车间耗用	13 000		13 000
企业管理部门耗用	6 000		6 000
合　计	334 000	56 000	390 000

表 6-1-5 人工费用结算汇总表

2025 年 9 月　　　　　　　　　　　单位:元

人员类别	费用金额
产品生产工人	309 000
供电车间人员	12 880
锅炉车间人员	14 660
生产车间技术人员	9 280
企业管理部门人员	32 400
合　计	378 220

表 6-1-6 固定资产折旧提取情况表

2025 年 9 月　　　　　　　　　　　单位:元

部　门		月初应计提折旧固定资产原值	折旧率(%)	折旧额
基本生产车间	房屋及建筑物	600 000	0.30	
	机器设备	564 000	0.50	
	小　计	1 164 000		
辅助生产车间	供电车间 房屋及建筑物	500 000	0.30	
	供电车间 机器设备	840 000	0.50	
	供电车间 小　计	1 340 000		
	锅炉车间 房屋及建筑物	600 000	0.30	
	锅炉车间 机器设备	440 000	0.50	
	锅炉车间 小　计	1 040 000		

续　表

部　门		月初应计提折旧固定资产原值	折　旧	
			折旧率（%）	折旧额
管理部门	房屋及建筑物	1 400 000	0.30	
	机器设备	960 000	0.50	
	小　计	2 360 000		
合　计		5 904 000		

表 6-1-7　办公费用分配表

2025 年 9 月

单位：元

费用项目	基本生产车间	辅助生产车间		管理部门	合　计
		供电	锅炉		
办公费	1 000	1 200	800	2 000	5 000

表 6-1-8　水费分配表

2025 年 9 月

单位：元

费用项目	基本生产车间	辅助生产车间		管理部门	合　计
		供电	锅炉		
水费	2 200	32 000	24 000	1 800	60 000

要点提示

分配率保留两位小数，金额保留两位小数。

工作任务

任务一　设置基本生产成本明细账，设直接材料、直接人工、制造费用、燃料及动力四个成本项目；设置辅助生产成本明细账、基本生产车间的制造费用明细账、管理费用明细账。

任务二　根据表 6-1-4 分配材料费用，其中共同耗用材料按直接耗用材料金额分配；填制分配材料费用的记账凭证，并登记相关账簿（材料费用分配情况见表 6-1-9）。

表 6-1-9　材料费用分配汇总表

2025 年 9 月

单位：元

领料部门			直接计入	分配率	分配计入	合　计
基本生产车间	生产产品	甲产品				
		乙产品				
		小　计				
	一般耗用					
辅助生产车间	供电					
	锅炉					
管理部门						
合　计						

任务三　根据表6-1-5,分配人工费用,填制分配人工费用的记账凭证(见表6-1-22至表6-1-30),并登记相关账簿(人工费用分配表见表6-1-10)。

表6-1-10　人工费用分配汇总表

2025年9月　　　　　　　　　　　　　　　　　　　　　　　　　　　　　　　　单位:元

		生产工时	应付职工薪酬	
			分配率	分配额
基本生产车间	甲产品			
	乙产品			
	小　计			
制造费用	基本生产车间			
辅助生产成本	供电			
	锅炉			
管理费用				
合　计				

任务四　根据表6-1-6至表6-1-8,分配其他要素费用,费用均以银行存款支付,填制分配费用的记账凭证(见表6-1-22至表6-1-30),并登记相关账簿。

任务五　根据表6-1-3以及辅助生产成本明细账,采用直接分配法分配供电与锅炉车间的辅助生产费用,填制分配辅助生产费用的记账凭证(见表6-1-22至表6-1-30),并登记相关账簿(相关分配表见表6-1-11、表6-1-12)。

表6-1-11　产品生产用电分配表

2025年9月　　　　　　　　　　　　　　　　　　　　　　　　　　　　　　　　单位:度

产品名称	生产工时(小时)	分配率	分配数量
甲产品			
乙产品			
合　计			

表6-1-12　辅助生产费用分配表

2025年9月　　　　　　　　　　　　　　　　　　　　　　　　　　　　　　　　单位:元

辅助生产车间名称	供电车间	锅炉车间	金额合计
待分配费用			
对外提供劳务数量			
费用分配率			

续　表

辅助生产车间名称				供电车间	锅炉车间	金额合计
基本生产车间	生产耗用	甲产品	数量			
			金额			
		乙产品	数量			
			金额			
		小　计	数量			
			金额			
	一般耗用		数量			
			金额			
管理部门			数量			
			金额			
分配费用合计						

任务六　归集并分配基本生产车间的制造费用,采用生产工时比例法进行分配,填制分配费用的记账凭证(见表 6-1-22 至表 6-1-30),并登记相关账簿(制造费用分配表见表 6-1-13)。

表 6-1-13　制造费用分配表

2025 年 9 月　　　　　　　　　　　　　　　单位:元

产品名称	生产工时	分配率	分配额
甲产品			
乙产品			
合　计			

任务七　根据甲、乙产品成本明细账归集的生产费用,计算甲、乙产品完工产品和月末在产品成本。生产费用在完工产品和在产品之间分配采用约当产量比例法,甲、乙产品的原材料均在生产开始时一次性投入,月末在产品的加工程度为 50%,填制结转完工产品的记账凭证,并登记相关账簿(相关表格见表 6-1-14 至表 6-1-30)。注:尾数由在产品承担。

表 6-1-14　完工产品与在产品成本计算单

2025 年 9 月

产品名称：甲产品

单位：元

成本项目	月初在产品成本	本月生产费用	合　计	完工产品数量	生产量（台）在产品 数量	生产量（台）在产品 完工程度	生产量（台）在产品 约当产量	合　计	单位产品成本	在产品成本	完工产品成本
直接材料											
直接人工											
制造费用											
燃料及动力											
合　计											

表 6-1-15　完工产品与在产品成本计算单

2025 年 9 月

产品名称：乙产品

单位：元

成本项目	月初在产品成本	本月生产费用	合　计	完工产品数量	生产量（台）在产品 数量	生产量（台）在产品 完工程度	生产量（台）在产品 约当产量	合　计	单位产品成本	在产品成本	完工产品成本
直接材料											
直接人工											
制造费用											
燃料及动力											
合　计											

表 6－1－16　基本生产成本明细账

产品名称：

2025 年		凭证编号	摘　要	借　方			贷方	余额
月	日					合计		

表6-1-17 基本生产成本明细账

产品名称：

2025 年		凭证编号	摘 要	借 方			合计	贷方	余额
月	日								

表 6－1－18　辅助生产成本明细账

车间名称：

2025 年		凭证字号	摘　要	借　　方								贷方	余额
月	日												

表 6 - 1 - 19　辅助生产成本明细账

车间名称：

2025 年		凭证字号	摘要	借　方								贷方		余额
月	日													

表 6 - 1 - 20 制造费用明细账

车间名称：

2025年 月	2025年 日	凭证字号	摘　要	借　方							贷方	余额

表 6－1－21 管理费用明细账

2025 年		凭证字号	摘 要	借 方							贷方	余额
月	日											

表 6-1-22 记账凭证

年 月 日　　　　　　　　　　凭证编号：

摘　要	总账科目	二级科目	明细科目	借方金额		贷方金额		√
				亿千百十万千百十元角分		亿千百十万千百十元角分		
附件　张		合　计						

会计主管：　　　　记账：　　　　审核：　　　　制单：

表 6-1-23 记账凭证

年 月 日　　　　　　　　　　凭证编号：

摘　要	总账科目	二级科目	明细科目	借方金额		贷方金额		√
				亿千百十万千百十元角分		亿千百十万千百十元角分		
附件　张		合　计						

会计主管：　　　　记账：　　　　审核：　　　　制单：

表 6-1-24 记账凭证

年 月 日 凭证编号：

摘 要	总账科目	二级科目	明细科目	借方金额											贷方金额											√
				亿	千	百	十	万	千	百	十	元	角	分	亿	千	百	十	万	千	百	十	元	角	分	
附件　张		合　计																								

会计主管： 记账： 审核： 制单：

表 6-1-25 记账凭证

年 月 日 凭证编号：

摘 要	总账科目	二级科目	明细科目	借方金额											贷方金额											√
				亿	千	百	十	万	千	百	十	元	角	分	亿	千	百	十	万	千	百	十	元	角	分	
附件　张		合　计																								

会计主管： 记账： 审核： 制单：

表 6-1-26 记账凭证

年 月 日 凭证编号：

摘 要	总账科目	二级科目	明细科目	借方金额											贷方金额											√
				亿	千	百	十	万	千	百	十	元	角	分	亿	千	百	十	万	千	百	十	元	角	分	
附件　张		合　计																								

会计主管： 记账： 审核： 制单：

表 6-1-27 记账凭证

年　月　日　　　　　　　　　　　　凭证编号：

摘　要	总账科目	二级科目	明细科目	借方金额											贷方金额											√
				亿	千	百	十	万	千	百	十	元	角	分	亿	千	百	十	万	千	百	十	元	角	分	
附件　　张		合　　计																								

会计主管：　　　　记账：　　　　审核：　　　　制单：

表 6-1-28 记账凭证

年　月　日　　　　　　　　　　　　凭证编号：

摘　要	总账科目	二级科目	明细科目	借方金额											贷方金额											√
				亿	千	百	十	万	千	百	十	元	角	分	亿	千	百	十	万	千	百	十	元	角	分	
附件　　张		合　　计																								

会计主管：　　　　记账：　　　　审核：　　　　制单：

表 6-1-29 记账凭证

年　月　日　　　　　　　　　　　　凭证编号：

摘　要	总账科目	二级科目	明细科目	借方金额											贷方金额											√
				亿	千	百	十	万	千	百	十	元	角	分	亿	千	百	十	万	千	百	十	元	角	分	
附件　　张		合　　计																								

会计主管：　　　　记账：　　　　审核：　　　　制单：

表 6－1－30 记账凭证

年 月 日 凭证编号：

摘 要	总账科目	二级科目	明细科目	借方金额											贷方金额											√
				亿	千	百	十	万	千	百	十	元	角	分	亿	千	百	十	万	千	百	十	元	角	分	
附件 张		合 计																								

会计主管： 记账： 审核： 制单：

全书参考答案

智能成本核算实训

参考文献

［1］财政部会计财务评价中心.初级会计实务［M］.北京:经济科学出版社,2024.

［2］刘爱荣,陈辉,郭士富.成本会计实训［M］.9 版.大连:大连理工大学出版社,2024.

［3］耿聪慧.成本核算与管理［M］.2 版.北京:中国财政经济出版社,2023.

［4］潘平,王美静,文志红.成本会计实务［M］.上海:立信会计出版社,2024.

［5］吴育湘.成本会计实务［M］.镇江:江苏大学出版社,2022.

［6］丁增稳.成本会计仿真实训［M］.3 版.北京:高等教育出版社,2021.